Sven Hillenkamp

Negative Moderne

Strukturen der Freiheit
und der Sturz ins Nichts

Zwänge der Freiheit
Die neuen Formen der Faktizität
Band II

Klett-Cotta

Klett-Cotta
www.klett-cotta.de
© 2016 by J. G. Cotta'sche Buchhandlung
Nachfolger GmbH, gegr. 1659, Stuttgart
Alle deutschsprachigen Rechte vorbehalten
Printed in Germany
Umschlag: Rothfos & Gabler, Hamburg
Umschlaggestaltung auf der Grundlage von
Dan Winters »Falling Man«; © Dan Winters
Gesetzt von Dörlemann Satz, Lemförde
Gedruckt und gebunden von Friedrich Pustet GmbH & Co. KG, Regensburg
ISBN 978-3-608-94738-0

Bibliografische Information der Deutschen Nationalbibliothek:
Die Deutsche Nationalbibliothek verzeichnet diese Publikation in der Deutschen Nationalbibliografie; detaillierte bibliografische Daten sind im Internet über http://dnb.d-nb.de abrufbar.

Inhalt

Eins

Freiheit und Erfahrung

Traum und Trauma der Freiheit gehen unversehens
ineinander über ... Es ist unverzeihlich: Die Soziologie
hat eine ganze Welt nicht gesehen. Ihr ist dann auch mit
eifrigem Lesen und Kommentieren der Klassiker nicht
zu helfen.

NIKLAS LUHMANN[1]

So vertraut und zugleich so verstörend ist der Anblick jener »Gefallenen« – Arbeitslosen, Alkoholkranken, Psycho-
tiker, Obdachlosen – die an Werktagen, die keine Werktage,
und Feiertagen, die keine Feiertage sind, in der Sonne sitzen
und rauchend hinaus aufs Wasser – des Landwehrkanals, des
Mälaren, des Meeres – schauen. Das verstörend Vertraute: ein
vielfaches Nichts. Soziale Negativität.

Die Zeit dieser Menschen ist ein Nichts der Rhythmisierung, des Zeitdrucks, wie ein Nichts der Befristung, der Horizonte. An die Stelle von Zeitstruktur tritt ein undifferenzier-
ter Zeitbrei, ein horizontloses Zeitmeer. Der Wert dieser von
allem Privaten wie Öffentlichen, von Beruf wie Familie Abge-
kommenen, fällt ins Bodenlose. Das Innere ist ein Nichts der
»Energie«, der Konzentration, des Willens, des Vorstellens,
der Ideen und Pläne. Auch ein Nichts ausgedrückten, mitge-
teilten und im Handeln erlebten Gefühls. Die Elenden haben
Sonne im Gesicht – sonst nichts. Weder Angst noch Traurigkeit noch Hoffnung noch Entschlossenheit.

Sie stürzen ins Nichts der Aktivität – also des Denkens und
Handelns, also der Arbeit und Interaktion ... Unendliches

Möglichsein. Negative Freiheit im Sinne Isaiah Berlins: alles offen, doch keine Vermögen, keine Ressourcen, das Offene zu füllen. Dünnstes Wirklichsein: Diese Menschen stürzen auch ins Nichts jedes Anderen. Kein geistiges Objekt; weder ein intellektuelles, auf das sie sich konzentrieren, noch ein zeitliches, dem sie »entgegensehen«, auf das sie »zurückblicken« könnten. Keine Dinge, mit denen sich hantieren ließe, außer Feuerzeug und Zigarette, einer Dose, die sich öffnen, aber nicht mehr verschließen lässt, vielleicht einem Jackenzipfel, einem Reißverschluss, einem Schuhband. Trauriger Rest einer einst gefüllten, für Körper gemachten Welt.

Unangestrengt, unbewegt, ungenutzt, fällt der eigene Leib in die Körperlosigkeit, ist den Menschen auch kein Anderes mehr. Und vor allem: kein personales Gegenüber. Was ihnen statt dessen gegenüber ist: das Wasser, die Sonne, die Weite. Der »schöne Ausblick« –

Doch warum *vertraut*?

Die Negative Moderne, die hier untersucht wird, ist keine Epoche. Eine neue Periodisierung wird nicht gefordert. Ihr Gegenstück, die Positive Moderne, war zwar zuerst da. Doch nun »gehen sie miteinander einher« als merkwürdig ungleiches Zwillingspaar.

Unter Positiver Moderne verstehen wir eine Füllung und Überfüllung, Überdeterminierung, Überstrukturierung und Überflutung. In allem herrscht das Gesetz der Steigerung.

Wo einfache Zugehörigkeit war, entstehen Hyper-Identitäten (»Volk«, »Rasse«, »Liebespaar«). Entwertung vollzieht sich als extreme *Bewertung* (»das internationale Judentum«). Wo – bäuerlich, jahreszeitlich, traditionell – strukturierte Zeit war, weicht nun jede Zweideutigkeit, wird die Zeit ins Allerkleinste zerlegt und beschleunigt. Wo kollektives, organisiertes Handeln war, entstehen Massenbewegungen industriellen Handelns. Wo Wirklichkeit Notwendigkeit ist, entstehen ungeheure Wirklichkeiten – der Großstadt, des totalitären Staates, des modernen Krieges –, undurchdringlicher Zwang. Wo der primäre Weltbezug ein Hantieren mit Dingen, ein Mit-anderen-Menschen-Sein ist, entfaltet sich eine enorme Aktivität, kommt es zu einer »Bombardierung« mit Objekten, zu einer totalen Kollektivität. Wo menschliches Sein ein In-Elementen-Sein ist – in der Luft, im Geräusch, in der »Gegenwart« anderer usw. –, da entstehen ungeheure Elemente: eben der »tosenden« Stadt, der Fabrik, der fanatischen Masse, der medialen Spektakel und Aufführungen, der Installationen, der »Materialschlacht«, der »Konzentration« von Menschen in Waggon und Lager.

Die Negative Moderne, der spätere Zwilling, zweites Gesicht unserer Welt, konfrontiert uns mit ganz Anderem. Wo Fülle war, ist nun Leere – obwohl dies eigentlich eine unpassende, weil *materiale* Metapher ist. Wertlosigkeit, Strukturlosigkeit, Unfähigkeit, Möglichkeit, Bezuglosigkeit.

Wo Marx die neue Zeit bestimmte durch gesteigerte Produktivität, erhöhte Kommunikation, das Entstehen eines Kollektivakteurs, ist Leben hier unproduktiv, ohne Rhythmus, der Mensch isoliert, ohne sozialen Wert. Ich stürze ins Nichts –

Ökonomie, Diskurs, Technik

Bevor wir eingehend fragen, was es mit diesem Nichts und mit der Negativen Moderne auf sich hat, muss der kritische Charakter der Untersuchung bekannt werden. Dieses Buch bezieht Stellung gegen viele. Zuvorderst gegen jene, die ich schätze und die wichtig für meine Arbeit waren – der Widerspruch gegen die anderen wäre Gefecht um des Gefechts willen –, unter anderem gegen Kierkegaard, Heidegger, Levinas, Foucault, gegen die philosophische Anthropologie und gegen die literarischen Deutungen der Moderne, die die eigene Situation noch ganz bei Kafka, Beckett, Sartre, Musil, Melville, Perec, Rilke usw. zu finden glauben, gegen die Theoretiker der Postmoderne und der Kontingenz, gegen Émile Durkheim, Ulrich Beck, Eva Illouz und Alain Ehrenberg, gegen die Theoretiker der Differenz und die Theoretiker der Beschleunigung, die Denker des Menschlichen und die Denker des Unmenschlichen sowie – natürlich – gegen mich selbst, gegen das bisher Gedachte, Formulierte.

Zudem kritisiert das Buch eine Kulturkritik, die selbst zum diskursiven Kern der untersuchten Freiheitsordnung gehört. Diese Kulturkritik zitiert alle gegenwärtig etablierten Theorien und Methoden – ohne diese zu prüfen –, und gelangt zu ihren Resultaten, indem sie der Realität etwas entgegenhält, was Fromm einst »Sein« genannt hat[2]. Es ist etwas, was der Realität nicht entgegengehalten werden kann, weil es bereits Realität *ist*: Forderung, Diktat. Die Reihe der Autoren reicht von Fromm selbst bis Agamben (s. vor allem Kapitel 2, 4 und 7). – Doch zunächst zu den dominanten Sozialtheorien.

Nun schon seit mehr als einem Jahrhundert wird mit drei Hämmern auf das Soziale geklopft – und ja, das Soziale zeigt die erwarteten Reflexe –: mit einem Strukturalismus der Ökonomie – was fast zwingend meint, einer Theorie des »Kapitalismus« –; mit einem Strukturalismus der Bedeutungen und der Macht – also einer Diskurstheorie, Kulturtheorie, Machttheorie, von Nietzsche bis zu Foucault u. a.; mit einem Strukturalismus der Technik und der Medien – also Theorien der Atombombe, des Fernsehens, der »Massenmedien«, des Internet, des Computers, des Mobil- und Smartphones usw.

Diese Strukturalismen haben gewisse Vorteile. Sie halten sich an das, was bereits einen Namen hat, ans Manifeste, ans Dicht-Homogene. An Unternehmen, Waren, Geld ... die Sprache, Gesprochenes, Geschriebenes, Wissenschaften ... Dann an Anstalten, Kliniken usw. – also an Institutionen, denen Menschen zugehören, wo sie körperlich gegenwärtig sind. Sie halten sich an industrielle Erzeugnisse, Apparate und Netze von Apparaten. Sie fangen an, wo Struktur sich selbst schon als Struktur versteht, das Soziale schon geronnen ist zur Entität.

Im Übrigen sichern sie *die moralische Kongruenz von Ursache und Wirkung*. Das Schlechte wird von einem ebenso schlechten »Kapital« oder »Markt« erzeugt, ebenso schlechten, ausschließenden oder formenden Diskursen, ebenso schlechten repressiven Institutionen, schlechten »sozialen Medien«, vom schlechten Fernsehen usw. Diese Kongruenz hat als Böses-verursacht-Böses-Täuschung schon oft Verdacht erregt.

Es geht gar nicht darum, die Wirklichkeit ökonomischer, diskursiver / institutioneller und technischer / medialer Strukturen zu bestreiten. Die Errungenschaften unserer theoretischen Normalbiografie – von Marxismus, Kritischer Theorie, Medientheorie, Feminismus, Diskurstheorie, der Analysen von Rassismus und Antisemitismus, von Technikphilosophie und Techniksoziologie usw. – haben nach wie vor ihren Wert. Zum Beispiel schließen Freiheitsstrukturen und »Klassenstrukturen«, Unendlichkeit und Ungleichheit sich nicht aus, erzeugen vielmehr zusammen jene Leidensformen und Leidensverhältnisse, die zu untersuchen sind (dazu siehe besonders Kapitel 2 und 5).

Das Problem ist, dass viele moderne Erfahrungen unsichtbar bleiben oder reduziert und verzerrt werden, wenn die traditionellen Werkzeuge ausschließlich zur Anwendung kommen. Wenn jede Erscheinung durchs Nadelöhr des Marktes, von Konkurrenz und Konsum, durchs Nadelöhr der Diskurse und Dispositive gezogen wird, durchs Nadelöhr einer beliebigen technischen, medialen Struktur.

Da alles in der gegebenen Welt kapitalistische *Aspekte* hat, diskursive Aspekte, technische / mediale Aspekte, wird man nie enttäuscht. Jedem Phänomen kann man flussabwärts folgen, den wirtschaftlichen, sprachlichen, medialen Strudeln und Stromschnellen. In den meisten theoretischen Ansätzen verbinden sich ja Kapitalismus-, Kultur- und Techniktheorien, bilden diese selbst – theoretische und methodische – Strudel, bewährte Mischungen.

Um eine *neue* Mischung geht es jedoch auch nicht. Es geht darum, wieder sehen zu lernen, nicht darum, Blindheiten zu addieren.

Was würde geschehen, wenn wir die drei großen Strukturalismen für eine Weile methodisch ignorierten, ausklammerten? Was würde geschehen, wenn wir versuchten, Strukturen zu identifizieren, ohne mit etwas zu beginnen, was bereits als manifeste, homogene Entität identifiziert worden ist? Was wäre, wenn es Formen des Zwangs, Formen des Leids gäbe, die von den drei großen Strukturalismen verfehlt würden, Formen, die nicht allein oder vorrangig verursacht würden von Ökonomie oder von Technik / Medien oder von Institutionen, die Zugehörigkeit und – körperliche oder auch virtuelle – Gegenwart fordern und bieten?

Diese Ausklammerung bedeutet nicht, dass Begriffe wie Diskurs oder Technik mit einem textinternen Tabu belegt würden – obwohl ein Tabu *zeitweise* helfen würde: Sag nicht Konsum. Sag nicht Kapitalismus. Sag nicht Internet usw. Diese Begriffe dürfen nur nicht mehr den *Ausgangspunkt* der Analyse bilden.

Erfahrene Negativität

Die Negativität, die wir hier zu fassen versuchen, erscheint in der menschlichen Erfahrung als solche. Es sind die Menschen selbst, die sagen: »Ich bin *nichts* wert. Ich habe *noch nichts* erreicht. Ich bin ein *Niemand*. Ich bin *nicht* interessant, *nicht* attraktiv, *nicht* liebenswert. Ich weiß *nie*, woran ich bei den Anderen bin. Was ich bin, ist den Anderen *nie* genug. Ich fühle *nicht*, was ich fühlen müsste (um den Anderen zu halten). Meine Tage sind *ohne* Struktur. *Nichts*, was ich tue, hat einen klaren Horizont. Ich kann *nichts* tun. Entweder kann ich gar *nicht* arbeiten, oder meine Mühen bleiben *ohne* das erwünschte Ergebnis. Ich kann *nicht* denken. Ich kann mich *nicht* konzentrieren. Ich habe *keine* Energie. Ich habe *keine* Zuversicht. Ich habe *keine* Ideen. Ich sehe überall Möglichkeiten: also das, was ich *nicht* habe, *nicht* tue, *nicht* bin. Ich habe *keine* Identität. Ich bin *nirgends* zuhause. Mich reißt *nichts* von mir selbst los. Ich habe *kein* Gegenüber. Meine Hände haben *nichts* zu tun. Ich habe *keine* Geschichte. Ich habe *keine* Zukunft. Ich verstehe *nicht*, was mir geschieht.«

Das Nichts ist also niemals ein absolutes. Es ist immer das Ausbleiben, Verschwundensein, Unmöglichsein, Fehlen *von etwas*. Ein Schweigen, das keine Ansprache, keine Antwort ist. Ein Wort, das kein Lob, keine Aufforderung zu einer gemeinsamen Aktivität, keine Bezeugung von Respekt oder Liebe ist, das verletzt, weil es vorenthält oder verneint … Ein Erwartetes, das noch nicht ist. Ein Erinnertes, das nicht mehr ist. Ein Gesolltes, Gewünschtes, das nicht vermocht wird usw.

Nur wo Menschen sind, ist Negativität; auch den »leeren Weltraum« nennen nur Menschen leer. Nur ein zeitliches Wesen lebt in einer durchlöcherten Welt. Selbst Durst und Hunger wären Positivitäten, bloße körperliche Sensationen, würden sie nicht auf etwas verweisen, das aussteht, an dem es mangelt.

Im Bereich des Denkens und Handelns verrät Negativität sich durch bestimmte Wörter. Die Menschen sagen: »Ich *versuche*, dieses oder jenes zu tun.« Oder: »Ich *kämpfe* …« Sie kämpfen »jahrelang«, »mein ganzes Leben« mit etwas und für etwas. Sie sagen: »Ich *will* …« Sie sagen: »Mein *Traum* ist …«

Man sagt aber nicht: »Ich versuche, zu frühstücken.« Man sagt nicht: »Ich kämpfe dafür, zu duschen.« Man artikuliert eine solche Absicht nicht: »Heute will ich Schuhe tragen.« Man sagt nicht: »Mein Traum ist es, mich anzuziehen.«

Ein Mensch, der etwas versucht, der um und für etwas kämpft, der Absichten ausspricht, Gewolltes als Gewünschtes und »Geträumtes« benennt, weiß, dass das, worum es ihm geht, sich weitgehend entzieht. Er weiß um das Nichts seiner Kontrolle, um das Nichts seiner Macht, das zu verwirklichen, wovon die Rede ist.

So auch, wenn er sagt, dass er nun »in etwas« sei, das eine zeitliche Ordnung hat (die sich ihm entzieht): »Ich bin *in* einer Gewöhnung*phase* … *in* einer Übergangs*zeit* … *in* einem Trauer*prozess* … usw.« Man kann nicht *in* etwas sein und es zugleich kontrollieren (es sei denn, es handele sich um eine technische Apparatur, die Element – mich Umgebendes – und

Objekt – von mir Gehandhabtes – zugleich ist: Auto, Flugzeug usw.).

Alle diese Redensarten zeigen *defiziente Modi der Verwirklichung* an, defizient bis zu einem Grad, dass bloß noch vom Wunsch, vom Kampf, vom Nachdenken über ... die Rede ist, gar nicht mehr von der Verwirklichung.

Die Inventur des Nichts

Obwohl menschliche Erfahrung stets durchschossen ist von Negativität, weisen bewusste Wahrnehmung, bewusstes Erinnern sie häufig nicht auf.

Man fragt (sich): »Was ist passiert?« Nicht: »Was ist nicht passiert? Was ist (leider, zum Glück) ausgeblieben?« Man erzählt eher von Menschen, mit denen man umgeht, als von jenen, mit denen man nicht umgeht, Gewesenen, Möglichen, deren Abwesenheit unsere Situation im höchsten Maße prägt.

Menschen, die Memoiren schreiben, neigen dazu, aufzuschreiben, was die Mutter, der Vater gesagt und getan haben, und vergessen nahezu völlig, aufzuschreiben, sich ins Gedächtnis zu rufen, in der Fantasie durchzuspielen, was die Mutter, der Vater *niemals* gesagt, niemals getan haben, obwohl vielleicht das, was diese ein Leben lang unterlassen haben, zu sagen und zu tun, schwerer wiegt als alles, was sie gesagt und getan haben.

Ja, vielleicht hat uns das, was niemals geschehen ist, tiefer gezeichnet, als alles, was geschehen ist, was in Tagebüchern festgehalten, in Anekdoten wiederholt wird. Vielleicht haben alle Ereignisse, alle Positivitäten nur darum ihr Gewicht, drücken die Schale, in der sie sich häufen, herab, weil in der anderen Schale *nichts* ist.

Natürlich ist es immer leichter, sich an das zu erinnern, was geschehen ist, als an das, was nicht geschehen ist. Wie erinnere ich mich an nichts? Welches Gedächtnis bewahrt die Gesten, Sätze und Taten, all die Personen und Orte und Zeiten, die in meinem Leben fehlen? Welche Inventur fasst das Nichts, das ich vielleicht mehr bin als jedes Etwas? Dazu reicht es nicht, meine Wahrnehmung und Erinnerung zu analysieren. Sie liefern, wie ein Dispositiv, auf den ersten Blick lediglich Gegebenes, das lückenlos an Gegebenes anschließt. *Onto*-Logie.

Abgrenzungen

Schon jetzt sollte deutlich geworden sein, worum es nicht geht. Es geht nicht um jene materiellen und kulturellen Negativitäten, die man unter dem Begriff der *Armut* zusammenfasst: kein Obdach oder nicht genug Platz, um in Würde zu wohnen, keine hinreichende Ernährung, um kräftig und gesund zu bleiben und im sozialen Ernährungsvergleich mit den Anderen zu bestehen, keine Kleider bzw. keine Kleider, die mich nicht dem Spott der Anderen preisgeben, kein Geld, keine Bildung.

Diese Negativitäten gehören ja von Beginn an zur Moderne. Sie liegen *jenseits* der Unterscheidung in Positive und Negative Moderne.

Es geht auch nicht um metaphysische Negativität – das Nichts Gottes, das Nichts des Sinns, das Nichts eines Telos der Geschichte, sämtliche Inkonsistenzen und Inkohärenzen –, die man, wie Georg Lukács sagte, bequem aus dem Grand Hotel »Abgrund« betrachten kann[3]. Und es geht nicht um jene psychologische oder spirituelle Negativität, die »innere Leere« genannt wird.

Nein, die Negativitäten, die wir hier untersuchen werden, sind als »außenweltliche« zu beschreiben wie jene, die die Armut, die soziale Ausgrenzung konstituieren. Es sind säkulare und triviale Negativitäten. Dennoch haben sie das schwer Fassbare, scheinbar Innerliche der metaphysischen und psychologischen Negativitäten. Keine »Wohnung«, kein »Essen« fehlt, also etwas, das mir zunächst äußerlich ist, sondern mir fehlt »mein Selbstwert«, »meine Zeitstruktur«, »meine Motivation«, »mein Können«, die Wirklichkeit »meiner Möglichkeiten« usw.

Sogar das Andere, das fehlt, fehlt mir nicht unbedingt *als Anderes* – wie in der »Einsamkeit« oder in der »Langeweile«. Das Fehlen des Anderen zeigt sich zuerst und vor allem im Selben, als *mein* geistig-körperlicher Deprivations*zustand*, als Unkörperlichkeit, als Angst, als permanente, hysterische Selbstbetrachtung im Zustand des Nicht-Absorbiertseins durch Objektbeziehungen oder Elementbeziehungen, eines Für-sich-Seins.

Die Festung der Achtsamkeit

Besonders stark ist der Kontrast zu jenem »Nichts«, das die Meditierenden suchen – vor allem, wenn dies in einem institutionellen Zusammenhang geschieht, zum Beispiel in einem buddhistischen Kloster.

Die meditierend gesuchte Negativität ist kein Nichts des Wertes. Im Gegenteil, die Praxis der Mediation, der Zusammenhang der Meditierenden und die Narrative der gesteigerten »Achtsamkeit« und »Erleuchtung« zielen darauf, den sozialen Wert des Praktizierenden und Zugehörigen zu heben.

Die gesuchte Negativität ist auch kein Nichts der Zeit. Im

Gegenteil haben die Übungen eine zeitstrukturierende Wirkung. Sie haben eine vorgegebene Dauer, teilen den Tag in Davor und Danach, »verordnen« für die Dauer der Übung eine reine Gegenwart.

Die gesuchte Negativität ist auch kein Nichts des Handelns, kein Nichts des Inneren. Denn der möglichst weitgehende Verzicht auf Denken und Handeln ist ja ein selbst initiierter, selbst aufrechterhaltener und selbst wieder beendeter Verzicht. Er zeugt von Kontrolle im höchsten Maß – und der Verzicht auf Handeln *ist* Handeln, aktives Stillsein. Der zeitweilige Verzicht auf Konzentration – auf ein Objekt – verlangt die größte – paradoxe – Konzentration als Nicht-Konzentration, als vollständige Weitung, Öffnung des Bewusstseins, nicht als Umkreisen eines Gegenstands, sondern als »Fortschicken« jedes Gegenstands.

Die gesuchte Negativität ist auch kein Nichts der Möglichkeit – im Sinne der Erfahrung dessen, was noch nicht oder nicht mehr ist. Denn das Mögliche soll durch die Meditation ja möglichst weit abgedrängt werden, zugunsten der reinen Präsenz des »Hier und Jetzt«.

Und die gesuchte Negativität ist kein Nichts des Anderen. Denn das Andere wird ja gerade *gegenwärtig* gemacht: das Andere der Atmung, des Körpers, des harten Bodens, auf dem ich sitze oder liege. Es wird also *ein spezielles Anderes* gewählt. Kein zeitliches, kein intellektuelles, kein Ding, kein anderer Mensch, sondern das Andere, das ich *an mir selbst* haben kann. Dieses Andere wird, soweit es geht, intensiviert auf Kosten alles anderen Anderen wie des Nichts des Anderen.

Und schließlich: Die Negativität, die die Meditierenden suchen, ist eben eine *gesuchte*, freiwillig aufgesuchte und wieder zu verlassende. Dagegen mag der Sturz ins Nichts zwar auch

Folge eines Suchens und Entscheidens sein, ist aber als solcher nicht beabsichtigt. Und niemandem steht es zu Gebot, die soziale Negativität wieder in Richtung einer Fülle zu verlassen.

Die wahrscheinlich wichtigste Funktion der Meditation *im Verhältnis zur Positiven Moderne* ist, aus der Hetze der hochstrukturierten Zeit, der Reizintensität der Städte, der Medien und dem mentalen Stress des permanenten Reflektieren- und Entscheidenmüssens hineinzufinden in eine *Ruhe*. Also in das Nichts der kleingehackten, beschleunigten Zeit, in das Nichts der visuellen und auditiven Reize, in das Nichts des Reflektierens und Entscheidens.

Im Kontext der Negativen Moderne ist die wichtigste Funktion wahrscheinlich eine ganz andere: nämlich, der extremen *Abhängigkeit von den Anderen* zu entkommen, die sich aus der Volatilität des eigenen Wertes ergibt. Es geht darum, die anderen Menschen als individuelle Wertverleihungsinstanzen für einen Moment scheinbar zu ersetzen durch das Andere des eigenen Körpers, der Atmung, des pulsierenden Blutes, der rumorenden Organe, des Juckens der Haut (und vielleicht zusätzlich durch ein spirituelles Anderes).

Die begleitenden Diskurse des In-sich-selbst-Ruhens und In-sich-selbst-Wurzelns wären gerade nicht Zeichen einer schon realisierten Selbstbezogenheit, sondern Ausdruck des *Wunsches* nach Selbstbezogenheit in Zeiten extremer – weil unsicherer, unsteter – Bezogenheit auf die Anderen. Das Nichts des anderen Menschen würde herbeigesehnt und -geatmet in einer Welt, in der das Ich zum Jojo des Dus geworden ist.

Leitfiguren wie Eckart Tolle vereinen in ihrer Person denn auch beide Seiten des Wunsches: einerseits den *Diskurs* der Unabhängigkeit von anderen Menschen, der Unberührbarkeit durch lieblose Eltern, Partner, Kollegen, der Achtsamkeit als uneinnehmbarer Festung, und andererseits die *Realität* des Berühmtseins, des Verehrtwerdens, des permanenten Auftretens, der Bekanntschaft mit anderen Berühmtheiten, der Talkshowpräsenz, des permanenten Interviewtwerdens, der selbstproduzierten, hunderttausendfach angeklickten Youtubefilme usw., wodurch (scheinbar) jene Wertstabilität erzeugt wird, die, in Beziehungen von Person zu Person, nicht mehr zu haben ist.

Die gleiche Dialektik aus behaupteter Unabhängigkeit und Streben nach Wertverleihung kann man im Punk – *I don't care what the people say* – und in der Kunst erkennen, soweit diese Lebensformen sonst differieren.

Es wäre sogar denkbar, dass die meisten Praktizierenden der Achtsamkeit sich selbst missverstehen, dass sie, den Gemeinplätzen der Positiven Moderne folgend, sagen: »Ich achte aufs Hier und Jetzt, um der Hektik und Reizintensität des Alltags zu entkommen«, dass jedoch in Wahrheit das Bedürfnis nach *einfachen* Objektbezügen darum so groß ist, weil die Menschen in ihnen dem immerzu bedrohlichen Bezug zum Anderen, der nun als Du auftritt (siehe zweites Kapitel), zeitweise entkommen.

Soviel zur Abgrenzung zu anderen Formen von Negativität. Das Nichts schleppt eine immense Fülle von Konnotationen mit sich. Da sind Hegel, die Ontologie, das Existenzdenken, Adornos Kluft von Begriff und Sache. Da sind buddhistische und westliche Selbsttechniken. Da sind psychologische Redeweisen (»Ich bin leer«). Da sind Kunst- und Literaturformen sowie deren Interpretationen, denen es ums Abwesende und Unmögliche, um Unterbrechung und Pause, um das Sinn- und Heillose geht.

Wir haben es also nicht mit einer geistesgeschichtlichen Brache zu tun, sondern mit dichtbesiedeltem Terrain, und müssen, da wir am Konzept der Negativität festhalten, genau sein in der Definition.

Sturz ins Nichts

Wir werden unterscheiden zwischen der Negativen Moderne und dem Sturz ins Nichts. Unter Letzterem sei eine typische *individuelle Situation* in der Moderne verstanden, in der alles, was hier unter Negative Moderne gefasst wird, zusammenkommt bzw. *ursprünglich eins* ist. Wertlosigkeit *als* Handlungsunfähigkeit *als* Zeitverbreiung *als* unendliches Möglichsein *als* Mangel an physischen und persönlichen Andersheiten.

Eine Veranschaulichung: Ein Mensch lebt und arbeitet allein. Er mag die Wohnung mit anderen teilen, die Ergebnisse seiner Arbeit – so es Ergebnisse gibt – anderen zukommen lassen, er mag sie anbieten, abliefern, einreichen, sie mögen von anderen bestellt gewesen sein. Das ändert nichts an der Tatsache, dass der Mensch nicht mit anderen zusammenlebt, zusammenarbeitet, sondern, in seinen täglichen Vollzügen, auf sich gestellt ist, wie man sagt. Es zeigt sich nun, dass der Mensch jede Achtung für sich selbst verloren hat, dass das Arbeiten entweder unmöglich ist oder ertraglos bleibt. Es zeigt sich, dass es in seinem Leben weder Tag noch Nacht gibt, weder Werk- noch Feiertage, dass die Stunden keine Stunden, die Minuten keine Minuten sind. Wie die Metapher des Breis anzeigt, verschwindet jedes »eingezeichnete« Muster in Kürze von selbst, muss neu eingezeichnet werden. Alles gleitet ab ins Ungeschaffene.

Es zeigt sich, dass der Mensch kaum täglichen Umgang mit Dingen, kaum Sein in Elementen – natürlichen oder sozialen – kennt, in denen er sich vergisst und rettend entfremdet.

Er ist selbstverständlich noch atmender Leib, doch nichts verschafft ihm einen Körper *als Andersheit*. Seine Welt entsteht weder primär über »Zuhandenheit«, wie Heidegger voraussetzt[4], noch über »Genuss«, wie Levinas meint[5], sondern ist entfernt und »platt«, ist Bild. Die Stadt zieht vorüber. Das Schöne, das Schreckliche (und das Schöne, das schrecklich ist). Das Gefühlte ist unkommuniziert, ohne Ausdruck und Handlung, ist katatonische Gewalt oder Indolenz: »Ich fühle nichts.«

Gewöhnlichkeit

Dies ist eine gewöhnliche Situation in der Moderne. So gewöhnlich, dass dem Leser auf der Stelle ehrwürdige wie neumodische psychopathologische Etiketten einfallen, er oder sie vielleicht geneigt ist, müde abzuwinken: »Natürlich ...« So gewöhnlich ist diese Situation, dass der Lesende selbst vielleicht schon einmal ..., dass eine Freundin, dass die in Ruhestand gegangene Mutter ..., dass er gehört hat, dass Studenten ..., dass Selbständige, Arbeitslose, junge Menschen, Künstlerinnen, Künstler ..., dass in den großen Städten usw.

Aber *wie* gewöhnlich? Diese gesamte Untersuchung – einschließlich »Das Ende der Liebe« und die kommenden Bände – ist an Quantifizierung nicht interessiert. Damit sei nichts über die Sinnhaftigkeit von Quantifizierung gesagt. Doch hier reicht die Feststellung der Gewöhnlichkeit. Die Feststellung, dass es sich nicht um eine exklusive, sondern um eine »demokratische«, eine Massenerfahrung handelt. Um zu verstehen, wie ein Gefängnis funktioniert, muss man nicht die genaue Zahl der Insassen – in einem besonderen Gefängnis oder im gesamten Gemeinwesen – kennen.

Mit der Quantifizierung entfällt die Differenzierung individueller »Stürze«. Natürlich gibt es unterschiedliche Grade der Entwertung, Wertvolatilität, der Entstrukturierung von Zeit usw. Bei manchen mag der Sturz nur Wochen, Monate dauern. Bei vielen dauert er Jahre, Jahrzehnte.

Kollegen und Studenten, die das Manuskript lasen, fragten: »Woher die Schwärze? Die Absolutheit der Verletzung und Unmöglichkeit, eines Unglücks ohne absehbares, erwartbares Ende?«

Wie in »Das Ende der Liebe« ist es nicht die Abstraktion eines Weber'schen Idealtypus, nicht die Absolutheit einer literarischen Übertreibung. Es ist gar keine Konstruktion, kein Kniff, sondern *die Erfahrung selbst*. Die Absolutheit der Liebesunmöglichkeit, der Beschämung, der Wertlosigkeit, der Arbeitsunfähigkeit usw. ist kein Mittel der Beschreibung. Sie ist das zu Beschreibende, zu Analysierende, zu Verstehende selbst.

Die Verallgemeinerung der Erscheinungen in Form der Mehrzahl – »die freien Menschen« oder »die Stürzenden« – soll nicht mehr anzeigen als eben die *Nichtexklusivität* der Erfahrung, die Gewöhnlichkeit, die Massenhaftigkeit. Dies wage ich tatsächlich zu behaupten als ein Forschender, der selbst ein gewöhnlicher Mensch ist, durchweg gewöhnliche Situationen durchläuft und in diesen anderen gewöhnlichen Menschen begegnet.

»Gewöhnlich« ist im Übrigen nicht erst, was die Mehrheit erfährt. Auch Minderheiten können Massen sein, ja die Massen – die politisch als solche mobilisierten Massen wie die soziokulturellen – eines pluralistischen Gemeinwesens sind *immer* Minderheiten. Jede Gewöhnlichkeit ist eine minoritäre, besondere, teilkulturelle: die Gewöhnlichkeit der Fußballfans, der Künstler, der Eigenheimbesitzer, der Rapper und Rockmusiker usw. So auch die Gewöhnlichkeit der Stürzenden.

Als Sozialwissenschaftler oder -philosoph wird man ohnehin nicht die behauptete Gewöhnlichkeit, sondern die behauptete Exklusivität für beweisbedürftig halten. Die Regel lautet ja: Was ist, das ist Geteiltes, Kollektives; auch und gerade im Fall des »Besonderen«, »Exklusiven«, »Individuellen«, »Abweichenden« …

Außerdem wage ich zu behaupten, dass die Situation und die Erfahrung, die hier mit Sturz ins (bzw. im) Nichts bezeichnet sind, in ihrer Absolutheit nicht in einem insulären Jenseits vom »Rest der Welt« angesiedelt sind, sondern es sich um eine Landzunge handelt, wir es mit einem *Kontinuum* zu tun haben der Wertinstabilisierung, der Zeitverbreitung, der Aktivitätsobstruktion, der Vermöglichung der Wirklichkeit, des Entzugs von Objekten und Elementen … Wie im Fall psychologischer Diagnosen (Depression, Angststörung usw.), ist auch im Weltlichen das Entstehen diskreter, vollkommen diskontinuierlicher Erfahrungen selten, vielleicht sogar unmöglich, bildet das Absolute meist den Endpunkt einer Skala.

Auch hier gilt: Erklärungsbedürftig wären eher die großen Sprünge als die Spektren, Prozesse, Steigerungen. Darum wohl wird, so die Annahme, am Absoluten auch das Relative, Graduelle zu erkennen sein, am Schlimmen das Nicht-ganz-so-Schlimme (wie im »Ende der Liebe«).

Dennoch muss vor jeder »literarischen« Leseweise gewarnt

werden. Jeder Satz ist Auslegung realer Erfahrung. Das Missverständnis wäre insofern fatal, als Erfahrungsanalyse ja gerade nicht mit – literarischer oder Weber'scher – Typisierung
arbeitet, sie die *Genauigkeit* zur einzigen Währung hat.

Das Ganze

Der *Sturz ins Nichts* ist also ein ursprüngliches Ganzes, eine
»Lebenssituation« mit einer spezifischen Gegenwart, die ein
spezifisches (Nie-)Gewesensein und ein spezifisches (Nicht-)
Künftigsein und (Nicht-)Möglichsein einschließt.

Erst die Analyse, die Sprache, ermöglicht es, das Ganze
aufzulösen in Aspekte wie Wert, Zeit, Aktivität und Inneres,
Möglichsein und Andersheit. Doch wie kehren wir zurück
zur ursprünglichen Ganzheit des Ichs, der Situation, des Gefühls, in der alles immer schon zu einem verschmolzen ist?
Hier droht die Sprache zu versagen. Denn es gibt keinen Satz,
der alles sagt. Und wenn man mehr als einen Satz braucht, um
alles zu sagen, reiht man wieder Aspekte aneinander und das
Ganze als Ganzes bleibt ewig ungesagt.

Hier müssen wir es beim Versuch belassen, in jedem Kapitel zu zeigen, wie das, was methodisch getrennt wurde, in
Wirklichkeit eins sein kann, eine Situation, eine Erfahrung,
wie dieses sich in jenem zeigt, dieses als jenes und umgekehrt.
In jedem Kapitel wird der Versuch unternommen, die Analyse
zu vertiefen, indem die Analyse aufgehoben, das Zergliederte
als Eines betrachtet wird.

Negative Moderne

Warum aber noch der Begriff der Negativen Moderne, wenn es um den Sturz ins Nichts *als Situation* geht? Der Begriff der Negativen Moderne erlaubt es, das, was im »Sturz« zusammenfällt, getrennt zu denken und zu beobachten.

Denn tatsächlich beschränkt sich ja das Verschwinden einer stabilen Wertverleihung und Wertordnung nicht auf jene Welten, in denen die Zeit ein Brei, das Handeln unmöglich oder ertraglos ist. Auch die unterschiedlichen Dimensionen eines unbegrenzten Möglichseins finden sich nicht allein, nicht einmal vorrangig in jenen Welten.

Ja, besonders die Volatilität des eigenen sozialen Wertes und das unendliche Möglichsein sind vereinbar mit hoher Integration des Betreffenden in ein Berufsmilieu, Freundschaften, Freizeitzusammenhänge, eine Liebesbeziehung, (mindestens) eine Familie usw.

Soziale, sensorische und praktische Deprivation wiederum muss nicht einhergehen mit einem unendlichen Möglichsein, kann auch, wie im Fall der »Isolationshaft«, einhergehen mit hermetischer Notwendigkeit, einer Verzweiflung der Notwendigkeit.

Es sind also die unterschiedlichsten Lebenssituationen, in denen der Mensch, auf die unterschiedlichste Weise, der Negativen Moderne ins Gesicht schaut. Es sind die unterschiedlichsten Gruppen, die sich in einem Punkt versammeln. So wird die Entstrukturierung der Zeit von Arbeitslosen, Hausfrauen, Flüchtlingen, Kranken, Alten, Studenten, Selbständigen und Künstlern erfahren.

Scham

Wie der erste Band »Das Ende der Liebe« ist dieses Buch nicht unwesentlich eine Studie der Beschämungen. Die Moderne ist weit davon entfernt, ein wahrhaft »schamloses Zeitalter« zu sein.

Zwei Felder tun sich auf: das Feld der *Beziehungen*, in dem es darum geht, als Liebhaber, Lebensgefährte, Kollege, creative employee, Vorgesetzter, Freund, Sohn, Tochter, Vater, Mutter und nicht zuletzt als ein Fremder – der versucht, eine Beziehung mit einem Anderen erst zu stiften, via Ansprechen, Anrufen, Anmailen, Simsen – den vielfältigen Normen einer »echten Beziehung« gerecht zu werden. Hier kommen Bubers »Ich und Du« und die Texte von Levinas zu sich selbst als Knigge unserer Zeit, Bürgerliche Gesetzbücher, werden zu unfreiwilligen Explikationen einer gesellschaftlichen Ordnung der Beschämung.

Zumeist konflikthaft neben der Norm der Beziehung steht die Norm der Selbstverwirklichung, der ungebremsten *Aktivität* als einsam-schöpferischer Tätigkeit in Richtung auf Zeitstrukturierung, Herstellung von Werken und Karrieren, Kontrolle des Lebens, Beziehungsstiftung usw.

Schwingend im Feld der Beziehung wie im Feld einsam-schöpferischen Handelns hat das Individuum im Ungenügen seinen ständig umkreisten und durchkreuzten Schwerepunkt. Wenn nicht alles Schwingen aufhört und der Schwerepunkt zum Ruhepunkt wird.

Es liegt in den Normen der echten Beziehung und der einsam-schöpferischen Aktivität selbst begründet, dass ein Genügen sich nicht auf Dauer stellen lässt. Der Mensch kämpft fortwährend mit seiner »Egozentrik«, seiner Wut, seiner Abneigung bzw. seiner fehlenden Anziehung, wie er mit seiner »Lähmung« und »Unfähigkeit« kämpft.

Beide Felder entziehen sich weitgehend der Kontrolle des Subjekts. Nicht in Form des »Ausrutschers«, sondern systematisch, weil hier *Inneres* fehlt, das für Handeln nicht zugänglich ist. (Was die Beschämungen als widersinnig erscheinen lässt. In dieser Welt schämen die Menschen sich tatsächlich für ihre Substanz, ihre Essenz, nicht dafür, was sie tun oder lassen könnten. Insofern geht hier die Essenz der Existenz voraus.)

Nicht Selbstverwirklichung, sondern Selbstvermöglichung ist die – beschämende – Grunderfahrung der Moderne, nicht echte, tiefe, symmetrische Beziehung, sondern das – beschämende – Unvermögen zu dieser. »Unverschämt« in ihren Aggressionen und Attacken ist allein die Positive Moderne. Angesichts der Negativen Moderne senken wir beschämt den Blick.

Ein neuer Naturzustand?

Die Negative Moderne scheint die Theorie der klassischen Anthropologie zu bestätigen. Es ist doch die Kultur, die die Instinktlosigkeit und Mangelhaftigkeit des Menschen – also Negativität des menschlichen Wesens – auszugleichen hat. Es ist die Kultur, die – wie auch Durkheim sagt – Grenzen setzen muss, wo »der Mensch« keine Grenzen hat.[6] Die Kultur muss Inhalt und Form vorgeben, weil »der Mensch« selbst inhaltlos, seine Existenz – wo keine Kultur sie formt – formlos ist. Kultur muss gewährleisten, dass dem Einzelnen ein »Selbstwert« verliehen wird, denn »der Mensch«, dem kein Wert verliehen wird, erfährt sich als wertlos. Die Kultur muss die Zeit mit Rhythmen und Horizonten strukturieren, denn

»der Mensch« hat – anders als das Tier – keine intrinsische Zeitstruktur.

Die Kultur muss das menschliche Handeln motivieren und organisieren, denn der instinktlose Mensch handelt nicht aus dem Nichts heraus, bzw. im sozialen Nichts handelt er nicht. Die Kultur muss das Denken und das Fühlen, das Erinnern und das Erwarten vermitteln, sonst findet »der Mensch« sich im Nichts aller Innerlichkeit wieder. Die Kultur muss – siehe oben – das Entstehen von Unendlichkeiten verhindern, Endlichkeit erzeugen. Die Kultur muss stabile, wiederholbare Bezüge zu Anderem gewährleisten, sonst stürzt »der Mensch« ins Nichts der Beziehungen zu anderen Menschen, Objekten, Elementen, ins Nichts körperlicher und geistiger Praxis.

Nach dieser Lesart ist die Negative Moderne, ist der Sturz ins Nichts ein Rückfall – oder besser: ein *Vor*fall – in einen neuen Naturzustand.

Selbstverständlich ist »Naturzustand« hier ein polemischer Begriff. Er soll anzeigen, dass hier das Gegenteil dessen geschieht, was wir der Natur entgegensetzen, Gegenteil dessen, was die Kultur – nach anthropologischer Lesart – zu leisten hat.

Insofern hört die Kultur hier auf, beginnt »wieder« die Natur. Genauer: Dem Menschen, der Kultur nötig hat, stößt Natur zu bzw. eine widersinnige Kultur, die keine der Aufgaben, die der Kultur zukamen, mehr erfüllt. Um Hobbes' Worte aufzugreifen: Es gibt keine Zeitrechnung mehr und keinen Platz für Fleiß, das Leben ist einsam, kümmerlich, in jedem Augenblick – nicht physisch, doch in jeder anderen Hinsicht – ein bedrohtes[7].

Doch das ist nicht der Fall, weil ein Krieg aller gegen alle herrschte, eine wimmelnde, aggressive Positivität freier Individuen, und auch nicht, weil die Maschinerie der Positiven Moderne – Fabrik, Großstadt, Krieg – das Leben verschluckte, sondern weil »der Mensch« getroffen wird von der Gewalt des Abwesenden. Widerwärtig ist das Leben, weil man sich selbst – jenseits stabiler Wertverleihung – widerwärtig wird. Nicht das *Interesse* der Anderen macht uns das Leben zur Hölle, sondern – ironischerweise – ihr Desinteresse.

Problematisch an dieser anthropologischen Lesart ist zum einen, dass sie zu konservativen und autoritären Lösungen einzuladen scheint. Solche »Lösungen« erreichen nicht mehr, als Subkulturen der Bestimmtheit zu etablieren, die nie das *Fundament* der Negativen Moderne berühren. Außerdem schaden sie mehr als sie nutzen, da sie der Tyrannei der Negativen Moderne wieder die Tyrannei der Positiven Moderne beigesellen.

Problematisch ist zum anderen, dass hier eine überhistorische, eben anthropologische Perspektive eingenommen wird, die in *jeder* geschichtlichen Situation zwischen 1789 und 2015 passim behaupten könnte, nun sei das Maß überschritten, sei es Zeit, die Schrauben wieder anzuziehen. Die Freiheit-Institutionen-Debatte zwischen Adorno und Gehlen ließe sich jährlich wiederholen, ohne an Gültigkeit zu verlieren oder zu gewinnen.

Anders gesagt: Der Schematismus vom weltoffenen Menschen und der weltfüllenden, weltschließenden Kultur ist eben ein Schematismus. Zu allgemein. Er enthält keine Reflexion der eigenen, historischen Präferenzen, die ihm zugrundeliegen.

Darum scheint es besser, nah an der Erfahrung, unserer Situation zu bleiben, unseren Maßstab eben dieser Erfahrung zu entnehmen.

Fühle ich mich »wertlos«, so habe ich offenbar Wertverleihung wie – in der Folge – Wertentzug erlebt. Kann ich »meine Zeit nicht strukturieren«, kenne ich offensichtlich strukturierte Zeit, erlebe nun deren Verbreiung usw.

Dennoch scheint die Polemik, die im Begriff eines neuen Naturzustands steckt, nicht ungerechtfertigt. Die Negative Moderne bezeichnet tatsächlich Zustände, die nicht nur die modernen, sondern kulturelle, zivilisatorische Grundlagen überhaupt aushöhlen. Ein Mensch, dessen Wert keine Stabilität besitzt, dessen Zeit ohne Struktur ist, der nicht handeln kann, dessen Wirklichkeit allseits ins Mögliche zerfasert und vom Möglichen entwertet wird, und dem dinghafte, elementhafte, geistige und personale Bezüge fehlen, ist eben im Jenseits dessen angelangt, was man gemeinhin Kultur nennt.

Das Vorurteil der Positivität

Die Gegenüberstellung der ungleichen Zwillinge – Positive Moderne und Negative Moderne – hat auch den Sinn, das theoretisch Vernachlässigte in den Blick zu rücken.

In der Zeitforschung herrschen die Geschwindigkeits- und Beschleunigungstheoretiker allein – flankiert von einer ergebenen Ratgeberschar, den Fürsprechern und Propheten der »Langsamkeit«.

In der Wertfrage geht es deutlich mehr um die aktiven, aggressiven, ideologischen Abwertungen und Entwertungen der Positiven Moderne – Rassismus, Nationalismus, Islamismus usw. – als um den geräuschlosen Sturz in die Wertlosigkeit infolge von Nichtbestätigung.

Die Kapitalismus- und Globalisierungskritik hat die ungeheuer (destruktiv) produktive Seite der Moderne fest im Blick.

Psychologen, Stressforscher, auch Soziologen sehen hinter jedem Zusammenbruch einen Burnout, eine Erschöpfung, also hinter jedem Leid *ein Zuviel* – eben das Zuviel der Großstadt, des Internet, der Medien, des Multitasking, der sogenannten Leistungsgesellschaft usw.

Auch Heideggers »Welt« ist immer gut gefüllt. Nachdem er die Welt Descartes' Zweifel entzogen hatte, wollte er sie wohl nicht gleich wieder entleert wissen. Überall Zeug, Vor- und Zuhandenes, überall Mitsein. Und immerzu weiß »man«, wie zu denken und zu handeln sei. Auch die Zeit ist voll und übervoll: Lärm und Gerenne[8].

Lediglich im Bereich des Sinns entsteht mal eine Lücke, ein Nichts: die »Angst«. Andere Bereiche der Negativität, wie der Bereich des sozialen Wertes, bleiben ganz im Verborgenen. Bei Heidegger herrscht durchgehend fröhliches Hämmern und Sägen, Getue und Gerede, der Konformitätsdruck des Kollektivs wie der geschmeidige Automatismus der Zuhandenheiten, die Geworfenheit in eine Fülle wie das Ent-Werfen in eine neue Fülle, uneigentliche wie eigentliche, eigene Fülle.

Soziologisch gelesen, ist Heidegger, so muss man feststellen, ausschließlich ein Analytiker der Positiven Moderne. Sie war ja *seine* Welt.

Es ist eine Ironie, dass ausgerechnet die Diskurs- und Dispositivanalyse, der soziale Konstruktivismus, der sich anders als die Anthropologie jede Aussage über das vermeintliche Wesen des Menschen untersagt, doch die Vorstellung bzw. das Vorurteil der Anthropologie von *der Kultur als Fülle* teilt.

Gedacht wird Kultur stets in ihrer regelnden, beschreibenden, vorschreibenden, praktischen und Praxis ingangsetzenden, Orte und Architekturen schaffenden, sich vergegenständlichenden, den Raum mit Dingen, Aktivitäten füllenden Weise. Ein Dispositiv hat ein höheres ontologisches Gewicht als das – einmalige – Ereignis. Es ist *mehr*: Wiederholung, »Maschine«. Wo Dispositive walten, ist keine Leere. Gewiss, Möglichkeiten werden gedacht. Doch niemals das Nichts eines Möglichseins jenseits alles Wählbaren. Zeit ist geregelte, rhythmisierte Zeit. Das Dispositiv gibt den Takt vor und »das Ende«. Es schafft das Territorium und die Grenze. Das Dispositiv verleiht Wert und macht wertlos – ja, doch beides ein für alle Mal. Nichts und niemand stürzt.

In der Beschreibung vormoderner Ordnungen sowie der Positiven Moderne bleibt das Vorurteil der Dispositivanalyse unsichtbar. Die vorausgesetzte Fülle existiert tatsächlich. Erst im Bereich der Negativen Moderne fällt das Vorurteil auf.

Natürlich ist auch eine Kultur, die Leere produziert, eine positive – gegebene – Kultur. Sie produziert die Leere ja *mittels* Diskursen, Handlungen, Institutionen, Orten, Architekturen. Insofern brächte die Dispositivanalyse die gewohnte Leistung. Der Mensch ist immer »in etwas«, während er stürzt. »In diesem Sinne«, sagt Levinas, »ist das Leiden die Unmöglichkeit des Nichts«[9].

Doch es gehört zur Metaphysik der Dispositivanalyse, anzunehmen, dass aus Positivität *stets Positivität entsteht*, dass sich Text stets in Text, Handlung in Handlung, das Regelnde in Geregeltem fortsetzt, dass Macht immer Kontrolle und Definition bedeutet, nicht Macht auch *auf nichts* hinauslaufen kann, ihre Gewalt in Abwesenheiten bestehen kann.

Sogar im Untersuchungsbereich des Möglichseins erkennen, analysieren Soziologie und Sozialphilosophie fast ausschließlich die Positivität von *Optionen*: von Produkten, die in Geschäften oder im Internet zur Wahl und zum Kauf angeboten werden; von Alternativen, mit denen uns eine Universität, ein Unternehmen, der Staat konfrontiert usw.

Als seien Freiheitsstrukturen nur annähernd mit dem Begriff der Optionalität zu erfassen. Als sei das Mögliche nicht in der Regel jenseits von Optionalität situiert: Alles, wo es um Entwicklung und Steigerung, also *vertikale* Unendlichkeit geht. Alles, was im Fluss der Zeit, als ein Nacheinander erscheint, sich aber im Jetzt absolut setzt, als absolute Attraktion. Die Freiheit, als etwas Selbstgewünschtes anerkannt werden zu wollen, eine Wertverleihung zu erstreben. Die Freiheit, Zeit zu strukturieren. Die Freiheit, die darin besteht, dass das eigene Handeln ans eigene Innere – der Ideen, Ziele, Meinungen, Denkweisen, Gefühle, Stimmungen usw. – gekoppelt ist und nicht ans Äußere eines organisierten Arbeitsprozesses, einer Aktionsgemeinschaft, einer Tradition, eines Rituals, einer Wert- oder Zweckrationalität, einer Natur. Die Freiheit, Beziehungen einzugehen und zu gestalten, zu Dingen, Elementen, dem eigenen Körper, anderen Menschen. – Nichts davon ist hauptsächlich Option.

Kurz, das Gesicht der Positiven Moderne ist uns viel vertrauter als jenes der Negativen Moderne – vertrauter auf der Ebene bewusster Konzepte, die Menschen auch dann benutzen, wenn diese ihre Wirklichkeit verfehlen, eine Wirklichkeit, die unter Umständen mehr in den Bereich der Negativen Moderne fällt.

Das Gesicht der Positiven Moderne ist *das Klischee der Moderne*. Es ist an der Zeit, das andere Gesicht dieser Welt zu betrachten.

Das Klischee des Zuwenig

Natürlich gibt es auch ein Klischee des Zuwenig. Die Moderne als Ort der Einsamkeit und Antriebslosigkeit. Doch wir müssen genau hinschauen. Entweder haben wir es hier mit dem alten, »existenzialistischen« Motiv der Sinnlosigkeit und Emotionslosigkeit zu tun (*Bartleby der Schreiber*[10], *Der Fremde*[11], *Ein Mann der schläft*[12]) – dies, das Nichts des Sinns, wäre die Domäne von Heideggers Angst. Oder es dominiert das Motiv der Armut, der materiellen Negativität und der Entwertung durch soziale *Stigmatisierung*, und insofern werden die Protagonisten eher zu »Außenseitern« und »Verlierern« der Positiven Moderne (*Hunger*[13], *Meine Freunde*[14]), obwohl Merkmale der Negativen Moderne – vor allem die Wirkungen einer entstrukturierten Zeit auf die Wahrnehmung – schon erfasst werden. Zuweilen entsteht die extreme Empfindsamkeit des Protagonisten in der Konfrontation mit der industriellen Kälte und Vermassung der Positiven Moderne (*Die Aufzeichnungen des Malte Laurids Brigge*[15]).

Die Erfahrungen, die wir unter Negativer Moderne fassen, aber sind nicht-existenzialistische. Die Sinnebene ist intakt. Die Gefühle sind die größten. Der Einzelne hat kein »höheres« Problem auf Menschheitsniveau, sondern wird – ohne Wert, im Zeitbrei, unfähig zur Aktivität, erniedrigt durch das Mögliche, ohne Andersheit – im Zentrum seiner Vitalität getroffen.

Während existenzialistische Helden sich durch inneres wie äußeres Désengagement auszeichnen, kämpfen die freien Menschen einen verzweifelten »Kampf mit sich selbst«. Mit dem Ziel der *Bejahung* durch die Anderen. *Bartleby der Schreiber* und *Ein Mann der schläft* dagegen werden auch darum zu Helden dieser Epoche ausgerufen, weil sie – wie Eckart Tolle – die Wertschätzung der Anderen nicht zu brauchen, autonom zu sein scheinen, sie darum auf berufliche, kreative Aktivität verzichten können.

Die Menschen, die wir die Stürzenden nennen, entziehen sich auch nicht aus freien Stücken einem institutionellen Rhythmus und Zeitdruck (wie *Bartleby der Schreiber* und *Ein Mann der schläft*), sondern finden sich je schon in einer entstrukturierten Zeit vor.

Das Möglichsein erfahren sie nicht als Möglichkeit der Abweichung von der Masse, Kontingenz alles Bestehenden (siehe *Bartleby der Schreiber, Der Mann ohne Eigenschaften*[16], *Der Ekel*[17], *Ein Mann der schläft*), sondern in einer Welt, in der es eine normative Einheitlichkeit der Masse gar nicht mehr gibt, damit auch nicht die Möglichkeit der Abweichung, statt dessen ausschließlich die unendliche Möglichkeit der *Steigerung* von Individualität, Differenz, Bekanntheit, Leistung, Schöpfung.

Das Mögliche ist also nicht nur das Nichtwirkliche, sondern das *von ihnen* Nicht*verwirklichte*. Es wird wiederum als ihre eigene Unfähigkeit, ihre Wertlosigkeit erfahren. Auch die Entstrukturierung der Zeit wird – unter der Hand – zu *ihrem* Unvermögen, Zeit zu strukturieren, zu ihrer Unfähigkeit, ihrer Wertlosigkeit.

Somit passen die existenzialistischen Schablonen, die Außenseiter- und Individuierungsgeschichten nicht auf die Negative Moderne. Das Nichts ist ein anderes. Im Zentrum steht ein Handelnwollen, Arbeitenwollen, Verwirklichenwollen, ein Geschätztwerdenwollen, Bewundert- und Geliebtwerdenwollen, *amour et ambition* – also ein *affirmatives* Verhältnis zur Welt, ihren Forderungen und Instanzen (obgleich vermutlich hinter einer »kritischen Haltung« verborgen), das die negativen Heroen der Abweichung nicht kannten.

Das Menschliche und das Unmenschliche

Das Konzept der Negativen Moderne hat auch methodische Vorteile. Spricht man vom Sturz ins Nichts, so denkt man unwillkürlich an *Menschen* – deren Situation, Welt und Psyche alles Genannte in sich beschließt. Indem wir über den Begriff der Negativen Moderne einzelne Kategorien, nicht Menschen und Situationsganzheiten, erfassen – und beobachten, dass auch der Wert der sozial Integrierten unausgesetzt fällt, unausgesetzt gehoben werden muss, dass auch die sozial Integrierten in einer unendlich gewordenen Welt leben, dass man Familie haben kann und dennoch – am Tag – im Zeitbrei versinken kann, dass man in einem Unternehmen angestellt sein kann und dennoch, in der eigenen Wohnung, an Feierabenden und Wochenenden, ins Nichts des Anderen stürzen kann usw. –, indem wir also auf *das Einzelne* blicken, ist unser Fokus, das natürliche Zentrum unserer Beobachtungen, nicht mehr der Mensch, sondern die Sache, *die Struktur.*

Die soziologische Naivität der Phänomenologie, die jedes Etwas, das sie beobachtet, nur beobachtbar machen kann in Bezug zu einem menschlichen Bewusstsein, einer Psyche, einem Leib, können wir möglicherweise ausgleichen durch einen Strukturalismus, der dieses Etwas beobachtbar macht in Bezug *zu sich selbst*, eben als Wertverleihungs*struktur*, Ermöglichungs*struktur* usw.

Es ist banal, dass eine Methode, die am Menschen klebt, nicht wagt, sich für eine Weile von ihm zu entfernen, die

Eigengesetzlichkeit und Komplexität moderner sozialer Wirklichkeit nicht erfassen kann.

Foucault glaubte noch, wir hätten nur die Wahl zwischen dem Menschlichen – dem Subjekt, dem transzendentalen Bewusstsein, dem Dasein – und dem Unmenschlichen – den Strukturen, Relationen. Dies sind Skylla und Charybdis des modernen Denkens.

Die eine Faszination bestand darin, dass das Menschliche tatsächlich menschlich ist (Kierkegaard, Lebensphilosophie, Daseinsanalytik, Existenzialismus), die andere Faszination darin, dass das Menschliche »in Wahrheit« unmenschlich ist: Dialektik, Kapital, Diskurs, Maschine, System, Neurostruktur, »Gehirn« …

Stets besteht die Gefahr, auf einen der Gravitationspole zuzufallen, hinein in die Fülle der Existenz, hinein in die Fülle der Strukturen. Schwierig scheint es, jenseits dieser Pole und über diese Pole hinaus zu navigieren, nicht einen Mittelweg zu nehmen, sondern *ein Drittes* zu erreichen.

In der zweiten Hälfte des zwanzigsten Jahrhunderts war – und bis heute ist – der Sog der Charybdis stärker. Es kann uns ein Schwindel befallen, eine seltsame Übelkeit, wenn wir nur die Wörter Kapitalismus, Diskurs, Internet, System usw. hören. Nicht, wie gesagt, weil alles Chimäre wäre, was sie subsumieren sollen, sondern weil wir das gesamte spätmoderne Denken in ihren Strudeln versinken sehen.

Der Mensch dagegen ist ausgewandert in die Psychologie. Doch auch dort hat das Unmenschliche ihn längst niedergerungen, das Gehirn und die *Black Box* des Behaviourismus.

Meine Hypothese lautet: Es gibt einen Weg jenseits der Wahl zwischen dem Menschen und dem Unmenschlichen. Es ist das Denken von Strukturen, die zwar nicht menschlich sind, existenzial, psychisch, leiblich, die aber *im Menschlichen*, *als Menschliches* operieren, sich nicht als Unmenschliches isolieren lassen.

Strukturen der Freiheit

Ich spreche – semantisch paradox – von Freiheitsstrukturen. Denn die Freiheit ist *zugleich* Faktizität, sie ist nicht *konfrontiert* mit Faktizität. Die Faktizität ist nicht der oft ungeliebte Tennispartner der Freiheit wie in Heideggers »Geworfenheit« und in Sartres »Situation«, sondern das Wesen der Freiheit. Das Eröffnen von Räumen geht einher mit unbezwinglich-zwingenden Kräften, vampirisch-lebenaussaugenden Deprivationen, ungeheuren Positivitäten und Negativitäten.

Freiheit wird also nicht im Sinne Hegels, Kierkegaards oder Sartres als *innere* Fähigkeit zur Negation (und zur Negation der Negation) verstanden, als Musil'scher Möglichkeitssinn, und auch nicht als Bedingung der Möglichkeit *tatsächlicher Veränderungen* der Welt und meiner Situation in ihr, sondern ausschließlich als weltliche Struktur selbst.

Abgrenzungen sind allerdings auch hier nötig. Freiheit wird nicht begriffen als Struktur »postmoderner Beliebigkeit«. »Anything goes« ist gerade keine Formel für Unendlichkeit, sondern eine Formel der Begrenzung. Alles darf kombiniert werden *aus dem Fundus der Vergangenheit*. Postmoderne ist Aufhebung von Grenzen innerhalb der Grenzen des Gehabten und Gewesenen, eine Art, sich zu erinnern, keine Art, sich zu überschreiten. Die Freiheit der Postmoderne ist Wahlfreiheit im Reich des Schonfertigen. Wie ein Jugendlicher 6oer- und 7oer-Jahre-Kleider kombiniert, wie ein Hund herumtollt im umzäunten Viereck des Vorgartens, so bedeutet »anything goes« die Geborgenheit im Gehege. Postmoderne ist scheinbare Horizontentgrenzung durch faktische Horizontschließung.

Freiheit wird auch nicht verstanden als (sexueller) Markt, als Kampfzone und Darwin'scher Daseinskampf. Wo nur die »Verlierer« leiden – wie die Hässlichen bei Houellebecq –, die »Gewinner« dagegen nicht. Wo die »Mächtigen« auf Kosten der »Ohnmächtigen« das Leben genießen und skrupellos ihre Ziele verfolgen – wie die Eltern bei Houellebecq, die auf Kosten ihrer Kinder leben.

Das hieße, im Neuen ausschließlich das Alte zu erkennen, Freiheitsstrukturen allein machttheoretisch oder kapitalismustheoretisch zu interpretieren und nicht zu begreifen, was die Gewinner verlieren, wo die Mächtigen ohnmächtig sind. Houellebecqs Beobachtungen haben ihre Gültigkeit – wie viele Macht- oder Kapitalismusanalysen –, doch gleichzeitig verfälschen sie die Wirklichkeit durch Verengung des Blicks.

Dann wende ich mich gegen den Wahn, Freiheit erfordere vor allem *Reflexion und Entscheidung*. Hier sind sich die Theoretiker der Postmoderne, der Individualisierung wie Systemtheoretiker einig.

Es entsteht die Illusion, die Welt struktureller Freiheit sei eine gravitationslose Welt der »Unbestimmtheit« und »Kontingenz«, wo sich vieles anbiete, was »nicht notwendig« sei, weshalb das Subjekt »verwirrt« und »desorientiert« wirke. Die Freiheitswelt gliche einem Supermarkt, in dem der Mensch nicht wisse, was kaufen – hier kommt wieder der Kapitalismus ins Spiel. Theorien der Modernisierung und Individualisierung setzen an die Stelle von traditionalen Strukturen leere

Entscheidungsräume, reine Kontingenz, unschuldige »Wahlmöglichkeiten«.

Wie dieses Buch sich gegen die drei großen Strukturalismen richtet, die Muster von Hierarchisierung, Beherrschung und Determination variieren, so richtet es sich gegen die herrschenden Modernisierungs- und Freiheitstheorien, die behaupten, das größte Problem struktureller Freiheit sei Kontingenz, der Mensch leide vor allem darunter, entscheiden zu müssen und es nicht zu können bzw. »erschöpfe sich« in seiner Autonomie selbst[18], da er sich – wie schon bei Kierkegaard – in Möglichkeiten müde zappelt[19].

Gegen diese Theorie der Freiheit als eines *schwachen Feldes* setzt dieses Buch eine Theorie der Freiheit als eines *starken Feldes*, in dem Entscheiden nicht (viel) hilft, in dem Wertlosigkeit, Zeitverbreiung, Deprivationen wie die klassischen Zwänge »ins Fleisch schneiden« – mit dem feinen Unterschied selbstredend, das der Geschnittene zu jedem Messer Ich sagt.

Nicht einmal die sozialen Strukturen der Ermöglichung haben ja jene Luftigkeit, die das *innere* Möglichsein des Sich-die-Dinge-anders-Denkens bei Kierkegaard und Heidegger hat – eine Luftigkeit, die von Kontingenztheoretikern auf die Welt übertragen wird, als trete Mögliches im Bewusstsein in der gleichen Weise in Erscheinung wie in einer weltlichen, sozialen Ordnung.

Der Theorie des *schwachen Feldes* wäre zu entgegnen, dass eine Möglichkeit, die als solche wahrgenommen wird – und sich damit als Möglichkeit erst konstituiert –, häufig schon auf dem halben Weg zur Notwendigkeit ist, eventuell schon in diese umgeschlagen ist, eben in ein: »Ich muss das werden, sonst kann ich nicht sein. Ich muss das tun, das haben, sonst …« Die reine Möglichkeit gäbe es nur als eine anonyme, ungewusste. Und das ist nur der psychologische Einwand.

Hinzu kommt, dass jede wahrgenommene Möglichkeit erst von Diskursen entborgen wird, die in der Regel bereits ein »Du sollst«, wo nicht ein »Du musst« verkünden. »Du sollst eigenständig, kreativ, ein Künstler sein. Du sollst – *du musst* – dich entwickeln usw.«

Der Einzelne sucht die Gesellschaft von Anderen, die die gleichen Möglichkeiten verwirklichen wollen, teils schon verwirklicht haben, und in diesen Möglichkeitsgruppen, *Möglichkeitsmilieus*, unter Weggefährten und Idolen, sind alle Träume Normen.

So ist die Freiheit keineswegs ein Feld bloßer Kontingenz, des Nicht-Notwendigen, sondern sehr wohl ein Feld der Notwendigkeit, in der Regel sogar einer mannigfaltigen und widersinnigen Notwendigkeit: *Einerseits* sollst du kreativ sein, *andererseits* zuverlässig, erwachsen, verantwortlich; *einerseits* sollst du ein abenteuerliches Leben voller Erregungen und Risiken leben, *andererseits* dein Leben, deine Psyche, deinen Leib, z. B. dein Körpergewicht, unter Kontrolle behalten.

Die Freiheit eröffnet ein Feld der Versuchungen und Normierungen, in dem die Menschen der größten Sehnsucht in Anbetracht des Möglichen, der größten Beschämung in Anbetracht des Wirklichen ausgesetzt sind, weil das Begehrte und Erstrebte gerade *nicht beliebig* ist. Nichts ist mir gleich-gültig. Niemand ist »nur eine Ware« für mich. Es muss nicht heißen »alles kann, nichts muss«, eher schon: »Nichts kann ich, aber alles muss ich.«

Im starken Feld der Freiheit kommt es also nicht vorrangig auf Reflexionen und Entscheidungen an. Der Riss der Kontingenz hat sich geweitet zum Nichts, das nicht allein mittels Reflexion und Entscheidung »übersprungen« werden kann. Wo die Reflexion längst zu einem Ergebnis geführt hat, wo alle Entscheidungen getroffen sind oder wo Reflexion und Entscheidung gar nicht nötig waren, weil der Wunsch eindeutig ist, dort fehlt immer noch das Können. Das Denkenkönnen und Handelnkönnen. Die Schwierigkeit einer Schöpfung besteht ja nicht allein in der Reflexion von Schöpfungsfragen und in der Entscheidung für *eine* Schöpfung – die Schwierigkeit einer Schöpfung besteht auch und vor allem *in der Schöpfung*. Es fehlt das Gefühl, das für eine Arbeit, für eine Beziehung nötig ist. Es fehlt die Idee. Es fehlt die Wertschätzung, das Entgegenkommen anderer usw.

Strukturen der Absenz

Wenn Theorien der Kontingenz wie Theorien der Wahlfreiheit behaupten, dass es nur der Reflexion und Entscheidung bedürfe, um das Mögliche zu verwirklichen, verorten sie alles, was möglich scheint, in einem Raum der *Präsenz*. Wahlfreiheit bedeutet: Zwischen mir und dem Wählbaren steht nichts als meine Wahl, eine Entscheidung. Wenn ich mich entschieden habe, eine Partei zu wählen, kann ich die Partei wählen. Wenn ich mich entschieden habe, eine Tafel Schokolade zu kaufen, dann kann ich sie kaufen usw.

In den Situationen, die hier untersucht werden, entzieht sich jedoch das – vertikale wie horizontale – Mögliche in die Zeit. Es ist kein unmittelbar zu Gebot Stehendes, sondern ein möglicherweise Mögliches: »Ich werde möglicherweise Erfolg haben, *wenn* ich mich anstrenge und Glück habe ...« – »Ich werde möglicherweise jemanden treffen, den ich liebe und der hat, wonach ich mich sehne, wenn …« – »Ich werde möglicherweise von anderen Menschen respektiert und bewundert werden, wenn …«

Weder Erfolg noch begehrte Passantin stehen zur Wahl. Beschrieben wird kein (höllisches) Schlaraffenland, kein Terror präfabrizierter Optionen. Während Wahllokal oder Supermarkt Strukturen der Präsenz des Möglichen sind, befasse ich mich hier ausschließlich mit Strukturen der Absenz des Möglichen, in denen das Mögliche nur als ein Mögliches anwesend ist, aber nicht zugleich als Wirkliches, es nicht durch Entscheidungsakte »aus dem Hut gezaubert« werden könnte.

Es geht nur um jenes Mögliche, das mir *jetzt unmöglich* ist. Es »braucht Zeit«. Es erfordert Leistung – ohne dass eine »Leistungsgesellschaft« das Wo, Wann und Wie vorgäbe. Es erfordert Entwicklung. Es muss gewartet und gesucht werden. Andere Menschen und Institutionen müssen mir erst Wert verleihen.

Ich und Du

Wir müssen also nicht nur die drei großen Strukturalismen meiden, sondern auch die – mittlerweile ebenso traditionellen – Freiheitstheorien bzw. -klischees. Wir müssen der Versuchung aus dem Weg gehen, phänomenologisch, daseinsanalytisch nur das Menschliche zu sehen, und ebenso der Versuchung, soziale Strukturen nur als (anonyme) Strukturen zu denken.

Denn das Unmenschliche – Allgemeine, Soziale, Strukturelle – ist jetzt anthropomorph. Die Strukturen »verlaufen« und »erscheinen« im Medium Mensch.

Es geht nicht darum, innerhalb klassischer Strukturgeschichte den »menschlichen Faktor«, die Rolle der »Persönlichkeiten« – Feldherren, Staatsmänner, Massenmörder – zu berücksichtigen, nicht darum, einen anonymen Ansatz mit einer Prise Psychologie und Biographismus zu würzen – das würde den Dualismus von Unmenschlichem und Menschlichem nicht überschreiten.

Es ist etwas ganz Anderes, wenn man es plötzlich mit Strukturen zu tun hat, deren Organ der Mensch ist, ein Du oder ein Ich, nicht bloß das Programm einer sozialen Rolle oder Diskursposition. Es ist eine Psyche, mit Stimmungen und Gefühlen, eine Passivität, ein Leib in *sozialer*, nicht bloß ontologischer Welt, ein Handelnder in Situation, es sind unvorhersehbare, unkontrollierbare Vorlieben und Abneigungen, ein Innenleben, Lebendiges, Reagierendes, ins Menschliche entgrenzt, das in jeder neuen sozialen Situation neu beobachtet werden muss. Freiheitsstrukturen treten auf in Ich- und Du-Form. Doch diese Ich- und Du-Formen sind weder natürliche Menschlichkeit noch Rolle, weder soziales Programm, noch schlichte Reaktion auf den Markt oder die Institutionen.

Keine Wiedereinführung des Subjekts steht an, sondern das Denken von Menschlichkeit jenseits von Subjekt und – unmenschlicher – Struktur. Die Einführung menschlicher Ich- und Du-*Strukturen*.

Nach Entdeckung des Menschlichen und Entdeckung des Unmenschlichen müssen wir ein Drittes entdecken. Auch die rein unmenschlichen Strukturen der Märkte, Diskurse, Systeme und neuronalen Netze werden eine Spur im Sand sein, die sich verliert. Das Gesicht des Menschen wird an ihrer Stelle erscheinen – Erscheinung einer unmenschlichen Ordnung mit menschlichem Antlitz.

Das Soziale und das Existenziale

Die theoretische Disziplin besteht darin, niemals zu vergessen, dass das Menschliche, mein Ich-Sein und das Du-Sein aller Anderen, kein Stück Natur, keine Unmittelbarkeit inmitten des Sozialen ist, sondern im höchsten Grad ein Gewordenes, soziale Struktur. Es versteht sich von selbst, eine Rolle, einen Diskurs als geworden, als soziale Struktur zu begreifen, doch Ich und Du scheinen übergeschichtliche, existenziale Entitäten zu sein.

Natürlich haben wir gelernt, auch das Subjekt, auch den Körper als »Konstrukte« zu begreifen, Diskurse und Praktiken als Piraten, die über den Steg des Unbewussten das Innerste entern, *immer schon* geentert haben.

Doch hier geht es ja um das Gegenteil: nicht darum, im Menschlichen das Unmenschliche zu entdecken, sondern darum, im Unmenschlichen das Menschliche zu entdecken. Freiheitsstrukturen sind wie eine Maschine, deren Motor ein menschliches Herz ist. Sie setzen ein menschliches Ich ein, das einsam-schöpferisch handeln muss, bzw. infolge seiner Menschlichkeit handlungsunfähig ist oder stets ertraglos und erfolglos agiert. Und sie setzen diesem Ich eine Menge menschlicher Dus gegenüber, die ebenso unberechenbar und unkontrollierbar in ihren Urteilen, ihren Wertverleihungen sind wie das Ich in seinem Handeln.

Hier zeigt es sich wieder, dass allen phänomenologischen und postphänomenologischen Versuchen, die die menschliche Existenz überhaupt zu beschreiben vorgeben, von Heidegger über Sartre bis Levinas, ein Zeitkern, eine implizite Soziologie innewohnt. Wo die Befunde nicht veraltet – oder tatsächlich überzeitlichen Charakters – sind, beschreiben sie Effekte der gegenwärtigen sozialen Strukturen, ohne sich darüber im Klaren zu sein und ohne zu verstehen, welche realen Folgen ihre Funde haben.

Wir leben in einer Welt, in der – beispielsweise – Heideggers »Gestimmtsein«, Sartres »Blick«, Levinas' »Anderer« zu ungeheuren Gewalten geworden sind, weil die Ordnung *auf sie setzt*, sie zu Herz und Motor alltäglicher Vollzüge gemacht hat.

Ich-Maschine, Du-Maschine

Eine Ironie besteht darin, dass *zur gleichen Zeit* der Mensch aus der realen Welt – und nicht nur aus dem Denken wie bei Foucault – verschwindet und durch den Cyborg ersetzt wird.

Die Begegnung des Ichs mit einem Du wie auch die Selbstwahrnehmungen des Ichs werden ja nicht nur »vermittelt« durch Mail und SMS, durch soziale Medien und Selbstrepräsentationen im Internet, mittels Text, Fotografie und Film. Tatsächlich kann unsere Erfahrung Mensch und Maschine ebenso wenig voneinander trennen, wie sie in nicht-technischen Konfrontationen ein Du bzw. das eigene Ich von Stimme und Leib trennen kann.

Wie es keinen Sinn machte zu sagen: »Es gibt einerseits meinen Freund als Menschen, andererseits dessen Leib, dessen Stimme«, so macht es keinen Sinn, einerseits von anderen, von sich selbst als Menschen zu sprechen, andererseits von Mails, SMS, Internetseiten bzw. von Smartphones, Tablets, Laptops usw.

Solche Trennungen sind notwendige Illusionen. Wir sagen: »Peter hat mir eine Mail geschrieben.« Dem entspräche im Nicht-Technischen der Satz: »Da vorne hat Peter seinen Leib hingesetzt«, oder: »Peter hat mir gerade eine Stimmnachricht geschickt« (anstatt: »Peter hat gesagt«).

Wie die Phänomenologie gelehrt hat, das Ich und das Du von Leib und Stimme her zu denken, müssen wir Ich und Du von jenen »Medien« her denken, die in Wahrheit nicht Mittleres, kein Zwischen sind, sondern Bestandteile, die ursprüngliche Ganzheiten konstituieren, mich selbst und die Anderen, die längst das Zeitalter des Cyborgs eingeläutet haben.

Allerdings darf diese Beobachtung uns nicht dazu verleiten, uns wieder einem Technik-Strukturalismus anzuvertrauen oder einem Ökonomie-Strukturalismus, weil die Hardware wie die Internetdienste verkauft werden, in einem fort um den »Benutzer« geworben wird, oder einem Strukturalismus der Bedeutungen und der Macht, weil jede Internetseite, jede »Benutzeroberfläche« naturgemäß von Diskursen durchströmt wird bzw. Diskurs *ist*.

Die notwendige Herausforderung besteht darin, die Cyborgs als freie Menschen zu denken, die freien Menschen als Cyborgs, das Technische in den Situationen der Wertinstabilisierung, der Zeitverbreiung, der Kopplung des Handelns ans Innere, der Vermöglichung des Wirklichen und des Entzugs von Andersheit zu erkennen, das Technische des Ichs, das Technische des Dus, es weder als nachträgliche Vermittlung zu denken, noch zu totalisieren und für alles verantwortlich zu machen.

Jenseits der Institution

Das Technische innerhalb von Freiheitsstrukturen muss umso genauer beobachtet werden, als die technischen Kommunikations- und Selbstdarstellungsstrukturen auch dann funktionieren, wenn der »Mensch«, der sie »benutzt« bzw. inkorporiert, nicht mit den traditionellen modernen Institutionen – Unternehmen, Organisationen, Krankenhäusern usw. – durch verbriefte Zugehörigkeit und körperliche Gegenwart »vor Ort« verbunden ist.

Auch der sozial Desintegrierte, der nirgendwo angestellt, nirgendwo Mitglied, nirgendwo Patient oder Insasse ist, eventuell auch in keiner Partnerschaft und in keinem Familienverband lebt, kann ja und wird nun wahrscheinlich ein Cyborg sein und fast ausschließlich mit anderen Cyborgs umgehen. Auch der sozial Desintegrierte im herkömmlichen Sinn ist häufig technisch – und auf diese Weise sozial – integriert. Daraus folgt, dass unter anderem über das Technische eine Lebensform beobachtet werden kann, die keine im herkömmlichen Sinn institutionelle mehr ist.

(Und in jedem Fall gilt: Das Technische produziert ebenso viel Negativität – Wertinstabilisierung, Zeitverbreiung, Möglichsein usw. – wie Positivität – Lärm, Zeitdruck, Aktivitätsmuster usw. Die Cyborgs, die ins Nichts stürzen, sind eine Gewöhnlichkeit.)

Grundlegend bleiben alle Analysen, die Diskurse und Dispositive untersuchen, in der unbedachten Voraussetzung gefangen, dass die menschliche Existenz im Wirkungskreis von Institutionen zu beschreiben ist. Selbst wenn man das Bild einer »Disziplinargesellschaft« im weitesten Sinn überwindet und sich zurückzieht auf das »Wissen«, die »Praktiken«, die selbst »schaffen«, was ist, oder von einem »Kapitalismus« ausgeht, der den Menschen widerstandslos »über Anreize lenkt«, bleibt man dem Institutionen-Positivismus verhaftet.

Natürlich existiert kein Mensch in seinen Vollzügen in einem absoluten Jenseits bzw. – weniger widersprüchlich formuliert – in einem absoluten Nichts der Institutionen. Wie der sich hin und her bewegende Gebirgshorizont in einem Computerspiel bleiben die Institutionen ja immer in Sicht.

Da sind mögliche Arbeits- und Auftraggeber, da ist »meine Familie« – wenn ich auch nicht »in ihr«, sondern entfernt von ihr lebe –, da ist der Staat, die Universität, das Internet, da sind Krankenhäuser und therapeutische Einrichtungen, Verlage und Galerien usw. Und natürlich ist eine Distanz zu Institutionen nur möglich infolge gewisser Leistungen, Alimentierungen, *verborgener Nähe*. Natürlich gibt es Teile meines Lebens, die nach wie vor weitgehend institutionell zu beschreiben sind – nicht zuletzt mein »Sterben« und mein »Tod« –, die im dichten Gewebe von Wissenschaft, Behandlung, Registratur und Ökonomie handlich verpuppt – und als solche geformt, erzeugt – sind.

Doch in der Alltäglichkeit der Stürzenden sind die Fäden, die sie mit den Institutionen noch verbinden, die dünnsten. Eine Mitgliedschaft auf dem Papier, ein Warten, ein Hoffen. Eben darum muss das Zuhause und muss die ortlose Öffentlichkeit der Straßen und Plätze untersucht werden: weil dort der Sturz in ein Nichts der Institutionen möglich ist. Darum muss *das Du* untersucht werden: weil es inmitten einer Institution – z. B. einer Firma – das Nichts der Institution aufspringen lässt, als persönlicher, individueller Anderer, der nicht ausschließlich Rollenträger und Repräsentant der Institution ist, sich *als solcher* nicht mehr hinreichend erfassen und kontrollieren lässt.

Einen Wert, strukturierte Zeit, Handeln, Motivationen, das Andere als Objekt und Element, als Dinge oder Menschen habe ich stets innerhalb von Institutionen. In der Negativen Moderne jedoch sind diese Wiederholungen, diese Strukturen und zeitlichen Muster, ersetzt worden durch eine paradoxe Logik des Performativen – paradox, weil das Ich erst »schaffen« müsste, was ein Ich gar nicht schaffen kann – eine Beziehung, eine soziale Struktur –, weil der Begriff des Schöpferischen und seine Schwundform des Unternehmerischen hier Leerformeln bleiben.

Es geht also weder um Deinstitutionalisierung – denn die Institutionen bleiben ja erhalten, für eine bestimmte Anzahl Menschen sogar als Raum der Fülle –, noch geht es um ein individualisiertes Verhältnis zwischen Mensch und Institution, was ja nur bedeutete, dass jeder Vollzug durch die Medien von Reflexion und Entscheidung hindurch muss, also kontingent ist.

Es geht auch nicht um einen Verfall des Öffentlichen bei Alleinbehauptung des Privaten. Denn das Private entsteht ja ebenso aus Institutionen, verfällt mit dem Verschwinden des Sich-Wiederholenden, Musterhaften, Institutionellen ebenfalls.

Weder dürfen wir die Wirklichkeit ausschließlich oder vorrangig als institutionelle Wirklichkeit beschreiben, noch in den umgekehrten Fehler verfallen, ein »schöpferisches« oder »unternehmerisches« Selbst vorauszusetzen, das aus dem Nichts zu »schaffen« habe, auch wenn dies manchmal »nicht leicht« sei, das Selbst »überfordert«, »ermüdet« und »erschöpft«.

Zunächst halten wir also fest, dass Diskurs- und Kapitalismus-Theorien einerseits, die Theorie der »Individualisierung« oder des »unternehmerischen Selbst« andererseits stets *zu viel Institution* postulieren.

Formen der Faktizität

Die Faszination von Soziologie und Sozialphilosophie besteht heute darin, dass in einer Ordnung, aus der die absoluten Autoritäten verschwunden sind und in der die Machtausübung mittels körperlichen Zwangs und Gewalt bzw. einer allgegenwärtigen Drohung und Möglichkeit derselben nicht mehr den Alltag der Mehrheit der Bürger (»nur noch« der Flüchtlinge, Illegalen, Verschleppten und sexuell Versklavten usw.) prägt, dass in dieser Ordnung dennoch die menschliche Situation sich vielfach als *zwingende* erweist.

Damit stellt sich die Frage nach den Formen der Faktizität. Wie muss das beschrieben werden, das zwar zum Ausgangspunkt von menschlicher Aktivität werden kann, jedoch selbst, als Ausgangspunkt, und zwar als *immer neuer* Ausgangspunkt, von dem die Aktivität sich niemals ganz lösen kann, von dem sie *täglich* ausgehen muss, nicht zur Disposition steht?

Wir müssen noch weiter gehen in unserer Frage: Inwiefern kann eine Situation zwingend sein, wenn nicht nur autoritär ausgeübte Macht und Gewalt verschwunden sind, sondern auch die alltägliche, bindende Integration in eine Institution überhaupt, in einen Familienverband, ein Unternehmen, eine Partei, eine Bewegung, ein staatliches Organ, wenn also nicht die Praktiken und Architekturen einer Institution zwingend sind oder nur insofern, als ich *keinen Praktiken* unterworfen bin, von den Architekturen und Orten die meiste Zeit *ausgeschlossen* bleibe, bzw. mich »freiwillig« von ihnen fernhalte? Welche Formen des Zwingenden erfordern weder Zugehörigkeit noch Anwesenheit – Zugehörigkeit im weiteren Sinne von Mitgliedschaft oder Kundschaft oder Eingewiesensein oder Gefangenschaft?

Da ist, natürlich, zunächst *das Wissen*. Es bewegt sich geschmeidig fort über Medien und Zwiegespräch und hält so auch den Freischwebenden in eisernem Griff. Wir können also den Satz Durkheims »Wenn man nichts Gemeinsames mehr hat, dann kommuniziert man doch noch in der Trauer« kürzen zu »Wenn man nichts Gemeinsames mehr hat, *dann kommuniziert man doch noch*« bzw. googelt, liest Zeitung, liest Bücher, sieht Filme. Insofern hat die Diskursanalyse gerade für die Negative Moderne ihre Nützlichkeit. Gleichwohl wird man zu klären haben, welche Rolle das Wissen spielt, wenn es nicht Teil eines institutionellen Dispositivs ist, dem der Mensch durch Mitgliedschaft und Anwesenheit verbunden ist.

Welche anderen Formen der Faktizität kommen uns in den Sinn, die man – analog zu den Sinnen der Distanz – Zwänge der Distanz nennen könnte? Was ist es, woraus der Mensch, der aus fast allem gelöst wurde, sich niemals lösen kann?

Da stoßen wir auf eben *jene Kategorien*, die wir untersucht haben. Auch dem Fernsten und »Souveränsten« kann und muss sozialer Wert verliehen, Wert vorenthalten oder abgesprochen werden. Auch dem Fliehenden kann ich etwas nachrufen, was ihn nicht mehr loslassen wird. Darum ist der sogenannte »Selbstwert« eine der Kategorien, in denen sich in der Negativen Moderne Zwang und Leid vermitteln. Darum müssen wir uns für alles interessieren, was der Verleihung, Bewusstmachung, Definition und Konstruktion, der – technischen wie nichttechnischen – Darstellung, Vorenthaltung und Bestreitung von Wert dient. Darum müssen wir jede Situation eines Menschen in der Negativen Moderne analysieren als Situation der Aufwertung oder Entwertung.

Dasselbe gilt für die Kategorie der Zeit. Ob ich in eine Institution hineingesogen werde, in ein Unternehmen, eine Fabrik, eine Anstalt, ein Gefängnis, eine Familie usw., oder mich im Gegenteil vom Gehäuse der Institution entferne – in jedem Fall wird die Struktur meiner Zeit sich verändern. Es gibt keine Möglichkeit, »seine Zeit« vor dem sozialen Zugriff zu schützen, wie Güter geschützt werden können, die körperliche Integrität, die »freie Meinung« usw. Auch der Freischwebende lebt stets in der Zeit seiner Zeit, ist ihren ungeheuren Kräften der Strukturierung ausgesetzt. Darum müssen wir fragen, wie und durch was sich Zeit strukturiert, müssen jede Situation in der Negativen Moderne bzw. die Situation *der* Negativen Moderne beschreiben als Ordnung der Zeit.

Und wie ist es mit der Aktivität? Hier ist die Ironie groß. Nach landläufigem – tautologischem – Verständnis ist Freiheit ja die Freiheit zur Aktivität, des Denkens und Handelns, also auch der Arbeit, der Interaktion mit anderen. Nun ist es aber eben jene – unmittelbar ans Innenleben angeschlossene – Aktivität, die zum Medium des Zwanges wird. Erst wenn Aktivität nicht mehr primär institutionelle Aktivität ist, sondern einsam-schöpferische zu sein hat, werden sich hier »Blockaden« und »Fluchten« und »Ergebnislosigkeit« ausbreiten. Darum muss jede Situation in der Negativen Moderne analysiert werden als Situation, in der Denken und Handeln möglich bzw. unmöglich werden, muss das Wie dieser Zwänge, dieses Leids untersucht werden.

Die vierte Dimension: das unendliche Möglichsein. Institutionen sind *Verwirklichungs*maschinen. Sie bestehen aus einem Fluss von Verwirklichungen, inklusive einer Dauer des Wirklichen, von Ritualen, Behandlungen, Dingen, Architekturen usw. Natürlich erzeugt eine Institution meist auch Mögliches – Optionen, offene Horizonte –, doch der Wirklichkeitsstrom, die greifbaren Einrichtungen und das Geschehenlassen, bleibt stets das Primäre. Die *zuverlässige Wiederholung von Wirklichkeit* ist die Definition von Institutionen. Und Wirklichkeit erfordert Anwesenheit, impliziert diese in gewisser Weise.

Dagegen können Institutionen mich gerade dann durch Möglichkeiten »beherrschen«, wenn ich ihnen *nicht* zugehöre. Außerhalb der Partnerschaft habe ich unendliche Partnerschaftsmöglichkeiten, außerhalb der Familie habe ich unendliche Familienmöglichkeiten, außerhalb der Kunst, der Literatur – als Betrieb, als Institution – habe ich unendliche Kunst- und Literaturmöglichkeiten, hoffe ich, irgendwann, infolge einer großen Kunst- oder Literatur-Leistung, in die Kunst- oder Literatur-Institutionen aufgenommen zu werden und Einzug zu halten. So hält das Möglichsein mich noch in eisernem Griff, wo alle Wirklichkeit sich aufgelöst hat.

Die fünfte und letzte hier beschriebene Dimension: die Bezogenheit auf ein Anderes, das Getauchtsein in ein Anderes. In dem Maße, in dem ich kein Hand-Werk nötig habe, ich in einem – eigenen – Raum sein kann, in dem sowohl Dinge wie Menschen auf Abstand – »außen vor« – bleiben, auch die intellektuellen und die zeitlichen Objekte von keiner Institution mehr »geliefert« werden, werde ich eben dadurch »beherrscht« und geplagt, dass der Strom des Anderen abreißt bzw. sich zu einem Rinnsaal verdünnt, das kein Leben mehr trägt. So müssen wir also in der Negativen Moderne in jedem Moment fragen: Wie steht es mit dem Anderen?

Die Wahrheit der Seufzer

Doch haben wir eine Methode? Die philosophische wie wissenschaftliche Zwickmühle: Ohne Methode finde ich nichts; doch ohne Befunde finde ich nicht die – passende – Methode. Natürlich verdankt etwa Foucault methodisch vieles dem Strukturalismus (obwohl Lévi-Strauss *inhaltlich* ja die entgegengesetzte Intuition hatte, in der »unbewussten Geistestätigkeit« etwas Vorsoziales, Natürliches sah, das ein Bollwerk gegen die Verwerfungen der Zivilisation bilden kann). Es sieht also auf den ersten Blick so aus, als hätte Foucault nur gemacht, was man vermeintlich so macht: eine Methode entwickelt, indem er eine andere Methode, die ihm vielversprechend schien, weiterentwickelte. Methoden entstünden demgemäß aus Methoden, Form aus Form.

Tatsächlich aber beobachtet Foucault das Soziale ja nicht zufällig über die Kategorien des Wissens und der Macht, sondern »weil« sein vorgängiger Befund lautet, dass sich im Bereich des Wissens, der abendländischen Vernunft, *eben jene Katastrophe vollzogen hat*, die er empirisch und begrifflich fassen möchte, nämlich die wechselseitige Durchdringung, das Identischwerden von Wissen und Macht (weshalb sich dort nun im Gegensatz zu Lévi-Strauss gerade der moderne Sündenfall ereignet).

Ebenso Marx. Einerseits macht er – vormethodisch – die Beobachtung der Verelendung der Arbeiter, des Stumpfsinns der Fabrikarbeit usw. Andererseits entwickelt er einen »dialektischen Materialismus«, mit dem sich »Produktionsweise« und »Produktionsverhältnisse« beschreiben lassen, jener Kapitalismus, der als Bereich der Katastrophe vormethodisch schon erkannt ist.

Marx ist ein Materialist der Produktion wie Foucault ein Materialist der Diskurse, weil jeder auf diese Weise die Arbeit gleich »an der Unglücksstelle« aufnehmen kann, nicht erst seinem Gegenstand sich innerhalb einer Methode nähern muss.

Dementsprechend wäre zu fragen: Was ist das, was ich beobachte? Was sind die Kategorien und was – in der Folge – die Methode? Was sind »mein Wert«, »meine Zeitstruktur«, »mein Inneres«, aus dem heraus ich handeln soll, »mein Mögliches«, »meine Andersheiten«? Es sind Kategorien der *Erfahrung*.

Damit ist nicht gemeint, was in Philosophie und Wissenschaft traditionell gemeint ist, wenn man sagt: »durch Erfahrung gegeben« oder »erfahrungsbasiert«. Es geht nicht um Erkenntnis, die *durch die Sinne* ermöglicht wird, anstatt durch die Vernunft. Es geht überhaupt nicht um Erkenntnis.

Es geht auch nicht um »Phänomene« im Sinne Husserls, die sich als Einzelheiten isolieren ließen. Und es geht nicht um die »Grunderfahrungen« menschlicher Existenz, die Heidegger mit Weltlichkeit, Zeitlichkeit usw. bezeichnet. Dagegen geht es sehr wohl um das ursprüngliche Ganze, das menschliches Erleben ist und von dem Heidegger gewusst hat. Er hat es nur nie beschrieben.

Wie es ist

Ich frage nicht nach Produktionsweisen und Produktionsverhältnissen, nicht nach Wissensformen und Wissensverhältnissen, sondern nach *Leidensformen* und *Leidensverhältnissen*. Der dem »Ende der Liebe« vorangestellte Satz (der einen Satz Stendhals verkehrt): »Stets befürchte ich, dass ich nur die Wahrheit niedergeschrieben habe, wo ich Seufzer aufzuzeichnen wähnte«, müsste also dahingehend präzisiert werden, dass es mir um *die Wahrheit der Seufzer* geht.

Das Leid ist nicht der subjektive Zerrspiegel, in dem sich undeutlich die objektiven Strukturen des Sozialen abzeichneten, sondern der eigentliche Gegenstand der gesamten Untersuchung. In der Weise jedoch, dass es mir um die Leidens*verhältnisse*, die Leidens*situationen* geht. Die Formel »Wie es ist« meint nicht nur – wie in der Qualia-Diskussion – »Wie ich es erlebe«, sondern auch, was alles in diesem Moment *der Fall ist.*

Ich brauche – methodisch – den Menschen. Nicht als Subjekt eines von sich wissenden Wissens, nicht als Subjekt von Praktiken, nicht als anthropologischen Container ewiger Eigenschaften und auch nicht als ein transzendentales Bewusstsein, das Welt und Zeit konstituiert. Ich brauche den Menschen als Leidenden, als Passivität. Und damit als – verhinderte bzw. erfolglose – Aktivität.

Wertlosigkeit, Zeitverbreiung, Handlungsunfähigkeit usw. werden, im umfassenden Sinn des Wortes, erlitten. Die zu beschreibende Erfahrung ist keine bloße Wahrnehmung, sondern gleichbedeutend mit meiner gesamten »Situation« – gesetztenfalls natürlich, dass auch das Gewesene und Erwartete, das Erhoffte und Befürchtete, dass auch das Gedachte und Gefühlte zur Situation gehört, die Situation restlos *alles* ist.

So ist das zu Beschreibende weder objektivistisch zu fassen – wie Wissensformen, wie eine Produktionsweise, wie Einkommensunterschiede, kulturelles und soziales Kapital usw. –, noch handelt es sich um ausschließlich psychologische Tatbestände wie Scham und Angst oder um metapsychologische Institutionen wie das Unbewusste oder das Über-Ich. Vielmehr handelt es sich um etwas, das stets »soziale Situation« und »innere Situation« in einem ist, soziale Struktur und zugleich Bewusstseins-, Gefühls- und Körperzustand, das also immer ein unmittelbar »Erlittenes« ist.

Es sind soziale Tatsachen, die der »Betroffene« psychologisch und medizinisch verstehen und missverstehen muss, als Tatsachen des »Selbst'«, des »Denkens«, des »Gefühls«, des »Körpers«.

Wertstrukturen, Zeitstrukturen, Handlungs- und Möglichkeitsstrukturen sowie sämtliche Strukturen von Andersheit sind Emotionalisierungs- und Somatisierungsstrukturen, Strukturen der Kognition und der »Psychisierung« des Individuums. Hier werden Leib und Seele gemacht. Der Mensch, verstanden als Passivität, die zugleich Aktivität, und Aktivität, die zugleich Passivität ist, kommt hier durch die Welt zur Welt. Durch das Unmenschliche.

Erforschung der Erfahrung

Aber noch einmal: Warum die Erfahrung befragen? Die sogenannten Erfahrungswissenschaften, die empirischen Sozialwissenschaften, meinen mit »Erfahrung« wie gesagt lediglich isolierte Sinnesdaten bzw. ausschließlich die Erfahrungen *anderer*, die über Umfragen oder Interviews zugänglich gemacht werden. So ist die Primärerfahrung sozialer Akteure, von der Bourdieu spricht[20], aus Sicht des Forschenden *sekundäre* Erfahrung.

Um tatsächliche Erfahrung, tautologisch gesagt: *eigene* Erfahrung geht es gerade nicht und darf es dem Forschenden nicht gehen. Auch und ausgerechnet die Phänomenologie hat immer Abstand gehalten zur Erfahrung, hat stets nur Aspekte beschrieben: Zeit, Gegenstandswahrnehmung, Leiblichkeit, Wesenheiten und Existenzialien aller Art, niemals aber, *wie es ist*, »ich zu sein«, »meine« gesamte, konkret *geschichtliche* Situation. Heideggers Dasein ist nie Person in Situation. So bleibt Leid theoretisch unfassbar.

Ist die Wesensschau nicht auch Wegschauen gewesen? Hat nicht die Reduktion das Wichtigste zum Verschwinden gebracht? Sind die Blicke auf das transzendentale Bewusstsein, das »Sein«, den »Anderen« und die »Schrift« nicht auch abgewandte Blicke gewesen, soviel diese abgewandten Blicke uns entdeckt haben? Wie viel kann der größte Phänomenologe und Hermeneutiker im Verborgenen lassen, dabei das Wesen der »Flucht« bedenkend? Und wo es einmal konkret geschichtlich wurde, gewordene Diskurse und Praktiken in den Blick genommen wurden, hat nicht dort der Mensch – der Mensch *als Leidender* – gefehlt?

Sollte uns nicht interessieren, was Husserl, Heidegger, Sartre und Merleau-Ponty, was Levinas und Derrida, was auch Foucault und die Soziologie übergangen haben?

Kierkegaard ist vielleicht der Einzige, der das Ganze eigener Erfahrung zum Gegenstand des Denkens macht, allerdings sucht er allein nach *geistiger*, nicht nach sozialer Struktur.

Ein privilegierter Zugang

Warum sollte, wer *durch sich selbst* Zugang hat zur dichtesten Empirie, die dünne Suppe löffeln, die quantitative Methoden ihm auftischen? Und wie sollte er aus dem Topf gerade das fischen, um das es ihm *vor aller Datenerhebung* schon geht? Denn im Gegensatz zum Forschenden, der mit Fremdempirie umgeht, kennt er doch immer schon »das Material«, hat eine Intuition, die ihm sagt, *was* da *wie* zu erschließen sein wird.

Hätte Jean Améry, anstatt »An den Grenzen des Geistes«

und »Die Tortur« zu schreiben[21], andere Opfer interviewen und sich um Repräsentativität seiner Aussagen bemühen sollen? Und was wäre dann *unterblieben*? Aber, so wird man antworten, Améry hat ja auch keine Wissenschaft getrieben, sondern »Essays« geschrieben. Sagt er nicht selbst, er wolle »Zeugnis ablegen«, sonst nichts? Ja, das sagt er.

Aber betreffen diese Zeugnisse und die anschließenden Analysen denn nur Améry? Geht es nur um sein persönliches Auschwitz, seine persönliche Folter, sein »subjektives« Auschwitz*erlebnis* wie Folter*erlebnis*? Scheut Améry jede Fremdempirie vielleicht, weil ihn nur sein persönliches Auschwitz, nur seine persönliche Folter interessiert?

Natürlich nicht. Sowieso denkt Améry über Auschwitz, über Folter als Geteiltes, als kollektives Erlebnis nach. Dennoch wählt er den alleinigen Zugang über die Erfahrung, hält diesen Zugang für meist- oder allein versprechend.

Warum? Weil er Schriftsteller ist und nichts anderes kann? Nein. Tatsächlich weiß Améry, dass die Frage nach dem Leid nur durch das – erfahrene – Leid zu beantworten ist, dass er selbst *als Person erkenntnistheoretisch unvertretbar* ist. Die Analyse des »Wie es ist« kann nicht von außen kommen. Und Améry weiß, dass es möglich ist, das Allgemeine vom Anekdotischen, wahrhaft Exklusiven zu trennen (dem Namen des Folterers, dem Datum usw.), weil das »Wie es ist« nicht auf dieser Ebene liegt.

Auf die Negative Moderne bezogen, lautet unsere Frage: Läuft derjenige, der die Erfahrung erforscht und durchdenkt, nicht Gefahr, nur »seine persönliche Depression« zu verallgemeinern?

Dagegen spricht, wie gesagt, schon die Gewöhnlichkeitshypothese von Soziologie und Sozialphilosophie (s. o.). Doch nehmen wir einmal an, der Forschende, Denkende wäre tatsächlich ein Belasteter. Das ist ja möglich. Frühe Verluste und Verletzungen – und das daraus folgende bindungsarme, »destruktive« Leben – hätten ihn geprägt. Vielleicht könnten auch die Botenstoffe in seinem Gehirn besser gemischt sein, so dass es zu allerlei »endogenen« Schieflagen käme, wer weiß. Was wäre dann? Wäre der Befund von vorne bis hinten ungültig?

Oder muss man eine soziale Ordnung nicht gerade an dem messen, was sie den Schwachen, den Belasteten zumutet? Was wäre eine Soziologie, die solche Befunde als Subjektivitäten abstempelte, anderes als eine *sociology of the fittest*?

Müsste man nicht vielmehr von einer *Belastung als Normalität* ausgehen, die Menschen, die durch Kindheit, Jugend und Erwachsenenalter ohne nennenswerte Verluste und Verletzungen gegangen sind – und deren Botenstoffe das denkbar beste Mischungsbild aufweisen – als Ausnahme begreifen, und zwar unabhängig von der Zahl ihres Auftretens? Bedürfte es nicht viel eher der wissenschaftlichen Rechtfertigung, eine Ordnung aus der Perspektive der »Gesunden« und »Starken« darzustellen?

Würde man demjenigen, der nur deshalb »an Auschwitz zerbrochen« ist, weil vorher oder nachher einiges an Destabilisierungen geschah, vorhalten, er sehe Auschwitz im Zerrspiegel seiner anderen Verletzungen, vielleicht auch seiner suboptimalen Gehirnchemie? Würde man jene *Überlebenden* zum Maßstab für das Grauen machen, die hernach Familien und Unternehmen gründeten, die große Kunst schufen und die sich auch des Glückes nicht erwehren konnten? Würde man darum also sagen: Es gibt Schlimmeres …

Macht das Beispiel nicht deutlich, dass die »Schwachen« der Maßstab sein müssen, die »Starken« die – logische – Ausnahme? Müssen wir nicht, von der Lagerordnung bis zur Gesellschaftsordnung, immer so verfahren? Uns den Menschen, unseren Probanden, als schon Verwundeten, schon Angeschlagenen vorstellen? Brauchen nicht unsere Klassifikationssysteme die Diagnose »emotionale Stabilität« / »Nullpolarität« / »produktiv« / »gutes Selbstbild«?

Freiheit und Erfahrung

So wird Bourdieus Gegensatz von »subjektivistischer« und »objektivistischer« Methode überwunden. Die Erfahrung ist Ausgangs- und steter Kontrollpunkt, ja – und zuweilen wird, daran anschließend, die Erfahrung anderer einbezogen, zum Beispiel, im Kapitel über »Das Nichts der Zeit«, die Erfahrung der Arbeitslosen von Marienthal. Doch der Forschende bleibt nicht gefangen im immanenten Kosmos des gelebten Sinns, sondern überschreitet – als Forschender – den Horizont der Erfahrung und erfasst – in der Theorie – die Strukturen, die Bedingung ihrer Möglichkeit sind.

Wie ein Thukydides wird man dem Erlebten (und zuweilen dem Erlebten anderer) mit aller erreichbaren Genauigkeit nachgehen müssen, um die ihm eigene Ordnung freizulegen.

In anderen Worten: Die Wissenschaft der Erfahrung muss eine exzentrische sein. Immerfort sich selbst überschreitend auf die Strukturen hin. Vom Menschlichen geht es zum Unmenschlichen und vom Unmenschlichen – kontrollierend – zurück zum Menschlichen. Zur Erfahrung.

Doch dies ist ja nicht bloß *eine* Methode – die Leidensformen und Leidensverhältnisse beschreibt –, sondern es ist die einzig *passende* insofern, als Freiheitsstrukturen, die Strukturen der Negativen Moderne ja im Medium des Menschlichen

65

operieren. Wir brauchen methodisch den Menschen nicht nur, weil es um das Leid geht, sondern auch, weil es um eine Ordnung geht, die über ein persönliches Ich, persönliche Dus, über Psyche und Leib operiert.

Schock und Gewöhnlichkeit

Die Negative Moderne und der Sturz ins Nichts bezeichnen also Leidensformen wie Leidensverhältnisse. Sie bezeichnen etwas, das für den Erkennenden wohl erschreckend ist, für den Erleidenden jedoch *das Natürlichste* und *Gewöhnlichste*, das Eigenste und eigentlich persönlich Gemäße. Denn zum Verhängnis wird dem Menschen in der Freiheit ja immer das, was er »liebt«. Er *möchte ja* allein arbeiten, allein wohnen, allein leben – zumindest zu Anfang. Er *wollte ja* fort aus dem Vertrauten, hinaus in die große Stadt, das fremde Land. Er hat ja davon »geträumt«, schöpferisch zu sein. Das Internet ist, zunächst, ein Raum der Lust usw. usw.

Alles Erlittene und Unbeherrschbare ist zunächst gewollt, ersehnt, geliebt. Ja, das scheint noch zu schwach ausgedrückt. Alles Erlittene ist zunächst ein *unbedingt* Gewolltes. Es *muss* sein. Jeder Kampf erscheint, auch darum, als Kampf »gegen sich selbst«.

Da der freie Mensch seinen Gefühlen folgt, folgen kann und folgen muss, begegnet jedes Ungeheuer ihm *auf dem Weg des Gefühls* – und damit auf dem Weg der Gewöhnlichkeit. Als Gewolltes, Gewünschtes, nicht als ein mir von außen Zustoßendes. Erst wenn man »im Nachhinein«, schreibend, die rote Masse aus der Pelle des Gewollten pult und gewissermaßen fremd, *unwillig* darauf schaut, stellt der Schauer sich ein.

Bekanntlich ist die Moderne mit einer Reihe von Schocks

verbunden: dem Schock angesichts des Verlusts von objektiver Wahrheit und metaphysischem Sinn (wobei nicht jeder Schockierende selbst ein Schockierter sein muss); dem Schock in Anbetracht der Unhaltbarkeit jeder Form von Fortschrittsgeschichte; dem Schock angesichts einer einseitigen, instrumentellen, tödlichen Vernunft; dem Schock angesichts der Gewalt der kapitalistischen Ökonomie, zunächst der Gewalt der *Indienstnahme* und Ausbeutung des Menschen, dann (auch) der Gewalt als »Überflüssigmachung« des Menschen und endlich (auch) der Gewalt der Verinnerlichung, der Gewalt als »Selbstökonomisierung« des Menschen; dem Schock in Anbetracht der Wirkungen des Technischen bzw. des Zurückbleibens aller subjektiven und gesellschaftlichen Vermögen hinter diesen; dem Schock angesichts der Konsequenzen individueller Autonomie, Verantwortlichkeit und Reflexivität; dem Schock angesichts der Tatsache, dass Denker der Moderne Vernunft mit Herrschaft identifizieren, was dem Denken, der Moderne als Kritik der Moderne, den Boden zu entziehen droht.

Hinzukommt nun der Schock angesichts der Unendlichkeit des Möglichen, des Zurückbleibens jedes Lebens hinter dieser a priori, sowie der Schock angesichts des Nichts (zu dem, wie sich zeigen wird, die Unendlichkeit des Möglichen zu rechnen ist). Um diese – Negative – Moderne geht es hier.

Danksagung

Nina von Garaguly, die mit mir ungezählte Male über *nichts* und wieder *nichts* in dieser Welt gesprochen hat, gilt mein größter Dank.

Eva Illouz danke ich für alle Gespräche seit dem »Ende der Liebe«, die dazu beigetragen haben, meine Gedanken und Begriffe zu schärfen, für den ermutigenden Enthusiasmus bezüglich der Negativen Moderne, den sie entwickelt hat, obwohl die Kritik dieser Studie auch ihre Konzepte in Frage stellt. Eva Illouz selbst nennt solche Expositionen »sich dem Anderen im theoretischen Pyjama zeigen«, nicht erst im gut (oder eben schlecht) sitzenden Anzug – eine heikle Angelegenheit, aber es lohnt.

Willkommenen Anlass zur Niederschrift des Buches und deren ebenso willkommene Befristung auf vier Monate schenkte mir eine Vorlesung an der Berliner Universität der Künste. Ich danke allen, die mich eingeladen und begleitet haben – Thomas Düllo, Byung-Chul Han, Flóra Tálasi, Katrin Wendel, Anna Lauenstein u. a. –, sowie allen Studierenden, die durch ihre Fragen und Einwände zur Fortentwicklung des Manuskripts beigetragen haben. Stephan Porombka danke ich für seine performative Analyse der »Strapaze dieses Buches«.

Skizzen sind auch anlässlich von Vorträgen entstanden. Für Einladungen danke ich der Fudan University sowie Claus Heimer vom Deutschen Konsulat in Shanghai, Manfred Gehringer vom Alfred-Adler-Institut in München und Ulrich Clement von der Internationalen Gesellschaft für systemische Therapie.

Juliane Schiffers danke ich speziell für philosophische Hinweise zum Erfahrungsbegriff, Kai-Uwe Hellmann für soziologische Bemerkungen zum Problem intersubjektiver Überprüfbarkeit. Tim Lehmacher danke ich für seine Frage zur »Depressivität« des hier Erfahrenden und seine Anregung, die drei großen Strukturalismen für das zu würdigen, was sie nach wie vor leisten. Dewi Maria Suharjanto danke ich für ihre Fragen zu »Phänomenologie und Übertreibung«.

Jeder, der sich für Lektüre und Auseinandersetzung Zeit genommen hat, mir zu einer Darlegung meiner Gedanken Zeit gegeben hat, hat mehr zum »Verfertigen der Gedanken« beigetragen, als sich benennen lässt. Man nimmt jeden Menschen in sich hinein und profitiert von seiner Kritik, seinen Fragen und Wünschen, seiner Wut und seinem Wohlwollen noch lange, nachdem der »Austausch« abgeschlossen ist.

Rahel Jaeggi danke ich für ihre Einladung an die Humboldt-Universität. Schreiben und Denken sind ja ein Sich-vorweg-Sein im Gespräch mit anderen, und besonders wer abseits aller Akademie arbeitet, stets Gast ist, ist ein Abhängiger, Angewiesener. Wer keinen »Stuhl« innehat, glaubt sich oft, zu Recht oder zu Unrecht, im Verdacht, »von außen« zu kommen wie der Hausierer mit seinem wertlosen Kram, der Versicherungsbetrüger, der Dieb – als hätte es keinen Kierkegaard und keinen Nietzsche gegeben, keinen Marx in England, keinen Adorno im amerikanischen Exil, keinen Foucault in Schweden – auch wenn man nicht so weit gehen muss, zu behaupten, dass ausschließlich in Schweden der Blick ungetrübt bleibt: »Aus der Tiefe solcher Kargheit steigt allein das Wesentliche herauf«[22] –, ist glücklich jedes Mal, wenn Türen sich öffnen.

Sehr danke ich auch Tom Kraushaar und Johannes Czaja von Klett-Cotta für ihr einzigartiges, nie endendes Interesse und Engagement.

Weiteren, großen Dank auszusprechen – der über dieses Buch hinausweist auf das Leben und über das Leben hinaus auf den Tod, das Nichts des Anderen –, bleibt der Zueignung (Kritik und Katastrophe, Kapitel 7) vorbehalten. Dieser »abschließende« Text setzt sämtliche Überlegungen fort und schießt zugleich – als Geste des Abschieds, als Rückblick – übers Buch hinaus, »gehört« nicht vollständig »hinein«. Doch das Nichthineingehören, die *Ungehörigkeit* gehört eben zum Gegenstand des Todes. Jede Form, welche von vornherein Platz für ihn hätte, schiene verfehlt. Im Übrigen war der, der gelebt hat und dem zu danken ist, selbst ein Nichthineingehörender, Ungehöriger, methodisch oft Unangeseilter –

Theorie und Befund

Nach dem Dank eine Bitte: nicht alles zu vermischen. Lichtenbergs Satz: »Die Vorrede könnte Blitzableiter betitelt sein«[23], träfe hier ausschließlich in dem Sinn zu, als Blitzableiter eben *Blitze auf sich ziehen*; dass das Vorwort die Blitze auch am Rest des Buches vorbeileiten wird, bezweifle ich (eher im Gegenteil, es wird sie hineinlenken, mitten in den Befund). Doch wünschte ich mir, die Beschreibungen und Analysen, die folgen, würden auch *als solche* zur Kenntnis genommen. Sie haben im Verhältnis zur Theorie der Freiheit und der Negativen Moderne eine gewissse vortheoretische Eigenständigkeit. Erfahrung ist indiskutabel. Sie entzieht sich der Argumentation. Sie kann nicht widerlegt werden.

Zwei

Das Nichts des Wertes
Vom Status zur Bestätigung

Mother I tried, please believe me,
I'm doing the best that I can.
I'm ashamed of the things
I've been put through,
I'm ashamed of the person I am.

JOY DIVISION[1]

… man reagiert mit Zeigen auf die übermächtige Wirkung
des Gezeigtwerdens …

HANNAH ARENDT[2]

Das Problem des sozialen Wertes wurde klassisch unter
dem Begriff der »Ruhmsucht« behandelt. Problematisiert
wurde ein Zuviel des Bedürfnisses, nicht der Mangel oder die
Schwankungsbreite dessen, worauf das Bedürfnis geht. Das
trifft noch auf Hobbes, auch auf Kierkegaard zu. Heute wird
statt des ethischen der psychologische Begriff des »Narzissmus« gebraucht.

Abgesehen davon fällt auf, wie viele Philosophen und –
später – Soziologen das Thema nicht kennen. Tocqueville und
Eva Illouz gehören zu den Wenigen, die es ins Zentrum ihrer
Analysen stellen.

Sogar Sartre, der bekanntlich schreibt: »Der Andere besitzt ein Geheimnis: das Geheimnis dessen, was ich bin«,[3]
geht es nur um die *Wahrheit* des Ich (»was ich bin«), nicht
um dessen *Wert*. Das Ich erfährt wohl die Dezentrierung, den
»Diebstahl« seines Seins durch die Anderen; sozialer Wert

aber ist keine Kategorie. Noch Axel Honneth diskutiert diese *fundierende Struktur* von Wertverleihung[4], nicht die soziale Wertverleihung selbst, wie sie heute mittels nicht-kollektiver Merkmale, persönlicher Zuschreibungen wie rücksichtsvoll, interessant, zuverlässig, stilvoll, zärtlich, attraktiv, originell, kompetent, witzig, selbständig usw. vorgenommen wird, bzw. die in Wertverleihungen *zweiter Ordnung* besteht, die sich auf die Wertung durch einen Dritten oder viele Dritte beziehen (z. B. »Er hat viele Freunde.« – »Sie hat Erfolg.« – »Sie ist bei XY angestellt bzw. unter Vertrag.«) und die sich innerhalb einer Dyade, zwischen Ego und Alter, gar nicht erfassen lassen.

Hautlosigkeit

»Warum fühle ich mich immerzu ungenügend? Warum sind alle meine Beziehungen zu anderen Menschen geprägt vom Bewusstsein meiner Mängel, meiner Fehltritte, meiner defizitären Liebenswürdigkeit, vom Bewusstsein, dass die Anderen mich nicht ausreichend schätzen, nicht lieben, mich meistens missverstehen, dass ich ein Monstrum bin, dass sie Monstren sind, warum ist alles, was ich tue, ein Kampf gegen die Wertlosigkeit? Warum steht bei jeder Begegnung mit anderen Menschen mein Wert auf dem Spiel, bei jeder Tätigkeit, in jedem Job, in jeder Mail- und SMS-Kommunikation? Warum ist mein Liebesleben eine Geschichte der Beschämungen, mein Familienleben eine Geschichte der Beschämungen, mein Berufsleben eine Geschichte der Beschämungen, warum bin ich noch im Erfolg ein Schwankender, Verletzter, warum kann ich mir nie sicher sein? Warum lebe ich immer an der Kränkungskante, bin ein Hautloser?«

So fragen die freien Menschen.

Sie rechnen in der Familie und der Liebesbeziehung stets mit dem Angriff, in der Gruppe mit dem Ausschluss, in der Arbeit, beim Sport mit dem Versagen, der Lächerlichkeit. Sie denken, das Leben begänne erst, wenn sie dieses oder jenes erreicht, in eine Anstellung gekommen, einen Erfolg verbucht hätten.

Sie haben Recht. Sie haben Recht insofern, als sie ja empfinden, dass das, was sie für andere darstellen und darstellen könnten, *einer Stütze* bedarf, die diesem augenblicklich fehlt. Sie empfinden eine unerträgliche Unsicherheit, und wer wollte es ihnen verdenken, dass ihnen also jeder Schritt, der doch unweigerlich ein Schritt in Gegenwart anderer, auch vorgestellter anderer, zu sein hat, zur Last wird.

Aber sollten sie nicht ihre merkwürdige Zeitrechnung über den Haufen werfen – und zu leben beginnen? Das fragen sie sich in einem fort. Sollte es nicht möglich sein, den Augenblick zu fangen, anstatt zu hoffen und unausgesetzt hinzuarbeiten auf diesen Augenblick, da der Erfolg sich um sie als eine blitzende Rüstung schließt, da sie endlich unberührbar, unverletzlich sind? Ist das nicht ein böser Wahn? Muss dieser Augenblick nicht ein Leben lang auf sich warten lassen?

Vielleicht. Doch das bedeutete noch nicht, dass sie im Wahn gewesen sind. Es bedeutete nur, dass kein Erfolg *die Fläche* ihrer Verletzlichkeit zu decken vermag, dass die Destabilisierung ihres Wertes, dessen fortwährender Fall ins Nichts, eine andere, so schnell nicht einzuholende Dimension hat. Nein, sie sind nicht im Wahn. Ihre Angst ist begründet. Jede Tätigkeit, jede Begegnung droht ihnen ihre Wertlosigkeit zu bestätigen. Ja, sie haben Grund, zuhause zu bleiben. Sie haben Grund, sich nach einem Erfolg zu sehnen und zu strecken, der ihnen Sicherheit gäbe. Der Mangel ist echt.

Doch wäre nicht das Gegenteil zu erwarten? Die Zeit der Schwarzen Pädagogik ist vorbei. Kinder sollen mit Respekt behandelt werden, dürfen nicht »verletzt« werden, benötigen nicht »Abhärtung«, sollen nicht »zurechtgebogen« werden. Die Kinder brauchen, wie man sagt, Liebe, Zuwendung, körperliche Nähe, um »ein starkes Selbstwertgefühl zu entwickeln«.

Und am Kind wird bestimmt, was dem »Menschen« gemäß sei. Dies ist die erste Gesellschaftsform in der Geschichte, in der der soziale Wert des Einzelnen als höchster Wert gilt, nicht mehr die »Lebenstüchtigkeit« und nicht mehr die »Fügung ins Ganze«, nicht mehr Kaiser, Vaterland, Volk und Rasse. Dies ist die erste Gesellschaftsform, in der niemand »diskriminiert« werden darf aufgrund von Klasse, Hautfarbe, Geschlecht usw., in der alle Menschen – in ihrer Verschiedenheit und Individualität – als gleich wertvoll gelten sollen.

Natürlich entspricht der Norm nicht die alltägliche Realität; der Sprung in eine andere Welt ist gleichwohl nicht zu leugnen. Es ist die erste Gesellschaftsform, in der das Gebot »Liebe deinen Nächsten« nicht in erster Linie ein Gewaltverbot und die Aufforderung, Bekannten wie Fremden zu helfen, ausdrückt, sondern buchstäblich zu nehmen ist: Liebe! Sehe und verstehe! Berühre! Spiegele! Lobe! Bestätige deinen Nächsten!

Die Ontologisierung der Geschichte

Dennoch haben wir es mit einer Gesellschaftsform zu tun, die, in historisch ungekannter Weise, den Wert des Menschen zu einem flüchtigen, fallenden gemacht hat. Mit einer Welt, in der die Würde des Menschen ununterbrochen, ohne dass es justiziabel wäre, angetastet wird.

Der »Kampf um Anerkennung«, der von Philosophen ontologisiert worden ist, wird erst im Lauf des zwanzigsten Jahrhunderts zu einer alltäglichen, massenhaften Erfahrung. Natürlich ist es eine ontologische Tatsache, dass ich nur durch andere Menschen zu einer Wahrheit über mich selbst gelange, dass der »Herr« einen »Knecht« braucht, der ihn nicht ignoriert, sondern zur Kenntnis nimmt und als Herr »anerkennt«.

Doch mit Anerkennung im umgangssprachlichen Sinn, also mit *Wertverleihung*, hat das nur soviel zu tun, als Zurkenntnisnahme Voraussetzung für jede Wertverleihung ist, ein Ignoriertwerden auch als »Wertlosigkeit« verstanden werden kann. Der Begriff Anerkennung verweist auf die Intersubjektivität jedes Selbstbewusstseins, nicht zwingend auf die soziale Konstitution individueller Wertschätzung, er kann letztere sogar unkenntlich machen. Darum wollen wir im Weiteren auf den ontologisch geprägten Begriff Anerkennung verzichten.

Erst in dieser Welt kämpfen die Menschen pausenlos darum, dass ihnen ihr Wert bestätigt bzw. »zurückgegeben« wird. Das Wertverleihungstheater der Talentshows mit ihren inszeniert-grausamen Jurys hat universellen Charakter. Die Menschen sagen: »Ich habe ein schlechtes Selbstwertgefühl. Im Augenblick ist mein Selbstwertgefühl am Boden. Mein Selbstwertgefühl ist nie besonders gut gewesen. Ich will es verbessern.«

Das, was Alfred Adler als neurotischen Zweck überhaupt erkannte, »die Erhöhung des Persönlichkeitsgefühls«, den »ständigen Kampf um die Überlegenheit«, das permanente

»Gefühl des schwachen Punktes«, das »verschärfte Messen und Vergleichen«[5] – damit Nietzsches »Willen zur Macht« und »Willen zum Schein« psychologisch aktualisierend –, das muss nun – gut 100 Jahre später – soziologisch aktualisiert werden als Zwang und Leid des freien Menschen.

Keine Kollektive kämpfen hier – wie einst und immer noch die Frauen, die Arbeiterinnen und Arbeiter, die Kolonisierten, die Dunkelhäutigen, die Homosexuellen usw. Auch in diesem Sinne wäre die Geschichte der Moderne die Geschichte von »Anerkennungskämpfen«, allerdings unter dem Strich *erfolgreichen* Anerkennungskämpfen, wie Axel Honneth zurecht sagt.[6]

Nein, hier kämpfen *Einzelne en masse*. Und während die Kollektive in der Regel aus einer Situation der Unfreiheit heraus kämpfen mussten und müssen, für sie Befreiung und Wertverleihung in eins fallen, kämpfen die Einzelnen aus einer Situation der Freiheit heraus, ist diese Freiheit für sie identisch mit dem permanenten Fallen ihres Wertes sozusagen von selbst.

Alterozentrik

Das große Übel dieser Welt, so lautet nun die Klage, sei der Narzissmus, das nur an sich selbst interessierte Ich. Falls nach einer Ursache der Ursache verlangt wird, wird selbstverständlich der Kapitalismus ins Feld geführt. Man stellt sich einen Menschen vor, der pausenlos, wie man sagt, »konsumiere« und »sich selbst optimiere«, da der Markt es ermögliche und verlange. Es wird das Bild einer kalten Welt gezeichnet, in der Warenlogik, Nutzendenken, Egozentrik herrschten.

In dem Bild ist das Du – der persönliche, individuelle Andere – vermisst gemeldet. Dabei, so die Vorstellung, würde das Du die Rettung bedeuten.

Denn: Dem isolierten Ich geht es schlecht, doch wer ein Du hat – viele Dus –, der lebt, der leidet nicht. Bei jedem sogenannten psychischen Leiden lautet nun die Empfehlung: mehr Offenheit! mehr Beziehung! mehr Du! – Narzissmus und Kapitalismus sind die Krankheit, das Du ist die Kur.

Doch diese Welt ist nicht gekennzeichnet von ungekannter Ich-Bezogenheit, sondern von einer ungekannten Du-Bezogenheit. Es geht nicht um Egozentrik, sondern um Alterozentrik. In Wahrheit ist das Du die Angel, in der diese Welt schwingt.

Die Entdeckung des Anderen

Eine der stolzesten Entdeckungen der Philosophie des 20. Jahrhunderts ist dieses *Du* oder *der Andere*. Unter den Entdeckern ragen heraus: Martin Buber, Edmund Husserl, Heidegger, Alexandre Kojève – der den Anderen bei Hegel entdeckte, Hegel »aufwärmte« zum Philosophen der Gegenseitigkeit –, Sartre und Levinas.

Doch die Philosophen interpretierten den Anderen als menschliche Konstante, überhistorische Tatsache. Auch wo sie geschichtlich, soziologisch dachten, war der Andere ihnen eine ontologische oder quasi-religiöse, überzeitliche Kategorie (» ... in seinem Anfangszustand ist der Mensch ...«, schreibt Kojève[7]).

Die Philosophen fragten nicht nach der gesellschaftlichen Konstitution des Anderen, seiner Historizität, nicht nach der gesellschaftlichen Konstitution und Historizität *ihrer Frage nach dem Anderen.*

Warum schießt ein Thema, das Jahrhunderte, Jahrtausende »vernachlässigt« bis »verleugnet« wurde, zwischen 1920 und 1960, innerhalb von nur vierzig Jahren, nach oben, wird endlich zum vordringlichsten, grundlegendsten Thema des Denkens überhaupt erklärt – so dass »der Andere« nun das favorisierte Thema der Anderen ist, das Heideggersche Man nichts Besseres kennt als Denker, die nach dem Anderen fragen, sich für ihn erwärmen?

Parallel entsteht und entwickelt sich die Psychologie. Bei Nietzsche und Freud ist sie anfangs noch wesentlich Ein-Personen-Wissenschaft, Lehre von der Funktionsweise der Psyche, Psycho-Logie.

Doch bald beginnt die Karriere des Anderen. In Objektbeziehungstheorie und Bindungstheorie, relationaler Psychoanalyse und systemischer Therapie nimmt der Andere Gestalt an, wird vom eingekapselten Introjekt zum Handelnden in der Welt, bricht aus dem Zeitreservat der Kindheit des Analysanden aus, tritt ein ins Jetzt zwischenmenschlicher Strukturen.

Kann es nicht sein, so lautet nun die Frage, dass wir uns nicht nur denkgeschichtlich, sondern auch *faktisch* im Zeitalter des Anderen befinden? Dass die Welt, die im zwanzigsten Jahrhundert Gestalt angenommen hat und nun alternativlos die unsere ist, eine *Welt des Anderen* ist?

Kann es nicht sein, dass die jüngste und radikalste aller Konzeptionen des Anderen, jene von Emmanuel Levinas, nach der der Andere nie als Objekt »einholbar« ist in mein Bewusstsein, durch keine Erkenntnis, keine Einfühlung – die ja immer *meine* Einfühlung bleibt –, durch keinen Analogieschluss vom Ich aufs Du für mich verständlich, fassbar, beschreibbar werden soll, nach der der Andere kein Rollenträger, kein bloßer Repräsentant eines Gesetzes, einer Gemeinschaft ist, nach der ich ihm nicht in der Klarheit eines Herrschaftsverhältnisses begegne, sein Erscheinen nicht von Routinen und Konventionen geregelt und beschränkt ist, der Andere mir statt dessen erscheint als formloses »Angesicht«, persönliche Präsenz, die auch mich formlos, persönlich meint, »unvertretbar« – keinen Rollenträger, keinen Repräsentanten –, die fordert, »Verletze mich nicht!« und »Stehe mir bei in meinem Leid!«, die also un-endlich ist, dass diese Konzeption, nach der der Anspruch des Anderen, meine Verantwortung ihm gegenüber, meine Schuldigkeit, mein Begehren seines Begehrens, seiner Wollust unendlich sind, nach der das Verhältnis zum Anderen niemals eine »Beziehung« – wie noch bei Buber –, sondern unendliche, niemals aufzuhebende Asymmetrie zwischen dem Selben, also mir, und dem *ganz* Anderen ist, dass dieser Andere, dem ich nie »gerecht werden«, dem ich nie »nah genug« sein kann, der mich ununterbrochen »vorlädt«, dem ich in einer »Passivität« ausgesetzt bin, »die passiver ist als jeder [gezeichnete] Akt, eine(r) Nacktheit, die sich aussetzt bis dahin, dass sie sich ausgießt (…), die sich als Ausgesetztsein nicht darauf beschränkt, dem Blick des Anderen ausgesetzt zu sein, vielmehr Verwundbarkeit und Leiden bis zur Erschöpfung«[8] ist, dass dieser Andere, der Heideggers »Sein« aus den Angeln hebt, von dem alles Denken nun ausgehen, besser »sich herausfordern« lassen muss, *eine spezifische Macht unserer Epoche* ist? Kann es sein, dass hier – unfreiwillig, unbewusst – eine präzise Diagnose gestellt worden ist, dass die extremste Forderung, die ein Philosoph je ausgesprochen hat – nicht als *seine* Forderung, sondern als Forderung des Anderen, versteht sich –, tatsächlich die alltägliche, anonyme Forderung dieser Gesellschaft ist? Kann es sein, dass unser permanentes Grauen vor dem Urteil der Anderen, unser Groll auf den unzureichenden, uns missverstehenden Anderen, die unausgesetzte Beschämung angesichts unserer Unzulänglichkeit, unseres, in der Arbeit, der Liebe, der Freundschaft, dem Kollegesein und der Elternschaft sich fortwährend bezeugenden Schuldigsein, Schuldigbleiben, ein Datum trägt?

Damit wäre Levinas nicht »enttarnt« und »erledigt«. Es wäre bloß gesagt, dass weder das Denken des Anderen noch der Andere selbst ewig sind.

Es wäre der Blick dafür geöffnet, dass Verwundbarkeit und Leiden bis zur Erschöpfung sich nicht herschreiben *vom Anderen überhaupt*, sondern zu nicht unerheblichem Teil von einer sozialen Struktur, die nicht die Aura verdient, von der der Andere bei Levinas, das Du bei Buber umgeben sind, vielmehr eine – gewissermaßen anti-auratische – soziologische Analyse.

Es ist eine soziale Struktur, in der mein Wert plötzlich vom Anderen im Sinne von Levinas, vom Du im Sinne Bubers abhängt, in der mein Wert in täglich neuen Interaktionen ermittelt wird, in der, wie in Hegels *Allegorie* des Kampfes um Anerkennung, nun *tatsächlich* die Interaktion den Wert der Menschen bestimmt, nicht mehr der Wert der Menschen die Interaktion.

Die Verleihung des sozialen Wertes

Die Frage lautet: Woher bezieht ein Mensch seinen sozialen Wert? Wie, durch wen und wodurch, weiß er, dass man ihm mit Respekt begegnen, ihn nicht verletzen, mit ihm in Verbindung stehen will, ihn anhören, brauchen, mögen, ihn begehren, lieben wird, dass er stolz sein darf, der zu sein, der er ist?

Nichts und niemand ist ja an sich »wertvoll«. Ein Wert

wird von einem Wertenden *verliehen*, im Akt des Wertens. Entweder ausdrücklich, indem einer dem anderen sagt, wie er ihn sieht, was der Andere ihm bedeutet, oder, meist, durch Handlungen, die eine Wertung zum Ausdruck bringen, implizieren – lächeln, jemanden umarmen, sich neben jemanden setzen, jemanden »fair« und »gut« bezahlen usw. Der *soziale* Wert wird einem Menschen von anderen Individuen und von Institutionen verliehen.

Gemeint ist nicht der ökonomische Wert, zum Beispiel als Sklave auf einem Sklavenmarkt, gemeint ist nicht die Würde des Menschen als ein *Rechtsanspruch* auf Verschontwerden vor Diskriminierung, Versklavung, Gewalt, nicht die Würde des Menschen als eines *Gattungswesens* überhaupt infolge der Verschiedenheit vom Tier, der Gottebenbildlichkeit, der menschlichen Vernunft, der Seele, der Möglichkeit, frei zu entscheiden, sich selbst zu entwickeln (wie bei Pico della Mirandola).

Gemeint ist der soziale Wert, wie er in besonderen Beziehungen *zwischen* Menschen zum Ausdruck kommt und sich ableitet aus der *Position* eines Menschen in einem sozialen Ganzen, einer Gruppe, Institution, Gesellschaft – weswegen etwa Arbeitslosigkeit nicht nur ökonomische Wertlosigkeit, sondern auch soziale Wertlosigkeit erzeugt, ein Nichtgebrauchtwerden und Zunichtsgutsein, das *sozial verstanden* wird.

Es geht nicht um die Frage, ob der Mensch eine innere, nicht zu veräußernde Würde hat oder nicht, nicht um Ansprüche, die sich daraus ableiten ließen, nur um das, was geschieht, wenn die Würde »angetastet«, ein Mensch »entwürdigt« wird, die Bedingungen, unter denen ein Mensch »taxiert« wird.

Doch *was* zur Verleihung oder Verweigerung von Wert

führt, hat seinen Ursprung nicht in der Beziehung zwischen Mensch und Mensch, sondern entscheidet sich im Diskurs der Gesellschaft, im anonymen, transsubjektiven Ganzen. Welches Verhalten, welche Leistung, welches Aussehen usw. steigern den Wert? Das wird nicht zwischen Ich und Du beantwortet, sondern von »allen« bzw. den Diskursen, den Institutionen. Dem Akt des Wertens geht *der Akt des Wertens der Werte* voraus, die gesellschaftliche Wertung und Umwertung aller Werte. Insofern müssen wir immerzu auf zwei Ebenen aufmerksam sein: auf die Ebene zwischen dem Ich und dem Anderen, wo bewertet wird, und auf die Ebene der Gesellschaft, wo das Werten bewertet wird, mehr noch: wo sich auch bestimmt, *wessen* Wertung gültig ist, wessen nicht.

Und ein Drittes: Einem Menschen wird nie *als solchem* von anderen Menschen bzw. von Diskursen und Institutionen ein Wert verliehen, sondern stets *als etwas*, als jemand. Mir wird ein Wert verliehen – oder vorenthalten – als ein Sohn, als Tochter, als Schüler oder Schülerin, Freund, Freundin, Mitarbeiter, Mitarbeiterin, als Geschöpf Gottes, als Künstler, Künstlerin, als Steuerzahler, als Vater bzw. Nicht-Vater, Kinderloser, als Mutter bzw. Kinderlose usw. Mit jeder Identität und Position, die in einer Kultur *vorgesehen* ist, geht eine Wertung einher, sind Maßstäbe und Pole der Bewertung verbunden.

Das heißt umgekehrt, dass jede Wertverleihung mich *als etwas bestätigt und bestimmt*. Ich kann nicht den Wert als solchen für mich verbuchen, ohne derjenige *sein zu müssen*, dem der Wert verliehen wurde. Wenn ich »mich befreie« von einer Identität und Position, bezahle ich diese Befreiung mit der Wertlosigkeit meiner selbst als dieser oder jener – und befreie mich auf diese Weise gerade *nicht* von dieser Identität.

Die Möglichkeit, mich »selbst zu bestimmen« oder »selbst

zu erfinden«, erhalte ich also in einem Raum der Wertlosigkeit. Ich entledige mich der Möglichkeit, als dieser oder jener von den Anderen abgewertet, also ignoriert, verletzt, mit Schuld beladen zu werden – um den Preis eben dieser Abwertung. Um etwas (anderes) zu werden, muss ich ein Nichts, ein Niemand werden, genauer: ein Nicht-Sohn, ein Nicht-Geschöpf ... und in dies Nichts, das auch ein Nichts meines Wertes ist, werde ich stürzen.

Bis auf weiteres? Bis ich eine neue Position eingenommen, eine neue Identität gewonnen habe, die es mir ermöglicht, *wertvoll-als-etwas* zu sein?

Das gerade nicht. Denn die Identitäten, die den freien Menschen möglich sind, ermöglichen ihnen eben nicht, *als etwas* wertvoll zu sein. Diese Identitäten zeichnen sich dadurch aus, dass sie jedes Etwas in sich boykottieren, jede soziale Rolle. Sie beanspruchen, reines Werden zu sein, reine Menschlichkeit. Jede Verleihung eines Wertes arretiert und verdinglicht, verhöhnt die freien Menschen zugleich.

Wenn der soziale Wert des Menschen jetzt flüchtig, fallend ist, seine Würde angetastet, ihm genommen wird, dann auf merkwürdige, paradox erscheinende Weise: nicht indem der Mensch dem Menschen zum Objekt, zum bloßen Mittel wird, anstatt stets Zweck zu sein, wie Kant fordert, sondern umgekehrt dadurch, dass der Mensch *als Mensch* wahrgenommen wird.

Gleichheit

Der objektive gesellschaftliche Status, der keiner »Bestätigung« bedurfte, weil er ein soziales Faktum war, jener Status, der wesentlich durch Unterscheidung, Distinktion zustandekam, den die Zugehörigkeit zu einem Stand, einer Klasse, einer Familie (einem Namen), einem Verbund, einer Region, einer Nation, einem Geschlecht, einer Bewegung konstituierte, wurde aufgehoben durch jene »Gleichheit« aller Menschen, die Liberalismus und Sozialismus, Feminismus und Antirassismus proklamiert haben.

Der Gleichheitsdiskurs sagt: *Alle Menschen sind gleichviel wert.* Doch in der Freiheit bedeutet dieser Satz: *Alle sind gleich wertlos.*

Denn die Gleichheit, die dem Menschen jede objektive Beschränkung nimmt, setzt ihn im selben Moment der Unendlichkeit des Möglichen aus. Gleichheit bedeutet: Jeder kann – hypothetisch – alles werden, alles erreichen. Nur weil ich eine Frau, ein Arbeiter oder dunkelhäutig bin, sind gewisse Positionen nicht automatisch ausgeschlossen – wie der Fürstentitel für den Leibeigenen ausgeschlossen ist. So steht der Mensch, dem die Gleichheit einen Wert verleihen sollte, schon im Augenblick der feierlichen Verkündung dieser Gleichheit unter dem Druck einer ungeheuren Forderung, die – solange der Mensch nichts geworden ist, sein Werden ein Endliches bleibt – seinen Wert annulliert.

Plötzlich ist es *meine Unzulänglichkeit,* wenn ich in den gesellschaftlichen Hierarchien einen untergeordneten Platz einnehme. Wo kein Gesetz der Ungleichheit herrscht, wird jeder Abstand von mir zu den Anderen zum persönlichen Problem.

Das hat schon Tocqueville gesehen. Er schreibt: »Sind alle Vorrechte der Geburt und des Besitzes aufgehoben, sämtliche Berufe jedermann zugänglich, und kann man durch eigene Kraft überall an die Spitze gelangen, so ist es, als öffne sich dem Ehrgeiz der Menschen eine unabsehbare und bequeme Laufbahn, und sie bilden sich gerne ein, dass sie zu Großem berufen seien. Aber dies ist eine irrige Ansicht, die durch Erfahrung täglich berichtigt wird. Dieselbe Gleichheit, die jedem Bürger weitgespannte Hoffnungen erlaubt, macht sämtliche Bürger als einzelne schwach. Sie schränkt ihre Kräfte von allen Seiten ein, derweil sie gleichzeitig die Erweiterung ihres Begehrens zulässt. Nicht nur sind sie von sich aus ohnmächtig, sondern sie stoßen bei jedem Schritt auf gewaltige Hindernisse, die sie zuvor nicht bemerkt hatten. Sie haben die störenden Vorrechte einiger ihrer Mitmenschen abgeschafft; sie begegnen dem Wettstreit aller.«[9]

Gleichheit bedeutet also keine Gleichverteilung des zuvor ungleich verteilten Status', sondern dessen Abschaffung: die Ablösung des »Etwas sein« durch »Etwas werden müssen« bzw. »Nicht genug geworden sein« bzw. »Nichts sein« und »Niemand sein«.

Gleichheit in Freiheit erzeugt Unendlichkeit – der Hoffnung, des Begehrens –, und die Unendlichkeit setzt den Wert des Menschen in seiner je eigenen Rechnung wie im Vergleich zu den Anderen, die »durch eigene Kraft« mehr »aus sich gemacht haben« auf Null.

So wird die Ungleichheit durch das Gebot unendlicher Selbstverwirklichung ersetzt, die augenblicklich ein neues System der Ungleichheit erzeugt, einer fundamental anderen, nämlich selbstverschuldeten Ungleichheit und Unterlegenheit. Es entstehen paradoxe »Klassen«, die nicht mehr durch die soziale *Position* bestimmt sind, sondern durch den *Weg*, den der Einzelne zurückgelegt hat, seine *Positionsveränderung*. Während die Pointe der Gleichheit eigentlich darin bestand, dass der Mensch sich *als Mensch* sieht, entsteht eine neue, schroffe Hierarchisierung der *Verwandlungen*.

Status-Gemeinschaften, Gemeinschaften eines kollektiven Stolzes, verschwinden. Im Fall einer Status-Gemeinschaft ist die Differenz der Gemeinschaft zu ihrer Umwelt größer, spürbarer – eine Differenz der Besonderheit, Überlegenheit, Gewaltmacht – als die Differenzierung *innerhalb* der Gemeinschaft.

So, wenn ein Mensch zu einer mächtigen Familie gehörte oder zur Gemeinschaft der »Kolonialherren«, der »überlegenen weißen Rasse«, zur Gemeinschaft des Adels, des Klerus, des Militärs usw. So auch in modernen Gegenkulturen und sozialen Bewegungen. Das Punksein, Hooligansein oder Revolutionärsein war als Differenz der Gemeinschaft zur Umwelt spürbarer als die Differenzierung, Hierarchisierung innerhalb der Gemeinschaft – wie es in einer mächtigen Familie, innerhalb der »weißen Rasse«, im Klerus, im Militär auch deutliche Rang- und Ansehensunterschiede gab, die aber unter Umständen überschattet wurden von der Differenz zum »Volk«, zur »unterlegenen Rasse« usw.

Die alten Status-Gemeinschaften sind verschwunden bzw. haben ihre Legitimität, ihren Status eingebüßt, erstens weil sie gegen den Gleichheitsdiskurs verstoßen, sie Freiheit und Verantwortlichkeit des Individuums nicht zulassen, und zweitens, weil sie meist eine Konkurrenz zu den modernen staatlichen Gewalten der Gesetzgebung, Rechtsprechung und Durchsetzung von Gesetz und Recht darstellen (das Problem eines mächtigen Militärs, das Mafia-Problem, das Problem der »Stammeskultur«).

Neuere Status-Gemeinschaften differenzieren sich entweder im Inneren so weit, dass die empfundene Höherstellung gegenüber der Umwelt verlorengeht – Punk zerfällt augenblicklich in unterschiedliche künstlerische Richtungen, die feministische Bewegung in revolutionäre und reformistische, heterosexuelle und lesbische, weiße und nichtweiße, dekonstruktivistische und naturalisierende Fraktionen usw. –, oder sie führen zu einer gleichzeitigen Aufwertung und Abwertung ihrer Mitglieder, weil die Gemeinschaft als eine »dumpfe« Gemeinschaft gilt, deren Mitglieder an einer Individuation scheitern (Hooligans, Islamisten usw.).

Bei einem modernen Unternehmen angestellt zu sein, dessen Prestige hoch ist, zu diesem Unternehmen »zu gehören«, wird im Augenblick der Aufnahme vom Aufgenommenen naturgemäß als enorme Wertsteigerung empfunden. Im gleichen Moment aber sagt ihm das Unternehmen, dass seine Zugehörigkeit nichts, seine – täglich zu erneuernde – Leistung alles ist, so dass das Unternehmen dem Angestellten zur Welt ohne weitere Umwelt wird, zu einem Ort permanenter Differenzierung, permanenten Steigens und Fallens, in dem keine »Laufbahn« sicher ist.

Andere Status-Gemeinschaften, wie die der Künstler, verschwinden durch Erfolg, durch Vermassung, Demokratisierung ihres Prinzips. Was (fast) alle sind, erzeugt keine Distinktion.

Objektiver und erlebter Status

Wir sehen also, dass das, was in Vormoderne und Moderne sozialer Status gewesen ist, sich auf zweifache Weise aufgelöst hat. Zum einen ist der objektive, verdinglichte Status – »Ich gehöre zur Oberklasse«, »Ich habe einen großen Namen« – infolge des Gleichheitsdiskurses und des ihm folgenden Diskurses der Selbstverwirklichung verschwunden. Zum anderen ist der erlebte Status innerhalb von Gemeinschaften verschwunden infolge von deren Zerfall und Delegitimierung, deren Binnendifferenzierung und Binnenindividualisierung sowie von deren Erfolg, der Verallgemeinerung ihres Spezifikums.

Das Wir hört auf, eine Quelle von Wert zu sein. Damit ist die objektive Wertlosigkeit des Individuums erreicht. Der Mensch ist ein Hautloser. Er ist nun zwar gut geschützt von negativen Bestimmungen (»Die Würde des Menschen darf *nicht* angetastet werden«). Doch das negative Recht schafft selbstverständlich keinen positiven Wert. Was nach außen absichtsvoll, ausdrücklich verteidigt wird, hat sich im Innern still und ungewollt entleert. Das Gut, das das Recht wahren sollte, die Würde des Menschen, ist unbemerkt abhandengekommen.

Wie aber sehen die neuen Möglichkeiten der Wertverleihung aus? Sie entstehen, wie sich zeigt, im Rahmen einer *Beziehung* zwischen Ich und Du. Das Ich wird zum Gegenstand von Wahrheit. Das Du wird Wahrheitsmacht.

Die persönliche Verletzung als Verletzung der Person

In dem Maß, in dem die alten Status-Gemeinschaften und ihre Konventionen verschwunden sind, verändert sich die Bedeutung dessen, was wir eine *Verletzung*, einen *Bruch* nennen.

In einer durch Konventionen gesteuerten Interaktion ist jede Verletzung eine *Verletzung der Konventionen*. Wer die Konventionen verletzt, wird von der Mehrheit sanktioniert, erleidet den Gesichtsverlust – zum Beispiel der, der Briefe nicht beantwortet, der sich »grob« benimmt, der »nicht den nötigen Respekt zeigt«, der untreu geworden ist, der eine Liaison auflöst, der eine Ehe scheiden lassen will.

In der kollektiven Interaktion ist jede Verletzung die *Verletzung eines Kollektivs* – etwa der Familie, deren Ehre verletzt ist. Der Einzelne ist integriert in Kränkungsgemeinschaften, und die Kränkungsgemeinschaften sind Verteidigungsgemeinschaften. Bestraft wird wiederum derjenige – der Einzelne, das Kollektiv –, von dem die Verletzung ausgegangen ist.

In der Interaktion dagegen, die nicht primär von Konventionen geleitet, sondern persönlich ist, in der keine Kollektive – bzw. Einzelne, die ein Kollektiv vertreten –, aufeinandertreffen, sondern Individuen, ist jede Verletzung eine persönliche Verletzung, die Verletzung eines Individuums.

Nun liegt der Gesichtsverlust nicht mehr auf der Täterseite, nun bestraft denjenigen, von dem die Verletzung ausging, weder die moralisch konforme Mehrheit noch ein spezifisches Kollektiv.

Nun haben wir es, zum ersten Mal, mit einem auch im psychologischen Sinn »Verletzten« zu tun. Einem als Person und Individuum entwerteten Menschen. Einem Einzelnen, der seine Verletzung mit niemandem teilt, der nicht Mitglied einer Kränkungsgemeinschaft ist, den auch kein anderer verteidigt. Einem Menschen, der sich auf nichts berufen kann als auf seine persönliche Verletzung und Verletzlichkeit, seine Empfindung und Empfindlichkeit – weswegen er höchstwahrscheinlich, im Fall, dass er sich verteidigt, zu hören bekommen wird, er sei »empfindlich« bzw. »überempfindlich«.

Der Ort der Wahrheit

Ist das Werk, das ich geschaffen habe, gut? Berührt es? Überrascht es? Ist es spannend? Ist es verständlich? Bin ich ein guter Vater? Ein einfühlsamer Mensch? Erfülle ich die in mich gesetzten Erwartungen? Ist das, was ich bin, zumutbar? Wirke ich einschüchternd? Habe ich neulich übertrieben? Hätte ich diesen Satz lieber nicht sagen sollen? Bin ich attraktiv? Schön? Erregend? Habe ich, infolge des Älterwerdens, an Attraktivität verloren? Bin ich in der Lage, Lust zu bereiten? Ist es ein Vorteil oder ein Nachteil, mit mir befreundet zu sein? Wird meine Mail das Gegenteil bewirken? Bin ich lächerlich? Warte ich umsonst? Was bedeutet dieses Schweigen? Was empfindet mein Vater für mich? Bin ich nur einer von ein paar Dutzend Patienten? Ein anonymer Fall? Oder ein Mensch? Verlange ich immer zu viel? Ist mein Bedürfnis monströs? Bin ich lästig? Kann mir verziehen werden? Habe ich Mundgeruch? Rede ich zu viel? Gelingt es mir, meine Verachtung zu verbergen? Reicht die Stärke meiner Liebe auf Dauer aus? Sollte ich lieber ehrlich sein? Bin ich ein asozialer Typ? Bin ich langweilig? Ist das der passende Zeitpunkt? Soll ich die schwarze Jacke anziehen? Oder lieber den blauen Mantel?

Dies sind nicht die Fragen eines krankhaften Narzissten, wie man heute annimmt, nicht Ausdruck überspannter, süchtiger Selbstbetrachtung, sondern Fragen, *die dem Anderen gestellt werden müssen, weil das Ich sie selbst nicht beantworten kann, weil die Wahrheitsmacht in einer alterozentrischen Kultur wesentlich beim Anderen liegt.*

Zu welcher gesellschaftlichen Klasse man gehörte, das beantwortete sich von selbst. Es war ein objektives Faktum. Ob ich treu, ehrlich, pflichtbewusst bin, also einen guten oder schlechten Charakter habe, war meiner eigenen Beurteilung zugänglich. Doch nun bestimmt der soziale Wert des Einzelnen sich durch Parameter, die weder objektiv zutageliegen, noch durch Introspektion, aufrichtige Selbstbefragung zu klären sind.

Jetzt ist es der Andere, der – wie in Kafkas *Urteil* – eine für mich in keiner Weise mehr vorwegzunehmende, zu berechnende oder zu erzeugende Bewertung vornimmt, der jeden Augenblick zu einer anderen Bewertung kommen kann, der *ein freier Mensch* ist.

Natürlich kann ich *vorerst* die Frage, ob ich den blauen Mantel anziehen soll, selbst beantworten. Ebenso, wie die Künstler vorerst selbst entscheiden können, welche Kunst sie machen.

Doch es bleibt eine Wette auf die Wahrnehmung der Anderen. Bei ihnen liegt letztlich die Wahrheit. Während ich gegen alle Anfeindungen und falschen Beschuldigungen mein Leben lang darauf bestehen kann, ehrlich gewesen, nicht untreu geworden, kein Mörder zu sein usw., kann ich nicht mein Leben lang behaupten, einen guten Kleidungsstil, einen guten Geschmack zu haben oder große Kunst zu machen, wenn mir dies nicht von ein paar Anderen bestätigt wird oder ich annehmen kann, dass dies in der Zukunft der Fall sein wird.

Da die Kategorien, um die es geht, intersubjektive sind, bleibt alle Rede davon, dass man »nur sich selbst vertraut«, man auf die Meinung der Leute nichts gebe, man »seinen eigenen Weg geht« usw., eine – verständliche, unter Umständen nützliche – Verleugnung eines unverrückbaren Tatbestands.

Du-Momente

Dass der Wert eines Menschen sich nicht mehr unmittelbar aus dessen sozialer Position sowie dem von ihm selbst zu beurteilenden Charakter ergibt, sondern kommunikativ erzeugt wird, hat auch Eva Illouz in der Studie »Warum Liebe

weh tut« anhand von romantischen Interaktionen nachge-
wiesen[10].

Doch es gilt ebenso für alle anderen Interaktionen, in denen
der Mensch als »Mensch« wahrgenommen wird, sich selbst
darstellen muss. Nicht nur romantische Interaktion löst nun
Angst aus, weil in ihnen der Einzelne evaluiert wird, wie Illouz
schreibt, der freie, noch wertlose Mensch in ihnen bewertet
wird, sondern jede Interaktion, in der man einem vollgültigen,
Levinas'schen Anderen begegnet. Jede dieser Begegnungen
und Kommunikationen, jeder dieser »Du-Momente« (Buber),
ist »von einem verführenden Zauber wohl, aber gefährlich ins
Äußerste reißend, den erprobten Zusammenhang lockernd,
mehr Frage als Zufriedenheit hinterlassend, die Sicherheit er-
schütternd, eben unheimlich, und eben unentbehrlich«[11].

Und noch einmal Levinas: »[Es ist eine] Kernspaltung, die
das Innerste ihrer punkthaften Kerngestalt öffnet wie bis zu
einer Lunge im Innersten seiner selbst; der Kern öffnet dieses
Innerste nicht, solange er durch seine feste Schale geschützt
bleibt, durch eine Form oder auch nur dadurch, dass er, auf
sein Punktsein reduziert, sich in der Zeitlichkeit seines *sein*
identifizieren lässt und so wieder verdeckt wird. Die Grenze
der Entblößung muss noch im Punktsein weiter sich selbst
entrissen werden, der *Eine*, der Vorgeladene, muss offen werden bis dahin, dass er sich von seinem Innersten, das am esse
klebt, trennt (…) Die Subjektivität des Subjekts ist ebendies:
Verwundbarkeit, dem Leiden ausgesetzt sein, Sensibilität,
Passivität, die passiver ist als alle Passivität (…), Ausgesetztheit, die immer noch weiter auszusetzen ist …«[12]

Im Gegensatz zu Buber beschreibt Levinas allerdings keine
Du-Momente, die man haben oder nicht haben kann, nichts,
das man wählen, sich auch vom Leib halten könnte, keine

94

Möglichkeit, sondern das vor allen Möglichkeiten Liegende, das das menschliche Dasein auszeichnet, *zeichnet*, die »Subjektivität des Subjekts« notwendig verwundet.

Es geht Levinas also vorderhand um etwas ganz Anderes. Er will jede Vorstellung eines Subjekts, das einen »eigenen Stand«, einen Kern, eine Substanz hat, hintergehen, will im Innersten des *Einen* den *Anderen* aufweisen, der nicht, wie bei Husserl, dem Bewusstsein des Einen »gegeben« sei als Phänomen, als Objekt mit Eigenschaften, als Gesagtes und Sagbares, als Leib im Raum, sondern der jenseits dessen ist, in einer Nähe »von Seele zu Seele« (was mit romantischen Vereinigungsfantasien natürlich nichts zu tun hat).

Zur Verdeutlichung führt Levinas Platons Mythos vom »Letzten Gericht« an[13] – die Situation, in der das ultimative Urteil über einen Menschen gefällt wird. Nicht über das, was sichtbar ist, was einer zu Lebzeiten und *Leib*-zeiten auf Erden hatte und mittels seines Körpers darstellte. Nein, über den Menschen wird gerichtet, das Urteil wird ermittelt »unter Ausschaltung aller Bedingungen des Wissens«. Das Urteil beruht nicht auf einem objektiven, wissbaren Status des Menschen, nicht auf seinem sagbaren, objektivierbaren Charakter, sondern auf dem, was »von Seele zu Seele« das Ich für das Du ist.

Verschiebung der Abhängigkeit

Die Verleihung eines sozialen Wertes bezieht sich also nicht mehr auf etwas, das einer haben könnte, das sichtbar wäre, sondern auf das, was, gewissermaßen unmittelbar, zwischen Ich und Du sich vollzieht.

Die »narzisstischen« Strategien, mit Sichtbarem zu punkten, sind darum keine Möglichkeit, der Ausgesetztheit an den Anderen zu entgehen, sondern hilflose, wirkungslose Reaktionen auf die Verschiebung aller Werterzeugung in die Interaktion, die Beziehung.

Wenn Ulrich Beck gezeigt hat, dass die Freisetzung des Einzelnen nichts ist als eine *Verschiebung von Abhängigkeit*[14], dann erkennen wir hier: Die Freisetzung des Individuums bedeutet eine Verschiebung der Macht, einen Wert zu verleihen. Von der anonymen gesellschaftlichen Struktur vor Einsetzen des Gleichheitsdiskurses, von den alten und neuen Gemeinschaften, vom Subjekt – das seinen »Charakter« erkannte – auf den persönlichen und individuellen Anderen, das Du.

Was das Du wertschätzt

Das Unheimliche dieser Welt, die jetzt die unsere ist, ist gerade nicht der sich im Sichtbaren und Objektifizierbaren manifestierende, durch den Markt ermöglichte, befeuerte und ausgebeutete Geltungsdrang des Einzelnen, sondern die Tatsache, dass das Haben im weitesten Sinne nicht mehr hilft.

Es ist nicht der Narzissmus, sondern die Ohnmacht des Narzissmus'. Nicht der kapitalistische Markt, sondern die Tatsache, dass auf ihm und durch ihn nicht mehr zu erheischen ist, was Wert verleiht.

Wir leben – in diesem Sinne – nicht mehr im Zeitalter des Konsums, sondern haben dasselbe unbemerkt verlassen. Die Frage »Haben oder Sein« ist zugunsten des Seins entschieden.

Was ist – nach Fromm – Sein?

»Die Voraussetzungen für die Existenzweise des Seins sind Unabhängigkeit, Freiheit und das Vorhandensein kritischer Vernunft. Ihr wesentliches Merkmal ist die Aktivität, nicht im

Sinne von Geschäftigkeit, sondern im Sinne eines inneren Tätigseins, dem produktiven Gebrauch der menschlichen Kräfte. Tätigsein heißt, seinen Anlagen, seinen Talenten, dem Reichtum menschlicher Gaben Ausdruck zu verleihen, mit denen jeder – wenn auch in verschiedenem Maß – ausgestattet ist. Es bedeutet, sich selbst zu erneuern, zu wachsen, sich zu verströmen, zu lieben, das Gefängnis des eigenen, isolierten Ichs zu transzendieren, sich zu interessieren, zu lauschen, zu geben.«[15]

Du und Es

Das Du schätzt am Ich einerseits, wenn es dem Reichtum menschlicher Gaben Ausdruck verleiht, sich selbst erneuert und entwickelt, andererseits wenn es sich verströmt, liebt, also Gefühle zeigt.

Leider ist der Mensch, wie auch Fromm erkennen muss, in sehr verschiedenem Maß mit der Fähigkeit ausgestattet, »innerlich tätig« zu sein, schöpferisch zu sein, sich zu entwickeln, sich zu verwirklichen, sich zu verströmen, zu lieben, sexuell zu begehren – zu diesen Medien, in denen die Wertverleihung durch das Du zustandekommt, später mehr. Doch bereits an dieser Stelle lässt sich sagen: Wie einfach war es, zu konsumieren! Wie leicht war das Leben, als noch Dinge für uns sprachen!

Buber schreibt: »Das aber ist die erhabene Schwermut unsres Loses, dass jedes Du in unserer Welt zum Es werden muss, (…) in Maß und Grenze gesetzt.«[16]

Wir aber müssen sagen: Es ist die Schwermut unseres Loses, dass jedes Es in unserer Welt zum Du werden muss, ins Maßlose, Grenzlose erweitert, uns messend.

Levinas und Foucault

Levinas wie Foucault folgen als Schüler Heideggers dessen Satz: »Das ›Ich‹ darf nur verstanden werden im Sinne einer unverbindlichen *formalen Anzeige* von etwas, das im jeweiligen phänomenalen Seinszusammenhang vielleicht sich als sein ›Gegenteil‹ enthüllt.«[17] Levinas platziert im Zentrum des ›Ich‹ den persönlichen Anderen, Foucault den unpersönlichen Anderen, Heideggers Man (der Diskurse).

Beide dezentrieren also das Ich, das Subjekt durch den Anderen, beschreiben die absolute, asymmetrische, von keiner Wechselwirkung, keiner Gegenseitigkeit relativierte Macht des Anderen. Jedoch entscheiden sie sich jeweils für *eine Seite* des Anderen. Es ist ihnen zwar gemein, dass sie, ohne psychologisch zu werden, von der Verletzung bzw. Abwertung durch den persönlichen bzw. anonymen Anderen sprechen. Levinas ist nicht psychologisch, weil das »Leiden«, von dem er spricht, bereits in der Tatsache der Ausgesetztheit an den Anderen besteht, der rückhaltlosen Öffnung zum Anderen hin. Denn das ist ja die erste und größte Verletzung des Menschen: dass seine Schale aufgebrochen, er ein soziales Wesen ist, immer offen, wund der Welt, den Anderen gegenüber. Erst *auf dieser Grundlage* kommt es zu den Verletzungen, von denen die Psychologie handelt, die eigentlich keine ursprünglichen Verwundungen sind, sondern immer nur ein *Schlagen in dieselbe Kerbe*, die bei der Geburt geschlagen wird, Stochern in der Wunde der Intersubjektivität, die keine Subjekte mehr übriglässt, sondern eine Wunde-in-Wunde ist, eine Öffnung-in-Öffnung, ein Leiden-an-Leiden … – Wobei unsere Frage eben ist: Ist das tatsächlich so? Oder wird hier in die Geburt *des* Menschen zurückprojiziert, was tatsächlich die besondere Erfahrung unseres Zeitalters ist?

Foucault ist nicht psychologisch, weil er beschreiben will, wie Menschen zu Wahnsinnigen, Kranken, Perversen, Kriminellen usw. gemacht werden durch Unterscheidungen, weil er die Konzentration auf Diskurse und Praktiken – also auf das *Sichtbare* – erreicht durch ein Ignorieren, durch die bewusste Verdeckung und Abschattung aller Innerlichkeit, sowohl des erkennenden Subjekts als auch der Passivität, des Leidens.

Das ändert aber nichts daran, dass für Foucaults Arbeit *ein Bewusstsein des Leidens* bestimmend gewesen ist, eine leidenschaftliche Parteinahme für die Menschen, die an Diskriminierung – Unterscheidung – und dem ihr folgenden Ausschluss und Einschluss in Anstalten, Gefängnisse usw. leiden. Insofern gehört Foucault in die Reihe der Denker des 20. Jahrhunderts, die den – hier: klassifizierenden, ausschließenden und einschließenden – Anderen zum Mittelpunkt ihres Denkens gemacht haben. Wie Levinas hat Foucault ein Modell geschaffen, mit dem wir die Verleihung und Verweigerung sozialen Werts untersuchen können.

Und wie Levinas – und Buber – hat Foucault nicht darauf reflektiert, inwiefern sozialer Wert in dieser Welt nicht mehr allein objektiv zugeschrieben wird – und ebenso wenig in einer ahistorischen, ontologischen Zweisamkeit erzeugt wird –, sondern durch ein persönliches Du, *das nun eine allgemeine Struktur ist* – oder umgekehrt: durch eine allgemeine, anonyme Struktur, die nun ein menschliches, individuelles Antlitz trägt, die *ein Antlitz ist.*

Das System der Personifizierung

Wenn der Mensch dem Du ausgesetzt ist, ist er nicht dem Menschlichen selbst ausgesetzt, als könne es eine unmittelbare und natürliche Beziehung *von Mensch zu Mensch* geben. Das Du ist Effekt einer sozialen Ordnung, also in höchstem Maß künstlich und kontingent. In ihm wird das Besondere allgemein.

Wenn die Menschen süchtig sind nach Dokumentarfilmen und Spielfilmen, Zeitungsreportagen und Romanen, die den besonderen, originellen, abweichenden, devianten und brillanten Anderen zum Gegenstand haben, so nicht, weil sie den Unterhaltungswert von Exotik und Exzentrik zu schätzen wissen, sondern weil diese Anderen, die sich in keine Rolle fügen, die nicht bloß das »Gesicht« einer Firma, einer Behörde sind, sondern fortwährend »sie selbst«, nun *das System sind, dem wir ausgesetzt sind.* Der Künstler, die Transsexuelle, der Mano-Depressive personifizieren ein System, dessen Prinzip gerade Personifizierung ist, in dem alle Gewalten Ich sagen.

Freiheit ist die Ordnung, in der offizielle, kodifizierte Macht ergänzt wird durch individuelle, persönliche Macht, in der das Allgemeine individuell und persönlich wird. Die klassisch modernen Institutionen – Universitäten, Unternehmen usw. – existieren alle noch, doch ihre »Oberfläche« hat sich verändert, sie hat Falten geworfen, sich chaotisch gekräuselt, ist jetzt seltsam unscharf, in ständiger Bewegung. Wie der Fels von bunten, unendlich vielgestaltigen Korallen sind die Institutionen nunmehr von Dus bewachsen. Das sieht lebendig aus, doch Halt zu finden, ist unmöglich.

Punktualität

Was zeichnet das Du im Unterschied zu nicht-persönlichen Strukturen der Werterzeugung aus?

Die Wertverleihung, die ein Du gewähren kann, durch eine Berührung, ein Lob, ein Brauchen, ein Begehren, ein Sicherinnern, ein zärtliches Wort, eine Frage, durch die Tatsache, dass es das Ich überhaupt wahrnimmt, sich ihm zuwendet, ihm antwortet, anstatt es (eine Mail, eine SMS) zu ignorieren, bleibt stets punktuell, augenblickhaft, muss fortlaufend erneuert werden. Es ist eine Wertverleihung, die nie einen Wert erzeugt, ein kommunikativer Akt, der nichts Bleibendes verwirklicht – wie der Satz »Hiermit erkläre ich Sie zu Mann und Frau« etwas Bleibendes verwirklicht –, sondern, indem er sich vollzieht, schon vergangen ist.

Ist es vielleicht so, dass das Nur-Gesagte, das Gesagte also, das nicht zugleich eine Amtshandlung ist, verhallt, wie eine Berührung Sekundenbruchteile später »verhallt« ist, nicht mehr gespürt wird? Nein, diese gewissermaßen naturwissenschaftliche Erklärung trifft nicht die Sache. Denn die Kränkung vergeht ja keineswegs mit ihrem Klang. Das Kränkende bleibt hörbar, auch wenn es nicht mehr gesagt wird.

Das liegt aber daran, dass der kränkende Satz tatsächlich überzeitliche Gültigkeit beanspruchen kann, nicht erneuert werden muss. Ja, der kränkende Satz gewinnt seine volle Bedeutung erst, wenn er nicht wiederholt wird, wenn ihm das Schweigen, die Abwesenheit folgt. Würde der, der uns kränkt, bei uns bleiben und uns immer weiter kränken, dürften wir ihm mit Recht eine Anhänglichkeit, ja Liebe unterstellen. Kränkung erfordert also den Abbruch, um Permanenz zu erreichen.

Was aber wäre eine Zuneigung, eine Liebe, wenn sie sich *nicht wiederholte*, wenn es bei *einem* Wort, einer Berührung bliebe? Was wäre das Lob, wenn es das einzige bliebe, das letzte gewesen wäre? Das Du ist also nicht in der Lage, über den Moment hinaus anzuerkennen. Es kann nur punktuell Wert verleihen.

Insofern müssen wir der Formulierung von Eva Illouz widersprechen, der soziale Wert werde in modernen Gesellschaften in jeder Kommunikation »ausgehandelt«. Der Begriff des Aushandelns suggeriert, der Wert bleibe zwischen den Kommunikationen, zwischen den Begegnungen stabil. Doch das ist, wie wir verstehen, nicht der Fall. Der soziale Wert wird zu einer Funktion der Zeit. Er verfällt mit der Zeit »von selbst«. (Abgesehen davon, lässt der Begriff des Aushandelns – negotiation – an eine Wechselseitigkeit, einen Einfluss des Ich auf die Wertverleihung denken, der nicht gegeben ist. Wenn ich eine Aufmerksamkeit, Zuneigung, Beförderung, Belohnung, Zärtlichkeit, ein Schätzen, ein Begehren usw. einfordere, dann muss der Andere – ob Individuum oder Institution – meiner Forderung erstens nicht entsprechen, und zweitens ist jede auf Forderung gewährte Wertverleihung »weniger Wert«, weil sie ja nicht mehr authentisch vom Anderen, »von Herzen« kommt. Darum schiene es mir treffender, hier von einer unhintergehbaren Passivität des Ausgesetztseins zu sprechen, wie Levinas es tut.)

Aber gibt es denn keine »Bindung« zwischen Menschen? Kann Erfolg sich nicht verdinglichen? So dass man endlich etwas »ist«?

Natürlich gibt es Perioden in Beziehungen zu beruflichen oder privaten Dus, in denen der Strom der Punkte sich zur Linie zu verdichten scheint, der Fluss der Wertverleihungen kaum je abreißt, so dass man meinen könnte, einen Status zu haben, und vielleicht ist man versucht, eine Bindung, eine Liebe, eine Anstellung, eine Prominenz für etwas Beständiges zu halten, eine Substanz, ein Objektives.

Doch das täuscht. Nicht, weil die Bindung in Wahrheit keine wäre, weil sie brüchig, in jedem Moment gefährdet wäre, nicht, weil die Anstellung schon morgen betriebsbedingt gekündigt oder dem Angestellten ein Abschied empfohlen werden könnte. Das alles mag auch oder mag nicht der Fall sein.

Es täuscht, weil Bindung und Anstellung, wenn sie einen sozialen Wert des Menschen erzeugen sollen, wesentlich *als Strom von Wertverleihungsereignissen* funktionieren müssen, sie nichts Objektives hervorbringen, wie es einst die Vergabe eines »Postens« vermochte, wie der »Würdenträger« die Würde als *Etwas* tragen konnte. Bindung und Anstellung sind Orte für Interaktionen – der Lebensgefährten, der Kollegen, der Kommunikationen mit dem Vater, einem Vorgesetzten, der Begegnung zwischen Ich und Du, die aufwertend oder abwertend *verläuft*. Bindung und Anstellung bleiben, mit Hannah Arendt gesprochen, ein *Handeln*. Sie werden niemals ein *Herstellen*. Sie sind nur Modi punktueller Wertverleihung oder Wertverweigerung im Medium der Zeit. Man wird erhoben. Man stürzt ins Nichts.

Im Handeln wird immer wieder ein Anfang gemacht. Nichts kommt zur Ruhe. »Handeln und Sprechen sind Vorgänge, die von sich aus keine greifbaren Resultate und Endprodukte hinterlassen«, schreibt Arendt[18]. Das Handeln, das sich durch die Sprache erklärt und auch vollzieht, führt fortlaufend zu einer Bewertung und Umwertung jeder Bewertung des handelnden Menschen. Es erlaubt so etwas wie Status gar nicht. Es zerstört Status.

Das Sprechen und Handeln ist nicht mehr wesentlich auf die politische Sphäre beschränkt. Gegenüber dem Arbeiten – Selbsterhaltung, Reproduktion: dominierend in der Agrargesellschaft – und dem Herstellen – Produktion und Konsum: dominierend in der Industriegesellschaft – dominiert nun das Sprechen und Handeln die tägliche Erfahrung. Wir verstehen, dass dies eine Welt ist, in der der Mensch einen stabilen Wert nicht mehr haben kann.

»Im Unterschied zu dem, was einer ist«, schreibt Arendt, »im Unterschied zu den Eigenschaften (...), die wir besitzen und daher so weit zum mindesten in der Hand und unter Kontrolle haben, dass es uns freisteht, sie zu zeigen oder zu verbergen, ist das eigentliche personale Wer-jemand-jeweilig-Ist unserer Kontrolle darum entzogen, weil es sich unwillkürlich in allem mitoffenbart, was wir sagen oder tun«[19].

Die Ordnung der Freiheit ist also eine Ordnung, in der der Wert des Menschen nicht in erster Linie über das Arbeiten oder das Herstellen zustandekommt, sondern über das Handeln, die zeitlich offene Begegnung im Medium der Sprache, in der der soziale Wert eines Menschen sich darum nicht mehr fixieren, arretieren lässt.

Opazität

Der objektive Status eines Menschen lag zutage, die Zugehörigkeit zu einer Status-Gemeinschaft war in der Regel keine zweifelhafte Angelegenheit. Die Normen, an die man sich zu halten hatte, waren veröffentlichte, oft kodifizierte Normen – wie Gott seine Gebote veröffentlicht und kodifiziert hat.

Das Du als Wertverleihungsinstanz dagegen ist dunkel, undurchsichtig. Es ist eine Psyche, ein Körper. Es erscheint

in – immer neuer – Situation. Es hat eine individuelle Persönlichkeit, einen eigenen, sich ändernden Geschmack, Vorlieben
und Abneigungen, Idiosynkrasien, Stimmungen, Launen, es
hat Kopfschmerzen, Bauchschmerzen, Rückenschmerzen –
und wird dementsprechend anders reagieren –, es schwebt in
einem unsichtbaren Netz aus Beziehungen zu unbekannten
Dritten, die Druck auf es ausüben, die seine Gefühle, sein
Handeln beeinflussen.

Das Du veröffentlicht seine Gebote nicht. Es kennt sie zum
Teil selbst nicht. Wie Husserl sagt: Der Andere ist überhaupt
nur *Anderer*, da er uns verborgen ist. Wäre uns sein Wesen
vollständig zugänglich, »so wäre es bloß Moment meines
Eigenwesens, und schließlich er selbst und ich selbst einer-
lei«[20].

Die wichtigste Verborgenheit aber realisiert sich nicht über
Psyche und Körper, sondern über die Zeit. *Der Andere sitzt
auf einem Stuhl und wartet auf mich.* Habe ich ihn damit erfasst? Nein. *Er steht auf, um mich zu begrüßen.* Habe ich ihn
jetzt erfasst? Nein. *Er gibt mir eine Ohrfeige.* Ist er das? Nein.
Er bricht in Tränen aus und entschuldigt sich usw.

Selbst der Mensch, der in einem fort handelt und redet, sich
damit uns »offenbart«, bleibt opak. Denn er liegt im Versteck
der Zukunft. Jeden Moment überfällt er uns aus dem Hinter-
halt der Zeit.

Doch die Verborgenheit und Undurchsichtigkeit des Dus
ist nicht dessen erste oder letzte Wahrheit. Wie Heidegger
richtig sagt, sind wir immer schon in einem verstehenden Umgang mit dem Anderen, ist da ein Sichkennen, das gar nichts
zu tun hat mit Erkenntnis oder Sichkennen*lernen*, nichts mit
einer Einfühlung im Sinne Husserls.[21]

Das Sichkennen wurzelt in der alltäglichen Praxis miteinander, in der alle Gesten des Anderen unweigerlich Sinn für mich haben, auch die Zurückhaltung, das Schweigen. Ein Kind muss sich in einen Wütenden nicht einfühlen, muss keine Analogie zu seiner Wut herstellen, um den *Sinn* der Wut zu verstehen: dass es eine Grenze überschritten hat, dass man ihm etwas verbietet, dass man es aus dem Zimmer weist usw. Wenn Sartre vom »Blick« des Anderen auf uns spricht, drückt er in dem Moment auf die Stopptaste, da der Andere auf der Schwelle unserer Welt erscheint. Tatsächlich ist diese Schwelle gewöhnlich seit Jahren, Jahrzehnten überschritten, ist die Frage, wie der Andere uns »begegnet«, die falsche Frage, denn er begegnet uns ja nicht, er ist da, bezeichnet und behandelt uns »seit Ewigkeiten«, ist offenbar in seiner permanenten Invasion.

Der Andere ist uneinholbar in unser Bewusstsein, wie Levinas sagt, ja, weder durch Erkenntnis noch Einfühlung ist er uns gegeben, ja, doch – der Andere holt *uns* in einem fort ein. Er ist hinter uns her, umgibt uns als Element von allen Seiten. Aber er tut es *als Unberechenbarer*. Er offenbart sich nicht, in die Zukunft hinein und ein für allemal, als Schrift. Er ist, als Behandelnder und Bezeichnender, ganz gegenwärtig.

Infinität

Während eine überpersönliche Struktur oder Gott stets Endliches verlangt – bestimmte Dinge zu unterlassen, sich an die *Zehn* Gebote zu halten, die Arbeit »ordentlich« und »gewissenhaft« zu tun und zu beenden –, verlangt das Du Unendliches: Aufmerksamkeit, Verständnis, Liebe, Begehren, Kreativität …

Das Ich kann daher nie genug zuhören, verstehen, begehren, lieben oder schöpferisch sein. Es steht immerfort in der Schuld des Dus, versagt vor dessen unendlichen Bedürfnissen.

Wir haben es hier jedoch nicht mit Individuen zu tun, deren »Ansprüche zu hoch« sind, sondern mit Ansprüchen, die *per se* unendlich sind. Sämtliche Zwecke in der Ordnung der Freiheit lassen nicht nur die äußere, intersubjektive, sondern auch die innere, logische Grenze vermissen. Wenn es darum geht, »glücklich zu sein«, »in sich zu ruhen«, »sich selbst zu finden« usw., hat man es mit Begriffen zu tun, die in sich ohne Grenze sind. Ebenso ist es mit den Begriffen, die das beschreiben, was das Du vom Ich erwartet. Die Frage »Treu oder nicht?« lässt sich noch mit einem Ja oder Nein beantworten. Wenn das Du sich dagegen fragt, ob es gesehen, verstanden, geliebt, begehrt wird, gibt es zwar die Möglichkeit eines klaren Nein, doch »nach oben hin« ist das Mögliche »offen«, unendlich.

Das ist kein Zufall. Denn an Endlichkeiten, dass ich treu bin, Geld verdiene, mich an alle Normen der Gesellschaft im Allgemeinen, der Partnerschaft im Besonderen halte, kann ein persönlicher Anderer nicht ablesen, dass er *persönlich gemeint* ist. Wo Endlichkeit ist, tritt die Norm, die erfüllt wird, in den Vordergrund.

Erst wo Unendlichkeit ist, wo die Norm nie erfüllt werden kann, kann die Norm als solche vergessen werden, statt dessen das Hoffen, Sehnen, Suchen, Versuchen, Wollen, Tasten, Streben, Finden, Bangen usw. ins Zentrum rücken.

Das Du kann sich nur da persönlich gemeint fühlen, wo das Ich letzten Endes versagen muss. Voraussetzung der Liebeserwartung ist, dass nie genug geliebt werden kann. Voraussetzung der Verständniserwartung ist, dass nie genug verstanden werden kann. An die Stelle unpersönlicher Normerfüllung tritt das persönliche Drama um die (nicht) stattfindende Erfüllung.

Paradoxität

Im Gegensatz zu überpersönlichen Strukturen steht das Du nicht unter dem Druck und verfügt auch nicht über die Möglichkeit, seine Forderungen ans Ich widerspruchsfrei zu halten. Natürlich kamen auch in den anonymen Diskursen der Sittlichkeit, des richtigen Verhaltens Widersprüche vor, war, was die Familie, die Kirche, der Staat forderten, nie widerspruchsfrei. Doch erst das Du, die Masse der Dus, hat den Widerspruch zur Regel.

Zum Beispiel: Ein Du erwartet, dass das Ich schöpferisch sei, sich nicht anpasse, keine Kompromisse mache, das Leben eines Künstlers lebe. Ein anderes oder dasselbe Du erwartet, dass das Ich »Verantwortung übernimmt«, »endlich erwachsen« wird, sein Leben »unter Kontrolle« hat. Ein Du sagt: »Trainiere deinen Körper, damit du attraktiv wirst.« Ein anderes oder dasselbe Du sagt: »Dein Körper sieht unnatürlich aus.« Ein Du sagt: »Sei romantisch. Sei emotional.« Das andere Du oder dasselbe: »Du bist irrational.« Alle Dus sagen: »Wir finden dich nur dann sympathisch, wenn du alle deine Schwächen und Fehler offenlegst, wenn du zeigst, dass du eine entwickelte Selbstreflexion hast und dich *selbst* unsympathisch findest. Nur der Unsichere darf selbstbewusst sein.«

Jeder Einzelne lebt in einem solchen System sich und einander widersprechender Dus. Das Ich soll die Verantwortung für seine Taten übernehmen, doch »sich selbst nicht mit Schuld beladen«. Es soll sich akzeptieren, »wie es nun einmal ist« – um sich dann zu entwickeln. Es soll ein Buch lesen, das seine

Situation analysiert und in dem steht: »Wir denken zu viel.«
Es soll »sich fallen lassen«, aber nicht »sich selbst verlieren«.
Natürlich wird hier auch ein Geschäft gemacht mit dem
Verkauf von Gegensätzen. Die Ratgeberindustrie verspricht,
dass diese Gegensätze zu vereinbaren sind, wie die Produkt-
industrie Bier ohne Alkohol, Cola ohne Zucker, Hamburger
ohne Fett verkauft. Doch das Problem, mit dem wir es zu tun
haben, liegt auf einer tieferen Ebene. Freiheit ist eine Ordnung,
in der die an den Menschen gestellten Forderungen nicht mehr
intern vermittelt werden müssen, in der jeder Sprecher gegenüber sich selbst und gegenüber den anderen Sprechern frei ist,
zu fordern, was er – im Augenblick – fordern will.

Weder muss innerhalb eines Dus noch muss zwischen den
Dus Widerspruchsfreiheit herrschen. Die permanente Beschämung des Ichs entsteht aus der Mehrstimmigkeit und Mehr-
wertigkeit dessen, was es beherrscht. Wie singt Kurt Cobain,
seine Stimme dem paradoxen Du leihend: »Come as you are,
as you were, as I want you to be … Take your time, hurry up,
the choice is yours, don't be late.«

Absenz

Das Du – Auftraggeber-Du, Geliebten-Du usw. – hat immer
die Möglichkeit, nicht zu antworten, das Ich zu verlassen, die
Verbindung, die Zusammenarbeit abzubrechen, diese wortlos
einschlafen zu lassen.

Natürlich gab es auch in den alten Status-Gemeinschaften
die Möglichkeit des Verstoßens, der Verbannung, der Entfernung des Ichs – was in Formen wie der Kündigung fortlebt.
Doch die Regel war das Verhaftetbleiben – Konflikt, Miss-
handlung, Unterdrückung –, lebenslang. Nun aber ist die Re-

gel weder, dass das Ich entfernt wird, noch dass der Konflikt andauert, sondern dass *das Du sich entfernt oder von Anfang an fernbleibt.*

Freiheit ist die Ordnung, in der sich jeder Gegenpart immerzu ins Nichts der Beziehungslosigkeit zurückziehen, genauer: die Beziehung, die ja als aufeinander Bezogensein fortbesteht, in den Zustand der Negativität – des Schweigens, der Abwesenheit – kippen lassen kann, in der jedes Du droht, zu verschwinden. In Hinblick auf den sozialen Wert des Ichs entsteht damit eine Radikalisierung. Es geht nicht mehr nur um Gefallen, Gnade, *Zustimmung*, sondern um *Zugehörigkeit*. Mit dem Verstummen, Verschwinden jedes Du kollabiert eine Welt der Rituale, der Orte, der Möglichkeiten, die Welt einer Sprache, eines Sinns. Das Ich wird nicht nur im Wert herabgesetzt durch ein Urteil, sondern auch und darüber hinaus dadurch, dass es »erleichtert« wird um einen Großteil des *Substrates* seines sozialen Wertes, um die Welt, in der Wert entsteht. Es bricht nicht nur eine Blüte ab, sondern der Boden erodiert.

Das Schweigen und Verschwinden des Anderen hat auch eine technische Seite. Die vorrangige Erfahrung, die der Mensch mit Informations- und Kommunikationstechniken macht, ist die, dass er vermittels ihrer von anderen Menschen ignoriert, angeschwiegen und verschwiegen wird. Die gewöhnliche Erfahrung mit Medien ist, dass die Medien mich verschweigen, mein Vorhandensein ignorieren. Die gewöhnliche Erfahrung mit einem Telefon ist, dass das Telefon *nicht* klingelt. Die gewöhnliche Erfahrung mit der Möglichkeit, Mails oder SMS zu bekommen, ist, dass keine, zumindest nicht die sehnsüchtig-ängstlich erwartete Mail oder SMS kommt.

Jede Möglichkeit ist – banal, aber entscheidend – nicht zuvordest eine Chance, sondern eine Nicht-Wirklichkeit und wird als solche zuvorderst erfahren. Von den Auftrag- und Arbeitgebern kommt nichts. Von den Freunden: nichts. Von der Geliebten: nichts. Wer immer und überall erreicht werden kann, wird immer und überall nicht erreicht.

Die freien Menschen fragen also: Was habe ich falsch gemacht? Was habe ich getan, um den Anderen so zu enttäuschen, zu verärgern? Habe ich den Anderen verwirrt, verängstigt, verletzt, verschreckt? Die Konstanz der Erreichbarkeit garantiert die Konstanz dieser Fragen – mit jedem Blick aufs Telefon, auf den Posteingang. Die freien Menschen betreiben eine pausenlose Fehltrittforschung in eigener Sache.

Wir begegnen hier Heideggers Beobachtung wieder, dass jedes menschliche Instrument erst durch Fehlen oder Nicht-Funktionieren »aufdringlich« wird. Doch besteht das Problem nicht darin, dass wir das Telefon nicht finden, dass der Computer nicht funktioniert, sondern darin, dass diese Apparate gewissermaßen leerlaufen. Sie stellen unausgesetzt eine Verbindung her, sie sind fortwährend auf Empfang, ohne dass etwas – das Erhoffte – empfangen würde. Und so drängen sie sich auch nicht, wie Heideggers »verlegter Hammer«, selbst ins Bewusstsein, sondern machen den Anderen bewusst, das »desinteressierte«, »abweisende« Du.

Der Empfang einer jeden Nachricht steht in lachhaftem Verhältnis zum Warten und Hoffen auf sie. Das Kommunikationszeitalter ist, erfahrungswissenschaftlich betrachtet, das Zeitalter des Schweigens. Noch in keiner Epoche hat der Mensch eine solche Erfahrung permanenten Vergessenwerdens, der Stille seitens des Anderen gemacht wie im sogenannten Informations- und Kommunikationszeitalter.

Dieser technische Aspekt ist aber nicht ein bloß medialer,

vermittelnder *zwischen* Ich und Du, wie man meinen könnte, sondern er gehört zum Wesen des Dus selbst. Zu der erwähnten künstlichen, gesellschaftlichen Beschaffenheit des Dus gehören auch technische Elemente. Das Du hat psychische und leibliche, soziale und technische Anteile. Seine Absenz tritt vor allem als technische Absenz in Erscheinung. Seine Negativität ist die des Cyborgs.

Das Du ist also nie nur »Mensch«. Es ist die Gesamtheit aller Beziehungen und auch aller Objekte, die sein Erscheinen bedingen. *Bedingen* ist ein gutes Wort, denn das Erscheinen des anderen Menschen wird durch Dinge bestimmt, *ist* auch ein dingliches.

Responsivität

Zur klassischen Erfahrung der Moderne gehörte, dass der Einzelne der Masse unbekannt war, dass er nicht wusste, was die Mehrheit derer, die ihn kannten, von ihm dachte, dass die, mit denen er sprach, seine Handlungen nur selten bewerteten, Furcht und Sittlichkeit zur Zurückhaltung zwangen.

Die Anonymität des Einzelnen in der Masse und der Schutz vor den Ansichten der Bekannten reduzierten die Bedrohung, die in der modernen Öffentlichkeit von so vielen Menschen ausgeht, zu denen der Einzelne eine – *noch* – unbestimmte Beziehung hat. Die unbestimmte Beziehung gegenüber den Fremden und den nur dem Gesicht nach, dem Namen nach Bekannten droht ja jeden Augenblick umzuschlagen in eine bestimmte Beziehung – und es ist eben unbestimmt, welcher Qualität diese Beziehung sein würde.

Das Internet lässt nun teilweise sowohl die Anonymität als auch die Zurückhaltung – durch Funktionen der Bewertung –

verschwinden. Adornos und Horkheimers Satz zu den sogenannten Massenmedien »Keine Apparatur der Replik hat sich entfaltet«[22] ist widerlegt. Doch es handelt sich nicht um die Möglichkeit der Replik des einzelnen Bürgers gegenüber den mächtigen Meinungsmachern – an dieser Asymmetrie hat sich wenig geändert –, sondern um die Möglichkeit, stärker: die permanente technische *Aufforderung* zur Replik des Einzelnen gegenüber dem Einzelnen, des Dus gegenüber dem Ich.

Wenn das Ich der Spur seines Namens im Netz folgt, ob durch Googeln oder direktes Aufsuchen von Foren, Selbstrepräsentationen und Kommentarfeldern, stößt es überall auf das direkte Urteil – und sei es das Urteil der Nichtbeachtung, Nichterwähnung (die im Zeitalter der Anonymität kein Urteil waren).

Diese Apparatur der Replik, der Responsivität, ist es, die das Ich an seiner empfindlichsten Stelle trifft. Auf die Aggression des Fremdbilds – womöglich zunächst nur: der Bedeutungslosigkeit, des Schweigens – reagiert das Ich mit der Veröffentlichung eines Selbstbildes – entweder unmittelbarer, privater Selbstdarstellung oder mittelbaren, künstlerischen Formen –, auf die wiederum eine Flut von Fremdbildern folgt – entweder Sagen oder Schweigen, Beachtung oder Nichtbeachtung. Es ist ein Teufelskreis. Das Du hat stets das letzte Wort.

Egalität

Doch warum wird das Ich überhaupt vom Du erreicht? Die Antwort lautet: weil Ich und Du gleich sind. Die Gleichheit der Menschen ist die strukturelle Voraussetzung ihrer Verletzlichkeit.

Tocqueville schreibt: »In den Aristokratien besitzen die

Menschen oft eine ihnen eigentümliche Größe und Stärke. Stehen sie mit der Mehrzahl ihrer Mitmenschen in Widerspruch, so ziehen sie sich auf sich selbst zurück, finden in sich selber Halt und Trost. Bei den demokratischen Völkern verhält es sich anders. Dort erscheint die öffentliche Gunst ebenso nötig wie die Luft, die man atmet, und mit der Masse nicht in Einklang zu sein, heißt sozusagen nicht leben. (...) Immer, wenn die gesellschaftlichen Bedingungen gleich sind, lastet die allgemeine Meinung mit ungeheurem Gewicht auf dem Geist eines jeden; sie umfängt ihn, sie lenkt und unterdrückt ihn (...). Je ähnlicher sich die Menschen werden, um so schwächer fühlt sich ein jeder mehr und mehr allen anderen gegenüber. Da er nichts gewahrt, was ihn hoch über sie erhebt und von ihnen unterscheidet, wird er unsicher, sobald sie ihn bekämpfen ...«[23]

Die Gleichheit ist strukturelle Voraussetzung der Apparatur der Replik im Internet. Ich erzittere vor der Äußerung jedes Menschen, weil nichts mich von ihm trennt, weder vertikal im Sinne einer Hierarchie noch horizontal im Sinne von: »Was die Leute aus dieser Familie, diesem Dorf, diesem Land usw. denken, das interessiert mich nicht, das ist für mich objektiv unbedeutend.«

Tertiarität

Jedes Du besteht aus einer *Mehrzahl von Menschen*. Wie eine Stockpuppe von mehreren Puppenspielern geführt werden kann, sind *im* – nicht *hinter* einem – Du unter Umständen mehrere Menschen am Werk, ist das wahrgenommene Du wahrscheinlich ein Zusammenspiel von mehreren Spielern, vielleicht sogar eines Einzelnen mit einer Masse.

Das Du tritt nicht in einer Dyade aus Du und Ich auf, sondern in einer Triade aus mindestens drei Personen bzw. zwei Personen sowie einer Menge anonymer Dritter.

Der Geliebte, der sein endgültiges Urteil über den Liebenden spricht, indem er ihn verlässt, hat sich in einen Dritten verliebt. Oder er wird es in Zukunft tun. Oder er kehrt zu einem Dritten zurück. Er spricht schlecht mit Dritten – Freunden, Verwandten, dem Neuen – über den Verlassenen. Wenn ein Du mich im Internet – in einem Forum, einem Kommentarfeld – abwertet, nehme ich keine Einzelstimme wahr, sondern eine von unzähligen Dritten gelesene und vermutlich geteilte Abwertung.

Die berufliche, wissenschaftliche, künstlerische Autorität, die mich zurückweist, vor der ich mich lächerlich gemacht habe, ist eine Autorität dank einer Masse von Dritten – zu der auch ich gehöre –, die sie als Autorität anerkennt. Die Autorität, die mich ablehnt, kehrt gewissermaßen zu der sie erhebenden Masse zurück, die Masse verwirft mich mit der Autorität, der sie huldigt.

Ich scheitere nicht nur vor einem Einzelmenschen, sondern vor der sozialen Welt, die sie repräsentiert, ebenso wie die Werverleihung der Autorität mir die Wertverleihung der Masse, die hinter ihr steht, sichern würde. Der Chef kritisiert mich, kündigt mir *im Namen des Unternehmens*, im Namen aller. Ich werde nicht nur aus der Nähe zu ihm, sondern aus der Welt des Unternehmens entfernt. Die Stiefmutter, die dem Stiefsohn etwas vorwirft, äußert die Vorwürfe dem Vater gegenüber – sie »hat sein Ohr«. Der Vater, der der Stiefmutter nicht widerspricht, bildet eine neue, den Sohn ausschließende Gemeinschaft mit der Stiefmutter. Der Freund, der sich zurückzieht, den Kontakt abbricht, macht eine Aussage über den Verlassenen als Menschen im Allgemeinen, im Verhältnis zu allen möglichen Freunden, und auch er wird mit Dritten reden, wird den Verlassenen mit einem Dritten ersetzen. Abwertung findet also nie in einer geschlossenen Dyade statt, auf Inseln der Zweisamkeit. Die Beschämung erreicht ihre Kraft ausschließlich dank eines Dritten, eines Dreiecks, der Triangulation der Relation. Eine Eigenschaft des Dus ist also seine *Tertiarität*.[24] Dadurch unterscheidet sich im Übrigen Gott fundamental vom – anderen – Menschen. Gott kann lieben und zürnen. Aber er kann sich keinem Dritten zuwenden. Er kann sich nicht abwenden und mit Dritten über uns sprechen, über uns lachen. Er repräsentiert keine Gruppe, keine Masse, keine Welt. Er ist »nur« Gott.

Gott kann Schuld erzeugen – denn dafür reicht die Dyade –, aber keine öffentliche Scham. Mit Gott lebt der Gläubige auf einer Insel der Zweisamkeit. Gott verurteilt, aber schließt nicht aus. Da der Gläubige zwar mit Gott sprechen kann, Gott aber (heute) nicht zu bestimmten Gläubigen *über andere Gläubige* spricht, da er mit Menschen keine Gruppe bildet, die andere Menschen verurteilt, da Gott keine Menschen, sondern nur sich selbst repräsentiert, kann er nicht – wie bei Buber und Levinas – Modell stehen für das Du, den Anderen.

Mobilität

Es kommen immer neue Dus auf das Ich zu. Aufgrund von Ortswechseln oder Orten, die selbst in Bewegung sind, durchströmt werden von Dus, aufgrund von beruflichen und privaten Veränderungen, neuen Versammlungs- und Kommunikationsmöglichkeiten, reißt der Strom der Dus nie ab, damit auch nicht die Bedrohung, auf Ablehnung oder Desinteresse zu stoßen. Das Ich nimmt die Herausforderung *vorweg*, indem es sich rüstet. Alle sogenannten »Optimierungsstrategien« – Körper, Kleidung, Karriere, interessante Biografie usw. – machten keinen Sinn, wenn der Einzelne sich in einem stabilen, sich gleichbleibenden Umfeld befände. Sie zielen vielmehr auf noch *Unbekannte* und auf die Bekannten nur insofern, als diese sich abwenden, sich fortbewegen könnten. Sie sind eine Sicherungsstrategie, die verhindern soll, dass das Ich durchfällt bei Menschen, die noch bzw. wieder *gewonnen* werden müssen.

Mensch frisst Mensch

Wenn wir fragen, warum ein Du an ein Ich anschließen kann, müssen wir noch einmal fragen, was das Du sei. Was bedeutet es, wenn wir sagen, es sei ein persönlicher, individueller Anderer, kein Rollenträger und Repräsentant? Es bedeutet erstens, dass das Du Person, *Mensch* im emphatischen Sinn ist, zweitens, dass es *Psyche* ist, und drittens, dass es *Körper* ist.

Demgemäß sehen die Anschlüsse aus. Ein Mensch schließt nur an Menschen an – daher das Verlangen des Dus nach dem Schöpferischen, dem eigenen Stil, eigenen Leben, dem Ausdruck des Ichs, das andernfalls eben nicht als ein Ich, sondern entweder als »blasser« Normerfüller und Rollenträger wahrgenommen würde oder als scheiterndes Ich, dysfunktionales und depressives, handlungs-, entwicklungs- und ausdrucksunfähiges, ruinenhaftes und ungeborenes Ich.

Eine Psyche schließt nur an Psychen an – daher das Verlangen des Dus nach Gefühlen, Gefühlsausdruck. Ein Körper schließt an Körper an – daher das Verlangen des Dus nach einem *erregenden* Ich.

Immer, wenn das Du einem Ich sozialen Wert verleiht, beruht dies gewissermaßen auf einem kannibalistischen Akt. Mensch frisst Mensch. Psyche frisst Psyche. Körper frisst Körper. Wo das Ich nicht »Mensch« sein kann, sich nicht als Mensch darstellen kann, wo seine Psyche die andere Psyche nicht nähren, der Körper den anderen Körper nicht nähren kann, verleiht das Du dem Ich keinen Wert.

Es ist ein Zirkel. Da nun die Instanz der Werterzeugung anthropomorph ist, wird ausschließlich Anthropomorphem Wert verliehen. Solange die Wertverleihung von überpersönlichen Strukturen und Diskursen ausging, zum Beispiel der sozialen Position in einer Stände- oder Klassenordnung, der Zugehörigkeit zu einer Gemeinschaft, konnte es nicht zu dieser Vermenschlichung, Psychologisierung und buchstäblichen Verkörperung der Wertverleihung kommen.

Die überpersönlichen Strukturen sahen andere Dinge. Sie waren blind für den Menschen, die Psyche, den Körper. Umgekehrt ist das Du blind für alles, was nicht Mensch, Psyche, Körper ist. Die eine Selektion ist so radikal und unbarmherzig wie die andere.

Hervorzuheben ist schon an dieser Stelle, wie unzuverlässig diese Medien der Wertverleihung sind. Das Schöpferische, die Gefühle und der Gefühlsausdruck sowie der Körper bzw. die Körperwahrnehmung entziehen sich weitgehend der Kontrolle. Ob das Ich dem Du etwas zu bieten hat, das Du das Ich wertschätzt, hängt an einem vielfach Unbeherrschbaren (mehr dazu im dritten Kapitel).

»Zutiefst verletzt«

Ein historischer Vergleich: »Schon länger wird über Gaulei-
ter und Oberpräsident K. geredet ... Beruhigend ist, dass der
Führer ihn decken zu wollen scheint ... Es laufen Ermittlun-
gen ... K. fühlt sich in seiner Ehre zutiefst verletzt ... Er setzt
sich zur Wehr ... (»mein lieber Heinrich«) ... Nach einigen
Monaten entschließt sich der Führer, K.s Ehre wiederherzu-
stellen ... K. wird ein neuer Kampfplatz in Aussicht gestellt.
Trotz aller Versprechungen wird K. eine neue Stelle nicht zu-
geteilt. Der Zugang zum Führer ist abgeschnitten: Seine Briefe
werden nicht beantwortet bzw. dem Führer nicht vorgelegt
... K. schreibt regelmäßig Geburtstags- und Neujahrswün-
sche an den Führer und andere hohe Funktionäre. Das Warten bringt die Nerven fast bis zum Zerreißen ... Im Herbst
1940 meldet er sich freiwillig bei der Waffen-SS ... Mit 53 Jahren ist K. körperlich und seelisch sehr mitgenommen, leistet
aber seine Dienste ... Der Führer will, dass K. unbedingt in
verantwortlicher Stellung beim Einsatz Ost verwendet wird
... K. kann seinen Stolz nicht verbergen. Er ruft alte Freunde
und Parteigenossen an ... Das völlig zerstörte Minsk wieder-
aufzubauen hat nach K.s Ansicht keinen Zweck. Er schlägt
vor, eine neue deutsche Stadt südlich von Minsk zu errich-
ten ... Auf Wunsch K.s führen die Sicherheitspolizei und der
Sicherheitsdienst ›Säuberungsaktionen‹ in Marina Gorki und
anderen Ortschaften durch. Über 2000 weißrussische Juden
werden erschossen.«[25]

Das Du im Nazismus

Mit dem Nationalsozialismus kam der größte »Fortschritt« von der überpersönlichen Wertverleihung zur Wertverleihung zwischen Du und Ich.

Den Nationalsozialismus oder Hitlerismus zeichnete keine Hypertrophie des Staates aus, sondern im Gegenteil die Auflösung des Staates wie der im Staat verkörperten Traditionen, das Unerheblichwerden von Rechtsprechung und Gesetzgebung, von bürokratischer Eigengesetzlichkeit, zugunsten der »Bewegung« im engen und weiteren Sinn, der permanenten Dynamik verschiedener, rivalisierender Organisationen und Einzelpersonen, sogenannter Führer, endlich und zuerst *des* Führers selbst.

Es gab keine Institutionen mehr, die dem Individuum, vorausgesetzt, es hielte sich an die Regeln, einen sozialen Wert garantierten. Denn es gab ja überhaupt keine funktionierenden Institutionen, keine verlässlichen Regeln mehr, ausschließlich persönliche und individuelle Dus, die undurchsichtig und unberechenbar waren, deren Forderungen unendlich, nicht selten auch widersinnig waren. An die Stelle von Max Webers »stahlhartem Gehäuse« trat – erstmals – die persönliche Psyche des Dus.

Es ging nicht mehr um Normerfüllung, sondern um eine permanente Steigerung und Expansion – wie jetzt Glück, Liebe, Verständnis usw. waren die Fantasmen Hitlers, die Errichtung des Tausendjährigen Reiches wie die Vernichtung der europäischen Juden, unendliche Ziele, konnte nie genug produziert, nie genug zerstört werden, nie genug Boden gutgemacht, nie genug ausgebeutet, nie genug getötet werden.

Die Funktionäre hatten es mit Dus zu tun, die nur augenblickhaft einen Wert verliehen, als Aufmerksamkeit, als Lob für eine »gelungene Aktion«, die sich jederzeit unerwartet abwenden konnten, die ständig wechselten.

Und tatsächlich finden wir auch im Nationalsozialismus den Anspruch des Dus auf das Schöpferische, auf die Gefühle, auf den Körper des Ichs. Das Ich hat keine objektive soziale Position, keinen Status. Es ist alles im ständigen Fluss. Es reicht nicht mehr, nur Rollenträger zu sein. Vielmehr muss das Ich sich ununterbrochen durch seine »Findigkeit«, durch die »Kreativität« seiner Lösungen hervortun – der Produktionssteigerung, der Kriegsführung, der Judenvernichtung. Adolf Eichmann ist gerade kein Beispiel für moderne Arbeitsteilung und gesichtslose Bürokratie. Eichmann ist ein Künstler. Ein *creative employee* des Todes. Er weiß, dass er nie genug tun kann. Er kennt sein unendliches Du. Er leistet nicht »Dienst nach Vorschrift«, sondern »übertrifft immerzu jede Erwartung«. Nie war ein System weniger bürokratisch.

Auch weiß jedes nazistische Ich, dass das ihm vorgesetzte Du Gefühle erwartet – Liebe und Begehren. Jeder Führer verlangt die größte, persönliche Leidenschaft, verlangt, dass das Ich sich, wie Fromm sagt, »verströmt«, sich »transzendiert«, dass es liebt und gibt und seinen Talenten Ausdruck verleiht, keineswegs nur das Ausführen der Befehle, die Einhaltung der Bestimmungen.

Schließlich: Dem Ich wird vom Du nur dann ein Wert verliehen, wenn das Ich bereit ist, seinen Körper einzusetzen, aufs Spiel zu setzen, zu opfern. Wie heute in der Sexualität, der Erregung wird im öffentlichen Sterben, in der kriegerischen Todesbereitschaft der Körper zum Medium personaler Wertverleihung.

So finden wir im Nationalsozialismus eine analoge Vermenschlichung, Psychologisierung und Verkörperung jeder Wertverleihung wieder. Die Welt schrumpft auf die Dyade von Ich und Du – samt der Masse von Dritten –, auf den Kampf gegen die Wertlosigkeit.

Jeder Mensch, der nicht ohnehin zum Feind erklärt worden ist, sondern als ein legitimer Bürger des Reiches gilt, ist dazu verurteilt, ununterbrochen um die Gunst seines Oberabschnittsleiters, SS-Standartenjunkers, Reichverwesers, Reichsfeldmarschalls, endlich Adolf Hitlers selbst zu kämpfen. Das sogenannte Führerprinzip ist das Du-Prinzip. Genauer, es ist seine autoritäre Variante. Jedes Ich versucht, auf je seinem Posten, sich hörbar und sichtbar zu machen, versucht, sich selbst zu übertreffen in der Sache, von welcher es vermutet, das sie seinem Du am Herzen liegt beziehungsweise dem nächsthöheren Du, dem das Du, dem es selbst ausgesetzt ist, imponieren möchte.

Man schreibt in einem fort Briefe an die hochgestellten Dus, in der vagen Hoffnung auf Antwort. Man schickt Gratulationskarten zu jedem Geburtstag. Ein hochgestelltes Du, das Geburtstag hat, erhält Dutzende, Hunderte oder Tausende von Gratulationsschreiben von Ichs, von denen es noch nie gehört hat. Das Ich bettelt darum, einen Termin zu bekommen, vorgelassen zu werden, sein Anliegen vortragen zu dürfen – sich sichtbar machen zu dürfen. Das Ich rühmt sich, das Ohr des Oberabschnittsleiter-Dus, das Ohr des Reichsfeldmarschall-Dus, das Ohr des Führer-Dus persönlich zu haben.

Jedenfalls im Augenblick. Denn schon morgen kann das Du sich taub stellen, kann das Ich beim Du aus unerfindlichen Gründen in Ungnade fallen, vom Günstling zum Gefallenen werden.

In dieser Hinsicht ist der Hitlerismus bereits spätmodern. Der Zeitgenosse erkennt sich wieder im permanenten Adressieren mächtiger und begehrenswerter Dus, in der pausenlosen Terminbettelei, dem unausgesetzten Vorsprechen und Sichpräsentieren, dem ununterbrochenen Sichsichtbarmachenwollen, der unerträglichen Werbung um das Du. Natürlich, die Dus tragen nun andere Namen. Sie heißen nicht mehr Rottenführer oder Reichsverweser, sondern Redakteur oder Intendant, Galerist oder Verleger, Leser und Zuschauer. Sie heißen Papa und Mama, Tom und Julia, und sie heißen schlicht und wahrheitsgetreu: Du.

Die Freiheit der Anderen

Heute können wir uns eine Welt ohne Menschen nicht mehr denken. Eine Welt, die nicht um das Du kreist. Der Urstoff, aus dem alles besteht, scheinen nun die »Beziehungen« zu sein, die »Bindungen«, die Gefühle zwischen Ich und Du.

»Glück« ist nur noch denkbar als Begeisterung eines Dus für ein Ich, eines Auftraggeber-Dus, Zuschauer-Dus, Gefährten-Dus. Die Katastrophe der Wertlosigkeit entsteht aus der Unfähigkeit des Ichs: seinem Nichtschaffenkönnen, Nichtfühlenkönnen, aus Ermangelung (der Wahrnehmung) eines erregenden Körpers.

Um einem Missverständnis vorzubeugen: Natürlich spielt das Besitzen, das ökonomische Kapital und die mit seiner Hilfe zum Ausdruck gebrachte Kultiviertheit – Haus, Adresse, Einrichtung der Wohnräume, Kleidung, Kunst, Musikinstrumente, Bücher usw. – nach wie vor eine Rolle bei der Frage, welcher soziale Wert einem Individuum von anderen Individuen verliehen wird. Ebenso das symbolische Kapital des Titels, den einer »hat«, und alles andere, was Bourdieu mit seinem Begriff vom *Kapital* von der Seite des Seins auf die Seite des Habens verschoben hat: Bildung, Talente, Ausdruck – den Fromm auf die Seite des Seins schlägt – als kulturelles Kapital, die Beziehungen – bei Fromm das Sichverströmen, Lieben, Geben – als soziales Kapital.

Demjenigen, der viel symbolisches, kulturelles und soziales Kapital besitzt, wird von den Anderen Wert verliehen, was zu einer weiteren Vermehrung des symbolischen Kapitals – der Reputation und Prominenz – und des sozialen Kapitals – Entstehen neuer Beziehungen – führt. Dennoch wird *im Empfinden des Individuums* daraus kein Status mehr. Von oben betrachtet, aus Sicht des Statistikers wie eines gewöhnlichen Mitmenschen, scheint alles beim Alten zu sein – Positionierung in einer hierarchisierten Gesellschaft. Doch aus der Froschperspektive des Einzelnen, blickend durch die Augen des Ichs in die Augen des Dus, sieht alles anders aus.

»Hier liegt der Ursprung jenes unglückseligen Neids, den so viele Menschen dem Leben anderer gegenüber hegen. Man sieht ihr Leben von außen …«, schreibt Camus[26]. Der Betrachter sieht nur »die Gipfellinie dieses Lebens«, also den *Stand* eines ökonomischen, symbolischen, kulturellen und sozialen Habens. Der Mensch selbst aber sieht nicht den Stand, sondern, infolge des Gleichheitsdiskurses, die Unendlichkeit seiner *Möglichkeiten* und sein Versagen vor diesen – und da sind auch genügend andere, Kollegen, Vorgesetzte, ein Freund, der Gefährte, die ihn ebenfalls an seine Möglichkeiten erinnern, ihn ebenfalls am Möglichen messen.

Ein kollektiver Stolz qua Zugehörigkeit ist diesem Menschen unmöglich, entweder weil er gar keiner Gemeinschaft angehört oder weil die Gemeinschaft sich im Inneren individualisiert hat, zur bloßen Klammer kämpfender Einzelmenschen geworden ist. So wird das *Kapital* zum bloßen *Potential*, das Wertverleihungen wahrscheinlicher oder unwahrscheinlicher macht, in jedem Fall aber nur Wertverleihungen möglich macht, die punktuell, augenblickhaft bleiben. Was wie Haben aussieht, blitzt kommunikativ auf und verlischt wieder.

Das »Haben« von Beziehungen wird zersetzt, in eine lose Folge von Bestätigungspunkten verwandelt, durch die Verschiebung der Wahrheitsmacht vom Ich zum Du, die nun alterozentrische Wahrheit des Ichs. Nun muss auch der, der im Sinne Bourdieus der Reichste der Reichen ist, zittern bei jeder Begegnung, jeder Kommunikation, sein Besitz wird in jedem Augenblick enteignet durch das Du, dessen Urteil immerfort aussteht.

Die Kritik des Narzissmus' erfolgt auf dem Boden einer durchgesetzten Fremdbezogenheit, sie *ist* deren Durchsetzung und Artikulation. Die Kritik des Konsums ist ebenfalls Kritik der Selbstbezogenheit im Namen der Fremdbezogenheit bzw. Kritik der »plumpen«, jugendlichen, ungebildeten, proletarischen Fremdbezogenheit im Namen einer »verfeinerten«, reifen, gebildeten, bürgerlichen Fremdbezogenheit, die dem Du durch Kunst, Hochsprache, Naturerlebnis und distinguierte Selbsttechniken wie Meditation, Yoga, moderner Tanz usw. nahezukommen meint.

Diskurse der Fremdbezogenheit

Viele kritische Diskurse der Zeit stellen Fremdbezogenheit gegen Selbstbezogenheit. Die Geschichte des Feminismus ist eine Geschichte der Aufforderung an die Männer, sich vorzustellen, wie es wäre, eine Frau – Hausfrau, Rechtlose, Misshandelte, Prostituierte usw. – zu sein, die Geschichte eines Sichhineinversetzens in *die Andere*. Auch die Tatsache, dass das zwanzigste Jahrhundert das Jahrhundert des Kindes war, Psychoanalyse und Bindungstheorie, Literatur und Film, Pädagogik und Politik das kindliche Erleben ins Zentrum der Aufmerksamkeit rückten, die Verletzlichkeit, das Bedürfnis des Kindes erforschten, dramatisierten und kodifizierten, war Teil der großen Übung im Anerkennen des Anderen, der permanenten »Mentalisierung«.

Berufsarbeit wurde reorganisiert als »Kommunikationsprozess«. Maßgeblich für dessen Gelingen sind Wertverleihung, Verstehen und Antizipieren des Anderen. In der Familie, der Beziehung gilt nicht mehr der eine Standpunkt, der durch Autorität sich über alle anderen erhebt. Jeder soll den Standpunkt des Anderen einnehmen, vom Anderen her denken. Beziehung, Offenheit, Kommunikation sind ideale Begriffe. Es ist die bekannte Dialektik: Es sind die wertvollsten Entwicklungen der Moderne, die in Zwang, in neues Leid umschlagen, hier: in den unterbrochenen Sturz des Menschen in die Wertlosigkeit.

Herrschaft mit menschlichem Antlitz

Wenn der Mensch sich befreit aus den Status-Ordnungen der ständischen und der Klassengesellschaft, in denen die Diskurse der Ungleichheit – paradox genug – den Wert des Einzelnen stabilisierten, vor der Annullierung im Angesicht des Möglichen bewahrten, wenn der Mensch sich befreit aus den Kränkungs- und Verteidigungsgemeinschaften, wenn er sich löst vom Charakter, den er selbst beurteilen konnte, dann wird er abhängig von einer Entität, die kein Mensch ist, kein System, kein Markt, kein Diskurs. Zwar ist die Herrschaftsordnung der Freiheit eine Ordnung mit menschlichem Antlitz. Das Antlitz aber ist keine Oberfläche, keine Fassade, keine Charaktermaske. Es ist »tiefe Menschlichkeit«. Dennoch ist diese Menschlichkeit nun das Allgemeine. Als *solches* begegnet es in immergleicher Form. In seinem Körper sind »Dritte«, andere Menschenkörper und Menschenpsychen, eingeschlossen, ebenso Materialien, Dinge, Apparate, die gesamte Gesellschaft. Es hat einen Vielkörperkörper, eine Vielpsychenpsyche, es ist Organismus, soziales Geflecht und Technik – Technik, die nicht nur Mittel, Prothese oder Medium ist, sondern Substanz.

Freiheit ist tatsächlich immer zuerst die Freiheit der Anderen (was Rosa Luxemburg als Forderung aussprach, ist wahr als Faktum): nicht selbst »frei sein«, sondern »von freien Anderen abhängen«, diesen ausgesetzt sein. Wie in der Tyrannei selbstverständlich der Andere, der Tyrann, das Zentrum ist, alles determiniert, so ist auch in der Freiheit nicht das Ich, sondern der Andere, das Du, das Zentrum. Das System der Freiheit verbirgt sich nicht *hinter* den Menschen, benutzt sie nicht, reduziert sie nicht, sondern es *ist* aus menschlichem Stoff, Biomasse, Seelenmasse, aus Dunkelheit, Unendlichkeit, der allein-menschlichen Zukunft, und mit diesem Menschlichen unauflösbar verbunden sind Sendesignale, SIM-Karten, Beziehungen, Normen, Institutionen.

Der Andere, den die Philosophie des 20. Jahrhunderts entdeckte, der ein Geschöpf dieser Welt ist und uns heute beherrscht, in dem Macht nicht entsubjektiviert, sondern repersonifiziert wird, von dem jede Freiheit aus zu denken ist, dieses merkwürdige, ersehnte, gefürchtete Du, dem alle verschrieben, verpflichtet, hingegeben sind, kann stabilen sozialen Wert, der Boden für alles Weitere wäre, nicht verleihen. In dieser Welt gilt: Selbstdarstellung ist nichts als ein Gegenangriff.

Drei

Das Nichts der Zeit
Jenseits von Uhr und Kalender

Ich liege in meinem Bett, fünf Treppen hoch, und mein Tag, den nichts unterbricht, ist wie ein Zifferblatt ohne Zeiger.

RAINER MARIA RILKE[1]

Es gibt keine Tage hier, aber ich benütze diesen Ausdruck.

SAMUEL BECKETT[2]

Die Musikalität des Seins

Wer sagt, die menschliche Existenz sei zeitlich, meint vorzugsweise jene Dreiteilung, die das Bewusstsein selbst vornimmt: Gegenwart, Vergangenheit, Zukunft. Natürlich kann es sinnvoll sein, Handlungen und Gefühle zu erforschen, indem man dieser Struktur folgt.

Die wahrscheinlich bedeutendste Struktur und Teilung der Zeit wird jedoch von dieser Dreiteilung verstellt. Sie durchdringt und verbindet Vergangenheit, Gegenwart und Zukunft. Es ist eine Struktur, die wir mit Wörtern wie Maschigkeit, Kontrast, Ereignishaftigkeit, Emotionalität, Endlichkeit, Unendlichkeit, Wiederholung, Dauer, Pause, Parzellierung, Rhythmisierung oder Tempo beschreiben können.

Anstatt Zeit ontologisch zu verstehen – Ist *etwas*? Ist es gewesen? Ist es möglich? –, verstehen wir die Zeit nun »strukturalistisch«. Metapher des Lebens kann die Musik sein: Gewiss gibt es, wenn wir ein Musikstück hören, das augenblicklich

Klingende, es gibt Verklungenes und es gibt die erwartete Fortsetzung des Klingenden, doch diese Unterscheidung ist nicht wesentlich. Musikalisch wesentlich sind die Länge der einzelnen Passagen, des gesamten Stücks, sind die Kontraste, der Rhythmus usw. Es ist nicht so wichtig, wo im Stück wir uns gerade befinden, was hinter uns liegt und was vor uns, wichtig ist, *wie das Gehörte sich strukturiert.*

Davon hängt ab, mit welchen Bezeichnungen wir die Musik, die Musikrichtung belegen, was wir empfinden und was wir tun, wenn wir die Musik hören, *ob* der Körper bzw. *wie* der Körper sich bewegt, ob wir im Bett liegen bleiben oder zu tanzen – zu handeln – beginnen.

Im Übrigen wäre es unsinnig, zu sagen, die Vergangenheit oder die Zukunft seien »abwechselungsreich« und »rhythmisch«, die Gegenwart aber »monoton« und »unrhythmisch«. Was *nach* vielen Abwechselungen liegt, kann selbst nicht monoton sein, ist selbst noch Wechsel. Was unmittelbar *vor* einem schnellen, komplexen Rhythmus liegt, kann selbst nicht unrhythmisch sein, sondern ist bloß eine Stille, eine Pause, »bevor es losgeht«, in der man schon mit dem Fuß zu wippen beginnt, weil man weiß, vorwegnimmt, *dass* es gleich losgeht.

Die Frage ist, wie das Kontinuum, in das ein Mensch sich gestellt sieht – denn das Bewusstsein verbindet ja in jedem Augenblick alle drei »Teile« der Zeit, fügt sie, wie Husserl gezeigt hat, zusammen zu einer *Melodie*[3] –, wie also dieses Kontinuum aus Gewesenem, Jetzt und Erwartetem strukturiert ist – wie stark bzw. schwach, wie wechselhaft oder gleichförmig, wie dicht, wie gut oder schlecht zu erinnern und vorwegzunehmen.

Der Druck der Zeit

Wir sind gewohnt, beim Wort Moderne ausschließlich an das Phänomen des Zeit*drucks* zu denken, also an eine hochstrukturierte Zeit, nicht jedoch an das Gegenteil, einen extremen Zeit*druckabfall*. Latour schreibt:»Mit dem Adjektiv ›modern‹ bezeichnet man ein neues Regime, eine Beschleunigung, einen Bruch, eine Revolution der Zeit.« Die späte Moderne wird dann teils mit noch größerer »Hektik«, weiterer »Beschleunigung« des ohnehin schon »schnellen Lebens« in Verbindung gebracht, teils mit der Gleichzeitigkeit des »Multitasking«, die sich dem Umstand verdankt, dass die Kommunikation aus Strukturen »entbettet« worden ist, die ihr feste, exklusive Orte und Zeiten zuwiesen.

Hier nimmt die Strukturiertheit der Zeit zwar ab, doch zugunsten einer *noch höheren* Dichte der Ereignisse, noch größerer Hektik, eines noch größeren Zeitdrucks – da zahlreiche Anforderungen um die Aufmerksamkeit des Menschen streiten, sich gegenseitig »ihre Zeit« abspenstig machen.

In dieser Perspektive bilden innerhalb der Moderne autoritär gesteuerte und liberale, marktwirtschaftliche Zeitregime ein Kontinuum. Militärische und klösterliche Zeitregime werden in Betrieben, Gefängnissen, Schulen, Behörden sowie in der Familie, der Privatsphäre aufgenommen und fortentwickelt. Ziel ist es, die Zeit »effektiv zu nutzen«.

Foucault beschreibt die Zeitrhythmisierung und »Herstellung einer vollständig nutzbaren Zeit« als Teil einer Herrschaftsstrategie[4].

Luhmann dagegen braucht keinen Willen zur Macht, um die »kleingehackte Zeitstruktur« zu erklären. »Die Organisation der Arbeit«, sagt er, »bringt das mit sich«[5]. Ein Unterschied zu den vormodernen Regimen der Kontrolle und der Effizienz besteht in dem, womit die kleingehackte Struktur »gefüllt« wird. Im Militär, im Kloster, in Schule und Gefängnis sind es Routinen, Wiederholungen, deren Zeitaufwand bekannt ist, die genau in die für sie vorgesehenen Zeitfenster passen.

In der Moderne und allen Freiheitsstrukturen dagegen sind es Vorgänge – zum Beispiel Forschungen, Reflexionen, Kommunikationen, Abstimmungs- und Schaffensprozesse –, deren Zeitaufwand unbekannt, niemals genau zu bestimmen ist. Erst durch sie – Luhmann spricht von der »Sachdimension« und der »Sozialdimension« jeder Aufgabe, die in Wechselbeziehung mit der »Zeitdimension« stehen – entsteht Zeitdruck.

Zeitdruck entsteht aus der Unwissenheit eines Tätigen in Bezug auf die Frage, ob das Gewollte in der vorgegebenen Zeit auch »zu schaffen« sei. Dies ist die in der Moderne prinzipiell *unendliche Sachdimension*. Man hat nie alles gelesen, alles recherchiert, alles bedacht und endgültig durchdacht. Man hat, wenn es um eine schöpferische Arbeit geht, nie alle Möglichkeiten des Schöpferischen verwirklicht. Alles, was im weitesten Sinn Kunst ist, kommt nur *durch Abbruch der Arbeit* zustande, nicht durch Vollendung des Werks.

Darüber hinaus entsteht Zeitdruck aus der in der Moderne ebenfalls *unendlichen Sozialdimension*. Denn man hat nie über alles erschöpfend geredet, nie einander vollständig verstanden. Man erzielt kaum je einen absoluten Konsens in allen brisanten Fragen.

Um eine Frist einzuhalten, müssen Menschen also der Sachdimension und der Sozialdimension Gewalt antun. Sie müssen Reflexion und Diskussion, Verbesserung und Verständigung abbrechen.

Illusionen der Geschwindigkeit

Die einfachste Theorie modernen Zeitdrucks ist die Dromologie. Sie beruht auf der Idee, dass die Beschleunigung der *Technik*, wie sie in Verkehr, Produktion und Kommunikation erkennbar ist, sich unmittelbar übersetzt in eine Beschleunigung des *Lebens*. Je schneller Autos, Züge, Flugzeuge, je schneller die Maschinen der Fabrikation und des Transports, je schneller die Übermittlung von Information, desto schneller müsse der Mensch sein, desto höher sei der Zeitdruck. Als sei nicht denkbar, dass die Apparate rasen, und der Mensch steht still – wie in der Fabrik, in der der Arbeiter nicht mehr »am Fließband« arbeitet, sondern das Fließband, seine Maschine nur noch kontrolliert. Als müsse man, am Fernseher oder mit dem Mobiltelefon den rasenden Strom der Nachrichten verfolgend, selbst sich auch geistig und körperlich beschleunigen – doch was wäre dann los in den Wohnungen, den U-Bahn-Waggons, den Fernsehzimmern der Seniorenheime.

Als rase auch der Mensch in den rasenden Verkehrsmitteln – aber die Menschen *fahren* ja nicht U-Bahn, sondern sie *werden* von der U-Bahn gefahren, sie stehen herum, sitzen still, mit gebeugtem Rücken, zusammengesunken. Als habe man nur darum ein schnelles Leben, weil man per SMS kommuniziert – doch alle Arbeitslosen, Rentner, Psychiatriepatienten oder Drogenabhängigen, die ein Mobiltelefon besitzen und nutzen, können ja trotzdem unter einer *Ent*schleunigung des Lebens leiden. Das Gleiche mag für Selbständige, Künstler wie für Mütter und Väter in Elternzeit gelten: Ein Mobiltelefon garantiert noch nicht für ein schnelles Leben.

Wir brauchen also gar keine geschichtlichen Ironien, wie Paul Virilio sie gern anführt – dass am Ende alle mit ihren schnellen Autos im Stau stehen –, um zu zeigen, dass keine gerade Linie vom Tempo der Technik zum Tempo des Lebens führt.

Diese Theorie schaut von oben auf die Welt. Am rasenden Hin-und-Her von Vehikeln und Signalen erkennt sie das schnelle Leben der Menschen, als seien beide, Technik und Mensch, dasselbe.

Gewiss, Börsenmakler, auch reisende, global tätige Wissenschaftler – die dann eine Theorie der Beschleunigung vertreten –, erleben den direkten Anschluss an die Apparate. Bei vielen Anderen ist das nicht der Fall. Und bei vielen lässt das hohe Tempo ihres Arbeitens und Lebens sich weitgehend mit »archaischen« Apparaturen wie Auto, Telefon oder Druckmaschine erklären.

Schon Luhmanns Beobachtungen zeigen, dass die identitätssetzende Formel ›Geschwindigkeit erzeugt Geschwindigkeit‹ – wie die identitäre Formel Nur-Böses-erzeugt-Böses – zu einfach ist. Wie das Böse oft genug aus dem Guten herkommt, so rührt der Zeitdruck, wie Luhmann belegen kann, oft genug von der Langsamkeit, nicht der Geschwindigkeit her, nicht von der Verkürzung von Vorgängen, sondern von deren ungeheurer Ausdehnung.

Die Moderne ist das Zeitalter des »endlosen« Nachdenkens, des endlosen Diskutierens, des endlosen Verbesserns und endlosen Aufschiebens, weil etwas nicht vollkommen ist, im Sinne von nicht vollkommen durchdacht, vollkommen durchdiskutiert. Insofern ist die »Moderne« die bislang mit Abstand langsamste Epoche der Menschheitsgeschichte. Zäh, träge, meist auf der Stelle tretend. Demokratie bedeutet Bremsen. Verwaltung bedeutet Bremsen. Wissenschaft bedeutet Bremsen. Recht bedeutet Bremsen. Kunst bedeutet Bremsen. Immerzu wartet man – auf eine Idee, das Resultat der Verhandlung oder der Abstimmung, der bürokratischen Bearbeitung, des parlamentarischen Verfahrens, des »verkürzten« und des »Eil«-Verfahrens, der Forschung, der Überprüfung der Forschung, des gerichtlichen oder des künstlerischen Prozesses, der Therapie, der Ausbildung, der persönlichen Entwicklung. (Und alles, was dauert, entmutigt. Moderne heißt – insofern – Entmutigung.)

Zum Erfahrungsbereich der Ausdehnungen gehört auch das Problem des unendlichen Möglichseins. Nur weil einer gezwungen ist, mehr in sein Leben hineinzupressen, mehr Möglichkeiten zu verwirklichen, entsteht Zeitdruck, ja. Es entsteht allerdings nicht notwendig eine *Beschleunigung*. Die Regel dürfte eher hektische Paralyse sein. Ineinsfallen von Eile und Nichtstun.

Da in einer Welt unbegrenzten Möglichseins, in der der Einzelne keine objektiven Grenzen mehr hat, die Zeit – wie in »Das Ende der Liebe« beschrieben – die letzte objektiv fassbare Grenze ist, wird die Zeit immerzu *als Lebenszeit thematisch*. Es entsteht das Gefühl, die Zeit als Lebenszeit verfliege, verrinne ergebnislos.

Die Zeit ist gewissermaßen Eltern- und Autoritätenersatz, eine entsubjektivierte Form von Macht. Sie kommt – bildlich gesprochen – ins Zimmer marschiert und sagt: »Du musst *jetzt* dieses oder jenes entscheiden. Du musst dieses oder jenes *jetzt* tun. Sonst verläuft dein Leben im Leerlauf. Sonst wirst du keine Arbeit haben, keine Familie. Sonst werden dir die anderen Menschen keinen Wert verleihen.« Die Zeit als Lebenszeit tritt nun auf als ein Ingangsetzer und Beschleuniger, gerade weil das Leben *kein* schnelles, beschleunigtes ist, sondern ein langsames, verzögertes, arretiertes, stillstehendes. Drückende Zeit trifft auf gebremstes Leben.

Die Zeit gleicht einer Mephistofigur, die dem Menschen zunächst die Befreiung von jeder Bindung, jeder Autorität ermöglicht – um ihm dann *als* Bindung, als Autorität im Nacken zu sitzen. Auf Zumutungen der alten Autoritäten antworteten die Menschen: »Noch nicht!« Ihre Freiheit ist Freiheit zum Stillstand, zum Hinausschieben. Die Zeit, gewiefte Kreditgeberin, spielte die Milde, Großzügige – um dann umso drohender zu befehlen: »Aber jetzt!«

Ein zweiter dromologischer Kurzschluss ist die Ansicht, dass in einer Gesellschaft, in der »ein rasanter Wandel« vor sich geht, auch das Leben der Menschen rasant sei.

Zum einen müssen wir fragen, was genau sich verändert, was endet und was beginnt – und ob das, was beginnt, wirklich »schneller« ist als das, was geendet hat. Zum anderen muss die Umstellung auf eine neue Situation, eine neue Arbeit, neue Menschen, ein neues Gerät, eine neue Software, einen neuen Ort usw. nicht unbedingt einem höheren Takt unterliegen als das, was ihr vorausging – zumal der Ausgangspunkt ja niemals das Mittelalter oder das »ländliche Leben« ist, sondern bereits die »hektische Moderne«.

In Frage steht demgemäß auch nicht, ob in dieser Welt Zeitdruck eine verbreitete Erscheinung ist, sondern ob sich eine weitere, lineare Beschleunigung des Schon-Schnellen ereignet, und vor allem, ob dies tatsächlich die einzige Zeitordnung der Zukunft ist.

Das Klischee der hektischen Moderne und seine Kehrseite, die »Entdeckung der Langsamkeit«, der »Achtsamkeit« und »Entschleunigung«, des Seins im »Hier und Jetzt«, darf nicht unüberprüft bleiben. Soviel zur herkömmlichen Auffassung von Zeit in der Moderne.

Das Vorurteil der Fülle der Zeit

Einig sind sich Virilio, Foucault, Luhmann im Vorurteil der Positivität. Sie stellen fest, dass die Zeit gewissermaßen bis zum Platzen *vollgestopft* wird. Sowohl Foucaults Macht – und deren Diskurse und Praktiken – als auch Luhmanns Systeme und deren Funktionen *füllen* die Zeit, lassen keine Lücke, kennen keine Leere.

Tatsächlich müssen wir gestehen, dass das Vorurteil in den Welten, die Virilio, Foucault, Luhmann – und Heidegger – beschreiben, durchaus, im Großen und Ganzen, die Wirklichkeit auf seiner Seite hat. Die Metaphysik des lückenlos Gegebenen, die in Diskurstheorie, Systemtheorie und Daseinsanalytik waltet, ist nicht nur denkimmanente Notwendigkeit – es gibt ja keine Leerstellen des Diskurses, kein Nichts im System, keine Löcher in der »Welt« –, sondern scheint auch die soziale Wirklichkeit einer Epoche zu spiegeln, in der – wenn wir einmal vom Tod Gottes absehen – immer alles dicht und gefüllt war, so auch die Zeit.

Die Ordnung der Freiheit zeichnet sich aber gerade durch ein Nichts der Zeit aus. Durch Entstrukturierung und Entleerung der Zeit, Terminlosigkeit. Horizontlosigkeit. Unendlichkeit.

Nicht nur vom soziologischen Denken, sondern vor allem und zuerst von der Ontologie wurde uns gesagt, die Zeit sei knapp. Das Leben sei kurz. Das Sein sei ein Sein zum Tode. Auch in religiösen Texten dominiert das Motiv der Vergänglichkeit. Mit Unvergänglichkeit bekommt es der Mensch auf Erden nicht zu tun, sie ist ein Privileg Gottes und des Jenseits. Doch wie ist der Tod dem Menschen zuvorderst gegeben? Die Antwort lautet: nicht als Bevorstehen, sondern als ein Ausstehen, Ausbleiben. Der Tod fährt mit seinem Kipplaster vor und schüttet dem geborenen Menschen einen unübersehbaren Berg Zeit vor die Füße, eine – aus der Perspektive des gegenwärtigen Existierens – unendliche Halde von Zeit. Dann macht der Tod mit seinem Laster kehrt und braust davon. Er hat sich der Zeit entledigt – der Zeit in ihrem gröbsten, schwer abbaubaren Zustand, ohne Einteilung in Tag und Nacht, in Werk- und Feiertage usw. Er hat die Zeit im Leben eines Menschen verklappt, doch er übernimmt keine Verantwortung für sie. Er lässt ein Sein *zum* Tode gar nicht zu. Er strukturiert und rhythmisiert nicht. Der Tod entzieht sich wie ein untreuer Vater ins Entfernte und Ungefähre.

Keineswegs ist es, wie Heidegger sagt, zuerst der Mensch, der vor dem Tod zurückweicht, ein »zurückweichendes Wissen« vom Tod hat, sondern der Tod weicht vor dem Menschen zurück, will nichts vom Menschen wissen. Nicht der Mensch »vergisst« den Tod. Es ist der Tod, der den Menschen vergisst. Der Tod lässt sich nicht mehr blicken, bis zu dem Tag, an dem er plötzlich auf den Menschen zurast, ihn überrollt, ihm das Leben nimmt. Erst in diesen Sekunden, erst in den Wochen oder Monaten unheilbarer Krankheit, in der Zeit des

Siechtums, des »im Sterben Liegens« übernimmt der Tod Verantwortung, schafft Endlichkeit, erzeugt Struktur, den Rhythmus letzter Augenblicke, des Lebensendes, der dem Leben Halt gibt.

Bis dahin aber muss der Mensch zusehen, was er mit der formlosen Masse von Zeit anstellt. Seine Frage lautet: Wie entgehe ich dem Fluch der Unvergänglichkeit? Was rettet mich vor der Ewigkeit?

Jede Form von Kultur und Gesellschaft ist bis heute ein Versuch gewesen, die unendliche Zeit kleinzuhacken, sie in verdauliche Portionen zu zerteilen, abbaubar zu machen. (*Verdauen* heißt im Schwedischen *bryter ner*, buchstäblich herunterbrechen.)

Doch plötzlich geschieht etwas anderes. Inmitten der, in dieser Hinsicht wirkmächtigsten Epoche, der Moderne, entstehen soziale Situationen von Unvergänglichkeit. Es sind Situationen einer nicht mehr auf Widerruf, ohne Grenze gestundeten Zeit, in der alle Horizonte, Termine, Fristen verschwunden sind. Es entstehen zeitlose Räume – im Sinne einer *Strukturlosigkeit* der Zeit – bzw. Räume unendlicher Zeit – im Sinne ihrer *Menge*, die zur Unmenge wird, wieder zu jener Halde, die der Tod bei unserer Geburt hinterlassen hatte.

Diese Situationen, diese Räume sind das eigentlich Neue, das epochal Unterscheidende und Andere der modernen Welt.

Die Zeit der Arbeitslosen

Diese Situationen sind zunächst Ausnahmen, erzeugen Ausnahmezustände. Die Ehre der Entdeckung gebührt den Soziologen Marie Jahoda, Paul Felix Lazarsfeld und Hans Zeisel, die 1933 in ihrer Studie *Die Arbeitslosen von Marienthal*[6] beobachtet hatten, wie eine leere, strukturlose Zeit sich auf das Verhalten von Langzeitarbeitslosen nach der Wirtschaftskrise von 1929 auswirkte, wie der langgeträumte Traum von der »freien Zeit« auf unerwartete Weise wahr wurde.

Die Soziologen schreiben: »Wer weiß, mit welcher Zähigkeit die Arbeiterschaft seit den Anfängen ihrer Organisation um die Verlängerung der Freizeit kämpft, der könnte meinen, dass in allem Elend der Arbeitslosigkeit die unbegrenzte freie Zeit für den Menschen doch ein Gewinn sei. Aber bei näherem Zusehen erweist sich diese Freizeit als tragisches Geschenk. Losgelöst von ihrer Arbeit und ohne Kontakt mit der Außenwelt, haben die Arbeiter die materiellen und moralischen Möglichkeiten eingebüßt, die Zeit zu verwenden. Sie, die sich nicht mehr beeilen müssen, beginnen auch nichts mehr und gleiten allmählich ab aus einer geregelten Existenz ins Ungebundene und Leere.«[7]

In Marienthal machen die Soziologen überraschende Beobachtungen. Die Männer, die in den Straßen unterwegs sind, bleiben immer wieder stehen. Wenn ein Auto vorbeifährt, wenden sie den Kopf zur Seite, folgen dem Auto mit dem Blick. Sie gehen langsamer als zuvor. Sie sprechen, wo sie sich zu Gruppen sammeln, langsamer.

Einmal sehen die Soziologen einen Mann im Trab laufen. Gibt es doch Menschen, die die leere Zeit mit eigenem Schwung zu füllen imstande sind? Sie erfahren, dass der Mann der »Dorfnarr« ist.[8] Laufen, Rennen, schwungvolles Gestikulieren, hohe Geschwindigkeit, hoher Tonus der Körperbewegungen erscheinen nur noch bei »Verrückten« als normal, bei »Normalen« als verrückt.

Gefragt, wie lange es dauert, bestimmte Dinge zu tun, verschätzen sich die Männer. Sie geben viel zu lange Zeiten an.

Es fällt ihnen schwer, ihren Tagesablauf zu beschreiben. Es fällt ihnen schwer, sich zu erinnern. Sie können den Tag, die Woche im Rückblick kaum mehr rekonstruieren. Sie werden, anstatt von sinnhaften Bezügen, von punktuellen Reizen regiert. »Man hört draußen auf der Straße ein belangloses Geräusch, man tritt hinaus, und schon einen Augenblick später ist das Geräusch vergessen. Aber man steht nun draußen, bis irgendeine andere geringfügige Sinneswahrnehmung wieder ein Stück weiterführt.«[9]

Als weiteres Beispiel für das Sichtreibenlassen bzw. Getriebenwerden geben die Soziologen das Protokoll des 31-jährigen Franz P. an: »8–9: um 8 stand ich auf und wusch mich, frühstückte, dann ging ich vor das Haus, 9–10: ein Kollege kam vorbei, und ich unterhielt mich über einen Radioapparat, den er sich kaufen wollte, 10–11: ging spazieren, traf das Kind meines Freundes, plauderte über Schule und Montessoriheim, 11–12: kam nach Hause und las die Arbeiterzeitung.«[10]

Was immer einer tut, was immer geschieht, es ist nicht mehr anschlussfähig. Aus der Handlung wird kein Handlungsstrom, aus dem Gedanken kein Gedankenstrom, aus dem Reiz kein Erlebnisstrom, aus dem Gesagten kein Strom der Kommunikation. Alles bricht ab, bleibt inselhaft. Rauchen, Zeitunglesen, Gedanken- und Gesprächs*fetzen* – durch keinen praktischen Sinn, kein Ziel verbunden. Ich habe geraucht – und jetzt? Ich habe die Zeitung gelesen – und jetzt? Ich kratze mich – und jetzt? Ich war auf dem Klo – und jetzt? Ich habe eingekauft – und jetzt? Ich habe einen Knopf angenäht – und jetzt?

Wäre dies ein Film, könnten wir mit Deleuze sagen, hier habe der Übergang vom »Bewegungs-Bild« – in dem die buchstäblich fortlaufende Bewegung des Helden, sein kontinuierliches Handeln das Maß der Zeit abgibt – zum »Zeit-Bild« stattgefunden, in dem man die reine Zeit wahrnimmt. Der Held ist ohnmächtig, gelähmt, treibt umher, agiert nicht. Bewegungen finden möglicherweise noch statt, aber sie treiben nichts mehr voran. Die Leinwand-Figur ist genauso inaktiv, ihren Wahrnehmungen ausgeliefert, wie der Zuschauer.[11] Doch wir müssen Deleuze auch widersprechen. Keinesfalls haben wir es in den Filmen, in denen bloß herumgesessen, herumgestanden und herumgelaufen wird, wo die Zeit nicht mehr Funktion und Schicksal eines Tuns ist, sondern die Uhren ticken, ohne dass es etwas bedeutet, mit *reiner Zeit* zu tun. Reine, quasi natürliche Zeit gibt es nicht – und die Zeit, die durch kein Handeln mehr strukturiert wird, wie sie umgekehrt kein Handeln mehr organisiert, veranlasst, antreibt, beschleunigt und beendet, diese Zeit ist das Unreinste, Künstlichste, Neueste und Sonderbarste, das wir uns vorstellen können bzw. das wir uns eben nicht vorstellen konnten, bis der Mensch hineinstürzte in diesen Brei, in dieses Meer.

Wie Deleuze, so unterscheidet auch Heidegger zwei Arten von Zeit. Er schreibt: »Keine Zeit haben heißt, die Zeit in die schlechte Gegenwart des Alltags werfen.«[12] In diese Zeit gehört »alle Unrast, alle Geschäftigkeit, aller Lärm und alles Gerenne«[13]. Hier haben wir das Deleuze'sche Bewegungs-Bild, die filmische *action*.

Und dann gibt es noch das »Vorlaufen«, das Zukünftigsein, aus dem heraus der Mensch sich »Zeit gibt«. Heidegger schreibt: »Im Vorlaufen mich haltend bei meinem Vorbei (dem künftigen Vorbeisein von allem) habe ich Zeit.«[14] Nun, im *Zeithaben*, geschieht es, so Heidegger, dass alle Geschäftigkeit, aller Lärm und alles Gerenne »zusammenbricht«.

Tatsächlich haben die Arbeiter zunächst daran gelitten,

keine Zeit zu haben, haben dagegen protestiert, dass ihre Zeit immerfort »in die schlechte Gegenwart des Alltags« geworfen wird. Sie haben dagegen protestiert, dass ihr Leben großteils »Lärm« und »Gerenne« ist. Doch nun, da sie Zeit haben, unendlich viel Zeit, da alle »Geschäftigkeit« *zusammengebrochen* ist, niemand außer den Verrückten mehr rennt, können sie sich auch für nichts mehr Zeit geben. Alle Zukunft, alles Künftig(schon)sein, Vorlaufen ist versunken. Nirgends leuchtet mehr ein kleines, rettendes Vorbei. Nur der Schlaf teilt noch, beinah wie zum Hohn, die Ewigkeit in Portionen.

Einer sagt: »Ich habe früher mehr für mich getan«[15] – obwohl fast alles nur Gerenne war. Zeisel, Jahoda und Lazarsfeld schreiben: »Das Gefühl, freie Zeit nur in beschränktem Ausmaß zur Verfügung zu haben, treibt zu ihrer überlegten Verwendung; das Gefühl aber, unbegrenzt Zeit zu haben, macht jede Zeiteinteilung überflüssig. Was man vor dem Essen unternehmen möchte, kann ja ebenso gut nachher geschehen, oder am Abend; und plötzlich ist der Tag um, ohne dass es geschehen wäre.«[16] Das Fazit: »Das Nichtstun beherrscht den Tag.«[17]

Allerdings gilt diese Analyse nur für die *Männer* von Marienthal. Die Frauen sind zwar ebenfalls ohne Beruf, doch nicht ohne Arbeit. Sie stürzen noch nicht ins Nichts der Zeit. Sie müssen sich um die Kinder kümmern, um den Haushalt. Ihre Körperbewegungen sind nicht verlangsamt. Sie halten nicht plötzlich, scheinbar grundlos, inne. Sie bleiben nicht auf der Straße in einem fort stehen. Sie wenden nicht den Kopf, nicht den Körper um nach Belanglosigkeiten. Sie treten nicht aus dem Haus, wenn sie ein Geräusch hören. Sie werden nicht von Reizen hierhin und dorthin getrieben. Ihr Leben hat noch buchstäblich *Sinn*, also Richtung. Handlungen und Gedanken schließen aneinander an. Die Frauen besitzen noch das Vermögen, sich zu erinnern. Sie können den Tag, die Woche noch rekonstruieren.

Die Zeit der Frauen

Doch es sind die Frauen – genauer: die *bürgerlichen Hausfrauen* –, die als nächste ins Nichts der Zeit stürzen. Und zwar in dem Maß, in dem Haushaltsgeräte die Arbeit minimieren, in dem fertige oder halbfertige Gerichte auf den Markt kommen, in dem die Anzahl der Kinder abnimmt, vielleicht nur noch ein Kind da ist, in dem der Nachwuchs in Kindergärten, Ganztagsschulen geht, in dem keine Alten mehr im Haushalt sind, mit denen man sprechen kann, die zu umsorgen und zu pflegen sind.

Eventuell, nach einer Trennung, einer Scheidung, ist da nicht einmal ein Mann. Gibt es einen Mann, ist er meist nicht zuhause, rhythmisiert die tägliche Zeit nicht, bleibt aus wie der Tod.

Die Hausfrau und spätere Dichterin Anne Sexton berichtet ihrem Psychotherapeuten: »Ich bin so allein – nichts scheint der Mühe wert – Ich gehe von einem Zimmer ins andere und überlege, was ich tun soll – eine Zeitlang tue ich dann etwas, backe Plätzchen oder putze das Bad – mache die Betten – geh ans Telefon – aber die ganze Zeit hab ich diese schreckliche Energie in mir und da scheint nichts zu helfen ... Ich sitze im Sessel und versuche, eine Zeitschrift zu lesen und zwirbele mein Haar, bis es ein einziger Lockenwirrwarr ist – wenn ich dann am Spiegel vorbeigehe, seh ich mich und kämme es wieder ... Dann geh ich im Zimmer auf und ab – hin und her – und ich fühle mich wie ein Tiger im Käfig. [...] Jetzt ist Kayo weg – wenn er nicht da ist, gibt es absolut keinen Grund mehr, warum ein Tag beginnen oder enden sollte … ohne Steuerruder bin ich richtungslos. […] Mein Sexualleben ist in Wirklichkeit ein schreckliches Chaos, und ich verstehe es nicht, und außerdem will ich nicht darüber reden oder es verstehen … Hier bin ich so wild auf Sex, dass ich mir Mühe geben muss, nicht den ganzen Tag zu masturbieren – und darüber will ich nun schon gar nicht reden –, aber trotzdem stimmt es …«[18]

In allen Zeugnissen von Frauen, die »nichts mehr als Gefühl« sind, die herumgehen in einer leeren Wohnung, in ihrer »schrecklichen Energie«, bis sie es nicht mehr aushalten, die immer wieder vor Spiegeln stehenbleiben und sich kritisch betrachten, sich in Sessel, auf Stühle, aufs Bett setzen und wieder aufstehen, durch die Zimmer wandern, für die die Sexualität – die permanente Erregung, die Selbstbefriedigung – das Einzige ist, was sich für sie als anschlussfähig erweist, für die die Liebe – der Mann, der Geliebte – alles ist, in allen Zeugnissen dieser Frauen ist die Strukturlosigkeit der Zeit die verborgene Variable. Die Hausfrau und Dichterin Sylvia Plath schreibt: »Dieser papierene Tag, und schon lauter Löcher darin!«[19]

Die Zeit der Alten

Die dritte Gruppe, die es trifft, sind die Alten, die Rentner. Wie die Hausfrauen sind sie betroffen von einem doppelten Fehlen von Beruf und Familie, einer Entstrukturierung und Unendlichkeit der Zeit.

Um die Zeit zum »Meer« werden zu lassen, braucht es nicht viel. Schon innerhalb eines leeren, strukturlosen Tages öffnet sich der Abgrund der Ewigkeit. Brechts »Radwechsel« sieht man mit Ungeduld, nicht obwohl man nicht ans Ziel gelangen will, sondern weil man gar kein Ziel hat, kein Künftigsein, weil der letzte Firnis der Geschäftigkeit, des Unterwegsseins gerissen ist, weil der totale Abfall des Zeitdrucks alle Dinge, die der Druck bis dahin kleingehalten, zusammengepresst hat – nicht zuletzt die Gefühle, Stimmungen, Zweifel, Grübeleien –, unvermittelt groß werden lässt.

So ähnelt das Verhalten vieler Rentner dem Verhalten der Arbeitslosen von Marienthal – häufiges Stehenbleiben auf der Straße, Betrachten von Baustellen, Beobachten von Hunden, Katzen und Vögeln, Kopf- und Körperumwenden nach Autos, fremden Leuten, die zuweilen anstößige, oft als seltsam und doch als »rentnertypisch« empfundene Neugier.

Auch die typische »Ermahnungsfreudigkeit«, die man allein mit traditionellen Vorstellungen von Recht, Ordnung und Sauberkeit erklärt, einem überkommenen autoritären Stil, das häufige Ermahnen anderer zur Einhaltung der Hausordnung, zur Beachtung der Verkehrregeln, hat zur Bedingung die freie, leere Zeit, zum unbewussten Zweck, so können wir vermuten, diese wieder zu füllen, zu strukturieren. Vorbeieilende Kinder, Jugendliche und Erwachsene werden buchstäblich dazu *angehalten*, sich an die Regeln zu halten. Sie werden in ihrem Gerenne, ihrem Lärm, ihrer Geschäftigkeit angehalten von jemandem, der selbst stillsteht.

Ein Zeit-Vampirismus ist zu beobachten. Menschen, die in einer strukturlosen Zeit leben, versuchen Menschen, deren Zeit noch strukturiert ist, etwas von dieser abzusaugen. Das gelingt, doch um den Preis, dass es die Zeitstruktur der »Gebissenen« schädigt. Letztere sprechen von Anrufen »zu unpassenden Zeiten«, von »endlosem« und »ausschweifendem« Reden.

Sogar der langsame, schleichende, stockende Gang – der

dem Gang der Arbeitslosen von Marienthal gleicht – muss keine unmittelbare Folge »des Alters«, also rein physischer Veränderung sein, sondern mag damit zu tun haben, dass aller Grund zur Eile fehlt, der Zeitdruck aus den Körpern gewichen ist, sie ohne Spannung, ohne Energie zurückgelassen hat.

Es liegt der Schluss nahe, dass das gesamte Tempo des Menschen, das Tempo des Denkens, der Assoziationen, sogar das Tempo des Fühlens, wie natürlich das Tempo der Bewegungen, des Handelns, der Arbeit zusammenhängt mit der Strukturierung der Zeit, dass es überhaupt kein menschliches, anthropologisch feststellbares Tempo gibt, sondern sämtliche inneren wie äußeren Prozesse einem sozialen Rhythmus unterliegen.

Phänomene wie Zeitdruck, Eile, Hektik wären also nicht Abweichungen von einer natürlichen, menschengemäßen Zeit, nicht Symptome einer kranken Zivilisation, sondern Formen sozialer Rhythmisierung, sozialer Beschleunigung eines Wesens, das der Rhythmisierung, Beschleunigung bedarf, ohne die es, sein Denken wie Verhalten, zäh und zombiehaft werden, sein Fühlen entweder verflacht, zum Stillstand kommt, oder sich maßlos steigert, weil da nichts mehr ist, das es unterbricht.

Die Zeit der Flüchtlinge

Eine weitere Gruppe wären die Flüchtlinge in aller Welt. Gelöst aus sämtlichen Strukturen der Tätigkeit werden sie kaserniert, eingeschlossen in Lager der Terminlosigkeit, Rhythmuslosigkeit. »Angekommen«, stürzen sie abrupt ins Nichts der Zeit.

Arbeitslose, Hausfrauen, Rentner, Flüchtlinge – die Gruppe der aus der Zeit Ausgegrenzten ist uneinheitlich. Es sind nicht durchweg jene, die manche Soziologen als Verlierer bezeichnen. (Das Wort Verlierer sollte aus dem wissenschaftlichen Vokabular gestrichen werden. Wer ein Fußballspiel verliert, muss sich als »der Schlechtere« verstehen, ein Etikett, das man denen, die »nichts zu verlieren haben als ihre Ketten«, ersparen sollte. Wenn wir heute in einer Wirklichkeit leben, in der jedes persönliche Selbstverständnis durchdrungen ist von soziologischem Vokabular, kann es keine neutralen Begriffe mehr geben. Interpretieren ist, heute mehr denn je, Verändern. Entweder werden Menschen vergrößert oder verkleinert. Soziologie, Philosophie müssen in nichts Marx folgen – außer in seinem Ton der Ermächtigung, der keine »Verlierer« kennt, nur Ausgebeutete, Verächtlichgemachte und zugleich stolze Subjekte der Veränderung, deren Kampf kein Kampf gegen sich selbst sein soll, kein Ansicharbeiten, keine Selbstüberschreitung, sondern die Überschreitung der Grenze zum Anderen hin, zum anderen Menschen, zum Anderen der sozialen Ordnung, also Zusammenschluss, Politik.)

Es gibt, wie gesagt, zwei Arten des Zeitdiebstahls. Entweder wird den Menschen *eine Menge* ihrer Zeit geraubt (Positive Moderne) oder es wird ihnen *die Struktur* der Zeit geraubt (Negative Moderne) – paradoxerweise, indem man ihnen eine Menge Zeit gibt, vor sie hinschüttet. In beiden Fällen aber entsteht eine das Leben, jede Spontaneität erstickende Zeitlosigkeit.

Im ersten Fall fühlen die Menschen sich der Zeit beraubt, im zweiten fühlen sie sich »unfähig, ihre Zeit zu nutzen«. Nur die Flüchtlinge können sich nicht darüber täuschen, dass sie

Beraubte sind, dass ihr Freiheitsentzug als Zeitentzug jenem der Häftlinge in den Gefängnissen gleicht. Viele Häftlinge dürfen allerdings immerhin arbeiten und damit ihre Zeit ein wenig strukturieren. Die Bestrafung der Häftlinge besteht ja sowohl im Entzug einer Menge von Zeit als auch im Entzug der Struktur der Zeit – die tägliche, augenblickliche Qual besteht aber wohl eher in Letzterem, dem strukturlosen *doing time*.

Die Zeit der Kranken und der »Müßiggänger«

Die Gruppen der Kranken und der Müßiggänger – Letztere werden nicht für eine reale Gruppe, sondern für eine literarische und moralische Konstruktion gehalten, der sogenannte Müßiggang nicht für eine Ursache, sondern für die undurchschaute Folge fehlender Integration und Handlungsmöglichkeit – seien hier vor allem angeführt, um deutlich zu machen, was für eine extreme Situation sich nun verallgemeinert.

Was ist Krankheit?

Eine zeittheoretische Definition könnte lauten: Als Krankheit bezeichnen wir einen körperlichen oder geistigen Zustand, der die Uhrzeit, das Datum, die Jahreszeit, allen Wechsel und Fortschritt der Zeiten bedeutungslos werden lässt, der den Kranken ins Nichts der Zeit stürzen lässt.

Der Kranke – dem der Tod noch keine neue Struktur gegeben hat – ist in der Wohnung oder im Krankenhaus als einer Zone – mitunter einer Hölle – der Zeitlosigkeit. Er liegt im Bett. Er schaut an die Decke. Er guckt aus dem Fenster. Er steht auf. Er läuft herum. Durch die Zimmer, durch die Flure. Er sieht fern. Er liest – wenn er noch kann – in einem Buch. Er bekommt – vielleicht – Besuch. Er ist allein. Er steht wieder auf – wenn er kann –, schaut wieder aus dem Fenster. Er schläft. Er träumt. Er erwacht. Er schaut wieder an die Decke. Er blättert in einer Zeitschrift. Er legt die Zeitschrift weg. Er befriedigt sich selbst – wenn er noch kann, ihn keine Übelkeit oder Ähnliches daran hindert. Er nimmt wieder das Buch. Er denkt dieses und jenes – wenn er noch denken kann. Doch nichts hilft. Nichts gibt ihm die Struktur der Zeit zurück.

Nicht zufällig vergleicht Montaigne den Müßiggänger mit dem Morbiden: »*gleich den Fieberträumen eines Kranken / nichtige Gesichte und Gedanken.*[20]« Denn auch und zuerst das Innere verwirrt sich. Als müsste der Faden des Denkens von einer Kraft im Äußeren straff gehalten werden, als ringelte, vertüderte, verknotete er sich, sobald diese Kraft verschwindet.

Es ist üblich, beim sogenannten Depressiven, bei der sogenannten Borderline-Persönlichkeitsstörung, der gesamten Klientel der Psychiatrien die Auflösung aller Zeitstrukturen, das Fallen durch die Tage, das Nichtaufstehenkönnen, Nichtanfangenkönnen, das Fehlen von festen Mahlzeiten – Parzellierung, Rhythmus, Tempo – *als Folge* zu verstehen.

Gewiss gibt es Menschen, die in vielen Situationen eine Zeitstruktur aus sich selbst heraus hervorbringen. Diese Fähigkeit aber bei allen vorauszusetzen, hieße, von etwas zu sprechen, das noch nie da gewesen ist.

Die Frage müsste vielmehr lauten: Wie viel bleibt übrig vom Symptom, wenn der Mensch wieder in einer strukturierten Zeit lebt, in anderen Worten: wenn er wieder sozial integriert ist? Allein in seiner Wohnung kann er natürlich keine Zeitstruktur etablieren, da soziale Tatsachen stets intersubjektiv sind, scheinbar unabhängig vom konkreten Einzelnen sein müssen.

Wie es keinen Sinn macht, beim Drogenabhängigen, beim Alkoholiker Diagnosen zu stellen, solange die Abhängigkeit nicht überwunden ist, müsste man idealerweise bei jenen, die ins Nichts der Zeit stürzen, mit der Diagnose warten, zuerst versuchen, diesen mächtigen Faktor aus dem Geschehen zu entfernen. Anders als beim körperlich Kranken, bei dem die Implosion der Zeit unzweifelhaft eine Folge der Krankheit ist, wird es sich in diesem Fall zumindest *auch* umgekehrt verhalten, wird der Zusammenbruch der Zeit eine Bedingung sein des psychischen Leids, der ungeheuer ausgedehnten Gefühle, der ängstlichen Vermeidung von Erfahrungen, der sogenannten Antriebschwäche.

Auch Montaigne hält die Krankheit des Geistes für eine Folge der Untätigkeit – wie im Fall des körperlich Kranken –, weil bei ihm selbst zuerst *der Vorsatz* der Untätigkeit, des Müßiggangs da war und dann das psychische Symptom. Montaigne schreibt:»Als ich mich kürzlich nach Hause zurückzog, entschlossen, mich künftig soweit wie möglich mit nichts anderem abzugeben, als das Wenige, was mir noch an Leben bleibt, in Ruhe und für mich zu verbringen, schien mir, ich könnte meinem Geist keinen größeren Gefallen tun, als ihn in voller Muße bei sich Einkehr halten und gleichmütig mit sich selbst beschäftigen zu lassen ...«[21]

Doch was macht nun der Geist Montaignes? Wie »ein durchgegangenes Pferd macht er sich selbst heute hundertmal mehr zu schaffen als zuvor, da er für andere tätig war; und er gebiert mir soviel Schimären und fantastische Ungeheuer, immer neue, ohne Sinn und Verstand, dass ich, um ihre Abwegigkeit und Rätselhaftigkeit mir mit Gelassenheit betrachten zu können, über sie Buch zu führen begonnen habe. So hoffe ich, ihn mit der Zeit dahin zu bringen, dass er selbst sich ihrer schämt.«[22]

Nun muss man den Geist nicht mehr dahin bringen, sich seiner Hervorbringungen zu schämen, indem man ein Buch über diese schreibt. Es sind genug solcher Bücher geschrieben und gelesen worden, die Scham darf vorausgesetzt werden. Was aber geschieht hier? Von absoluter Untätigkeit kann keine Rede sein, sollte der Geist sich doch mit sich selbst beschäftigen, sich selbst reflektieren. Das allein bringt keine Schimären hervor. Wer für Selbstreflexion wenig Zeit hat, einige Minuten morgens, bevor er das Büro betritt, einige Minuten abends, bevor er die Wohnung betritt, wo die Familie sich lärmend auf ihn stürzt, der bekommt es kaum mit fantastischen Ungeheuern zu tun. Wenn der Geist in großer Eile bei sich selbst Einkehr halten muss, sind die Resultate oft die klarsten, besten.

Dagegen wird dasselbe Vorhaben *in voller Muße* zum Desaster: im Urlaub, da man, wegen schlechten Wetters, nicht an den Strand gehen kann, statt dessen, in der Pension sitzend, eine Woche Zeit dazu hat, gleichmütig, in Wahrheit aber in einem Zustand inneren Tumults, sich selbst und sein Leben zu betrachten. In den Ewigkeiten nächtlicher Schlaflosigkeit. Während einer Grippe, einer Woche Bettlägerigkeit. In einer »Phase beruflicher Umorientierung« usw. Montaigne gibt dem Geist ja sogar *alle* Zeit, bis zum Tod.

Natürlich gibt es auch Krankheiten, die Zeit *strukturieren*. Karl Jaspers zum Beispiel, der an Bronchiektasen und sekundärer Herzinsuffizienz litt, arbeitete angeblich eine Dreiviertelstunde, dann ruhte er eine Viertelstunde. (Wobei er wohl Schreiben oder Lesen unterbrach, vielleicht sogar die Augen schloss – ob er auch das Denken unterbrach, es unterbrechen konnte oder wollte, ist eine andere Frage.) Alles musste begrenzt und geregelt werden. So kommt der Begriff der *chronischen* Krankheit zu einem Doppelsinn. Die chronische Krankheit führt einen »strengen Lebensrhythmus« ein. So leidvoll das Diktat eines solchen Rhythmus' sein mag, wir werden durch diese Möglichkeit auf *die Problematik der Gesundheit* verwiesen. Der gesunde und vitale, noch nicht »alte« Mensch ist nicht nur weltoffen, sondern auch zeitoffen, bzw. *infolge radikaler Zeitoffenheit offen für die gesamte Welt.* Er kann fast alles zu fast jedem Zeitpunkt tun. Er kann jede Aktivität und Geselligkeit, jede Passivität, jeden Konsum in ungeheure Längen ziehen – Tanzen, Fernsehen, Lesen, Computerspielen, Herumlaufen usw. Er kann die Nacht zum Tag machen. Er ist physisch in der Lage, jede Zeitordnung aufzuheben, in ihr Gegenteil zu verkehren, jenseits jeder Zeitstruktur zu existieren, auch wenn er darunter leiden mag.

Der sogenannte »Biorhythmus« ist nur beim Kranken, der immerzu seine Migräne, seinen Anfall, seinen Kollaps, seinen Tod fürchten muss, ausgeprägt, nur beim Greis, der stets seine Kräfte schwinden fühlt. Der Junge und Gesunde hat keinen solchen Biorhythmus. Er hat wohl Präferenzen und Dispositionen, doch nichts zwingt ihn zu bestimmten Zeiten. Ihm fehlt, so gesehen, die Krankheit. Ihm fehlt die Schwäche als regulierende Kraft.

Der Körper (und das Gehirn als dessen Teil) ist beim Jungen, beim Gesunden noch nicht »chronisch«.

Die Zeit der Jungen

Eine weitere Gruppe, die es trifft, sind die Jungen. Spätestens hier wird deutlich, dass sich die Zonen der Atemporalität in der »Mitte der Gesellschaft« ausbreiten. Ein Großteil derjenigen, die die Schule verlassen, stehen vor einem durch nichts mehr eindeutig begrenzten, also unabsehbaren, auch nicht innerlich parzellierten, nicht rhythmisierten »Zeitraum«. Besser wäre es, nicht mehr von Zeiträumen zu sprechen. Denn ohne Grenze und Struktur lässt die Zeit sich ja nicht mehr räumlich, als Strecke, Spanne, Fenster usw. vorstellen. Es ist eben ein Zeit*meer*, wenn es um die Ausdehnung geht, bzw. Zeit*brei*, wenn es um die tägliche Erfahrung geht, dass das Denken und Handeln ohne feste Anfangs- und Endpunkte bleibt, weder strukturiert noch beschleunigt wird – und daher häufig stecken- oder ausbleibt.

Oft wird diese Tatsache voluntaristisch verschleiert. Ein junger Mensch sagt: »Ich möchte mir jetzt Zeit nehmen. Ich will nicht sofort mit diesem oder jenem beginnen. Ich will reisen. Ich möchte die Welt kennenlernen. Ich setze mich nicht unter Zeitdruck usw.« So scheint es, als hätte der Einzelne die Wahl gehabt. In Wahrheit hat er nur übernommen, zur Folge eines persönlichen Entschlusses verklärt, was wohl oder übel da war: leere, unstrukturierte, unendliche Zeit.

An die Stelle des »psychosozialen Moratoriums« (Erikson), jenes Aufschubs zwischen Kindheit und Erwachsenenalter, während dessen der Heranwachsende »durch freies Rollenexperimentieren sich in irgendeinem der Sektoren der Gesellschaft seinen Platz sucht, eine Nische, die fest umrissen und doch wie einzig für ihn gemacht ist«, die »eine Brücke bildet zwischen dem, was er als Kind war, und dem, was er nunmehr im Begriff ist zu werden«[23], tritt vollständige Horizontlosigkeit, die fehlende Garantie, dass – bestimmte Leistungen vorausgesetzt – die Brücke jemals enden und das andere Ufer erreichen wird, anstatt sich als Rampe ins Nichts zu erweisen. Die *Zeit-Diffusion*, die Erikson noch als Risiko beschreibt, hat ihren Grund nicht in der mangelnden Zuversicht des Individuums, dass das Warten und Arbeiten »sich lohnen« werden, sondern in der objektiven Auflösung der Sicherheit, dass die eine Zeit ein Ende nehmen, eine neue Zeit anbrechen wird. Wo die Sicherheit eines Ankommens auf der anderen Seite aufgehoben ist, herrscht nicht eine relative, gradweise verminderte Sicherheit, sondern absolute Unsicherheit, nicht eine nur nicht mehr hundertprozentig zuverlässige Struktur der Zeit, sondern Zeit *ohne* Struktur. Wie soziale Normen entfalten Zeitstrukturen nur als absolute ihre Kraft, sind Struktur und Norm nur, indem sie Möglichkeiten, die ihnen zuwiderliefen, schon aus dem Reich des Denkbaren verbannen.

Wo sie dagegen zu Wahrscheinlichkeiten, Chancen, Angeboten werden, haben sie ihre Funktion der Steuerung und Entlastung, der sozialen Tatsache, eingebüßt. Entweder es ist Montag oder es ist nicht Montag. Man kann nicht sagen: »Es ist vielleicht Montag.« Oder: »Es ist Montag, wenn du willst.« Denn damit wäre das »Es ist« ja gerade aufgehoben.

Die Jungen sind ihres Jungseins beraubt. Denn Jungsein konstituiert sich durch die Differenz, durch die Grenze zum Älter- und Altsein. Diese Grenze aber ist verschwunden. Der Schulabgänger tritt übergangslos ein in die bis zum Altsein, bis zum Tod geöffnete strukturlose Zeit. Wenn es möglich ist, dass ich noch mit Fünfzig lebe, wie ich jetzt lebe, lebe ich schon jetzt wie ein Fünfzigjähriger. Das ist das Ende von Jugend.

Polemisch gesagt: In der Hinsicht gleicht das Jungsein des freien Menschen dem Jungsein in der Zeit der Jäger und Sammler. Der einzige Unterschied zu den Älteren besteht in der körperlichen Kraft, der robusten Gesundheit. Auch wenn die Lebensbedingungen hart, ja feindlich sind – auf den Körper ist noch Verlass. Davon abgesehen, kämpft man schon *denselben Kampf*, lebt dasselbe *eine Leben*, dessen einziger sicherer Horizont der Tod ist. Natürlich ist es auch möglich, dass plötzlich eine Grenze überschritten wird, zu einem anderen, durch Beruf und durch Familie, durch irgendein Engagement, irgendeine Verstrickung strukturierten Leben. Doch da diese Möglichkeit nie, bevor sie Wirklichkeit wird, Gewissheit ist, sie nur retrospektiv, erinnernd strukturieren kann, bleibt der Junge so lange ein »fitter Alter«, buchstäblich *Zeitgenosse* der Dreißigjährigen, Vierzigjährigen, Fünfzigjährigen, wie er diese Grenze nicht überschritten hat.

In Thomas Bernhards *Verstörung* heißt es: »Unter den Studierenden sei immer eine Unruhe, sagte ich, weil sie sich, solange sie studieren, in dem Hohlraum zwischen ihren von ihnen verlassenen Eltern und der von ihnen noch nicht erreichten Welt befänden (...). In diesem Hohlraum komme es oft plötzlich zur Katastrophe, dann, wenn sie einzusehen glaubten, dass sie weder zu ihren Eltern zurück, noch in die Welt hinauskönnten.«[24]

Wir können den Begriff der Welt durch den Begriff der Zeit ersetzen. Der Hohlraum ist gewachsen. Er klafft nun auch *innerhalb* der Arbeit, jeder zu erreichenden Welt. Das Phänomen schlägt über von den Arbeitslosen auf die Arbeitenden, von den Hausfrauen auf die Frauen und Männer, die im *home office* sitzen, von den Alten auf die Jungen, von den Kranken auf die Gesunden, von den sogenannten Müßiggängern auf die Fleißigen, Ehrgeizigen, Getriebenen, von den Flüchtlingen auf die Sesshaften, von den Häftlingen auf die Freien. Überall brennen Löcher in den papierenen Tag.

Wo Menschen allein leben, allein arbeiten, wo es leere Abende, leere Wochenenden gibt, feierlose Feiertage, Auftragslöcher und Beziehungslöcher, Kinderlosigkeit, Perspektivlosigkeit, Jahreswechsel ohne Sinn, wo die Monate, die Jahre kommen ohne Pensum und Vorsatz, wo die Menschen nicht wissen, wohin sie gehen, was sie erwartet, da wachsen die Zonen der Atemporalität.

Die Menschen, die ins Nichts der Zeit gestürzt sind, sagen:»Es geht nicht voran. Ich mache keine Fortschritte. Die Dinge bauen nicht aufeinander auf. Ich fange immer wieder von vorne an. Ich finde in keinen Flow hinein. Ich habe keine Ahnung, wann diese Phase vorüber ist.«

Foucaults wissenschaftliche Disziplin ist die von ihm selbst sogenannte *Heterotopologie*, die Wissenschaft der anderen Orte, die Beschreibung der Orte des Ausschlusses jener, die der Norm widersprechen – in der Annahme, dass diese Orte Auskunft geben über das Ganze.

Natürlich kann man den Blick noch dieser Linie zwischen Orten und anderen Orten folgen lassen. Doch wir wollen die Aufmerksamkeit auf eine andere Linie lenken.

Wir müssen feststellen, dass viele Orte, an denen der Sturz ins Nichts (der Zeit usw.) sich ereignet, Orte sind, an denen die Normen – der Individuation, der Selbstverwirklichung, des Schöpferischen – positiv verwirklicht sind. Wir stellen fest, dass wir von Foucault *die Frage* übernehmen müssen, wohin wir schauen wollen, an welchen Orten wir suchen sollten.

Doch finden wir das Entscheidende noch an den »anderen Orten«? Die Antwort wäre ja, wenn das Phänomen des *Ausschlusses* uns als das Bezeichnende erschiene. Die Negative

Moderne jedoch stellt uns vor die merkwürdige Situation, dass die Machteliten nicht mehr die Werte dieser Welt vertreten, insofern sie die alte Zeitordnung der Hektik, die kleingehackte, hochstrukturierte Zeit repräsentieren. Sie sind »Rädchen im Getriebe«, im Uhrwerk der Frühmoderne. Ein buchstäblicher Anachronismus. Diejenigen aber, die die neue Zeitordnung repräsentieren, die ihr ausgeliefert sind, sind nicht unbedingt Aufsteigende, sondern mitunter (auch) sozial Stürzende. Sie sind nicht ausgeschlossen wie die Kranken oder Kriminellen, sondern »im Zentrum« und »ganz vorn«, und doch erkennen wir Zeichen der Marginalisierung, Verelendung, Verwahrlosung. Es sind eben die Jungen, die Studenten, die Schöpferischen, die Künstler, Selbständigen und Unabhängigen, die Bannerträger des Zeitalters, die im Zeitsumpf versinken.

»Die Heterotopie erreicht ihr volles Funktionieren, wenn die Menschen mit ihrer herkömmlichen Zeit brechen«[25], schreibt Foucault. Die Heterotopie, der andere Ort, verwirklicht sich vor allem durch die *Heterochronie*, die andere Zeit. Der Friedhof, das Bordell, die Anstalt werden zu anderen Orten durch ihre abweichenden Zeitstrukturen. Doch genau das geschieht nun nicht an den *espaces autres*. Es geschieht an dem Ort desselben, im Zentrum der Normalität. Es geschieht auch räumlich nicht mehr am Rand – wo Friedhof, wo Bordell liegen –, sondern vor und besonders *hinter* unserer Haustür. Dort, wo der Mensch er selbst sein darf und muss.

Orte des Nichts

Nicht das Einkaufszentrum ist der exemplarische »Nicht-Ort«[26], wie der bürgerliche Affekt gegen alles »Hässliche« und »Kulturlose«, nur Praktische, dem Familienalltag Dienende uns glauben macht, nicht der Bahnhof, den man so lange liebte, als nur Bürger reisen konnten – Hans Castorp mit krokodilslederner Handtasche und Plaidrolle –, der zum Nicht-Ort erst wurde, als die Massen sich dort drängten, um zu ihren Massenzielen zu gelangen, sondern die eigene Wohnung, der eigene Raum.

Es ist der Ort, wo Bücher und Bilder sind, wo der Schrein der Kultur errichtet wird, wo es schön sein soll, wo die Identität des Individuums hergestellt, gepflegt, repräsentiert werden soll. Dort, wo die funktionale Differenzierung der Moderne, welche die sterilen, eindimensionalen Orte des Wirtschaftens und Arbeitens, die Orte der Logistik, des Transports, des Berufsverkehrs und des Konsums erzeugt hat, außer Kraft gesetzt ist.

Es ist der Ort, wo statt dessen eine komplexe und sinnliche Undifferenziertheit pulsiert. Dort, wo gearbeitet wird, wird auch gegessen. Wo gelesen und gelernt wird, wird auch geliebt und geschlafen.

Ausgerechnet dieser Ort der Fülle und Verschränkungen wird zum Nicht-Ort, zum Ort der Geschichtslosigkeit, des unbezeugten Lebens, der flüchtigen, spurlosen Bewegung, der Zersetzung von Identität bzw. der Unmöglichkeit einer Identitätserzeugung von Anfang an, von Kulturlosigkeit, von Zeitlosigkeit. Der wahre passagere Raum ist das Zuhause – in dem alles ein barriereloses Gleiten und Fallen ist.

Wie Foucault glaubt Marc Augé die bezeichnenden Orte der Epoche gefunden zu haben. Die Nicht-Orte sind für ihn der »Raum der Übermoderne«[27], *l'espace de surmodernité*. Doch die Ordnung der Zeit, die er in diesem Raum findet, ist die alte: Beschleunigung, Mangel an Zeit. Der »Tod der Zeit«, den Augé feststellt, ist der alte Tod der Zeit: Heideggers Lärm und

Gerenne, die klassische Geschichtslosigkeit der Moderne, die die Kraft hat, Räume einer einzigen Funktion zu unterwerfen. Tatsächlich aber löst sich niemandes Identität in einem Einkaufszentrum auf, auf Autobahnen, Parkplätzen, Flughäfen und Bahnhöfen. Die Menschen werden nicht geschichtslos, weil diese Orte keine Geschichte speichern können. Sie werden auch nicht einsam, weil diese Orte keine Beziehungen stiften. Es ist nicht einmal zwingend der Fall, dass Identitätslose, Einsame ihre Identitätslosigkeit und Einsamkeit an solchen Orten besonders stark empfinden. Empfindungen werden oft durch *Kontrast* ausgelöst. Der Einsame leidet besonders an Orten, an denen andere Menschen Beziehungen unterhalten und knüpfen. Der Identitätslose erfährt jeden identitätsstiftenden Ort als Überfremdung, Auflösung seiner Person, weil ihm das Eigenständige fehlt, das Öffnungen, Übernahmen erst möglich machen würde.

Nein, diese Orte erzeugen nicht, was sie symbolisieren. Der Identitätslose, Geschichtslose, Einsame mag in ihnen ein *Sinnbild* seiner Lage sehen, jeder Fernsehredakteur ist gut beraten, sich dort ohne viel Aufwand die einschlägigen Metaphern für die moderne Seelenverfassung zu holen, doch der Nicht-Ort ist soziologisch, soviel steht fest, auch eine Nicht-Ursache.

Denn die Orte des Verkehrs und des Konsums haben gar nicht die Aufgabe, zu liefern, was sie angeblich vermissen lassen. Ebenso könnten wir das Meer oder einen Wald bezichtigen, dem Menschen keine Identität, keine Geschichte zu geben, keine Beziehungen zu stiften. Wie jede Kulturkritik, so macht auch diese den Fehler, an ein »Niedriges« die Massstäbe eines »Höheren« anzulegen, also Äpfel und Birnen zu vergleichen. Man legt an kommerzielle Produkte den Maßstab der Kunst an, an funktionale Orte den Maßstab der Polis,

der Heimat. So stellt man fest, dass kapitalistischen Waren die
»Widerständigkeit« fehlt, einem Einkaufszentrum oder Park-
platz das Gemeinschafts- und Identitätsstiftende.

Nein, wir müssen den Blick auf jene Orte lenken, die gewissermaßen Verantwortung tragen, die Orte des Arbeitens,
der Zusammenkunft, des Wohnens, der Repräsentation, der
politischen Manifestation. Es sind diese *starken* Orte, die zu
untersuchen sind, die Tatorte und Orte vielfacher Unterlassung sind, Orte eines Nichts, das ins Gewicht fällt.

Der eigene Raum

Denn das haben sie alle gemeinsam, die Arbeitslosen und
Hausfrauen, die Rentner und Studenten, die Kranken und sogenannten Müßiggänger – dass sie meist zuhause sind. Oder
sie halten sich in Räumen auf, die wie ein Zuhause »funktionieren«, da dort Alleinsein über Geselligkeit, Selbststeuerung
über Fremdsteuerung, die Eigenzeit über die Fremdzeit do-
minieren. Das Büro des Selbständigen und das Atelier des
Künstlers haben meist ebenfalls diese Eigenschaften.

Auch Flüchtlinge und Häftlinge sind »ins Haus« gebannt,
in ein schlechtes Zuhause. Sie sind ihres öffentlichen Lebens
beraubt. (Man sollte die ununterbrochene Verletzung der Privatsphäre, wie sie ein Flüchtling, ein Häftling erdulden müssen, nicht mit Öffentlichkeit im bürgerlichen Sinn verwechseln.)

Wenn die Menschen, die ins Nichts der Zeit stürzen, draußen
sind, unterwegs, wenn sie in Cafés sitzen oder ins Kino gehen,
wenn sie Veranstaltungen besuchen oder Augés »Nicht-Orte«
durchqueren, wenn sie sich in den Räumen von Institutionen
aufhalten, durch die Korridore von Verwaltungsgebäuden und

Universitäten wandern, dann erstatten ihnen ihre passageren, insulären Anwesenheiten an diesen Orten nicht die Struktur der Zeit zurück, die sie verloren haben. Daher die Unterscheidung von starken und schwachen Orten. Die ins Nichts der Zeit Gestürzten sind ja *umgeben* vom Gerenne, von der Hektik der Anderen. Sie passieren die Orte der Terminierung, wo die Uhrzeit, der Kalender noch alles sind. Dennoch spüren sie, dass sie abgetrennt sind, wie im Traum geschieden vom Gesetz ihrer Umwelt. Sie sprechen mit Menschen, die in Eile sind, deren Blick ungeduldig hin und herzuckt, deren Stimme am Telefon in jedem Moment der Druck anzuhören ist, der im eigenen Leben einerseits gegen Null gefallen, andererseits extrem gestiegen ist, weil nie nur eine Minute, nur eine Stunde, ein Tag vergeht, sondern unentwegt und ausschließlich »mein Leben«.

Aber ist die Moderne nicht das Zeitalter des »Übermaßes an Raum« (Augé), der Mobilität, der Globalisierung, des verschiebbaren, ortlosen Menschen? Gewiss. Und doch ist es ebenso das Zeitalter des Hauses, der Wohnung, des Zimmers. Einer historisch nie dagewesenen, massenhaften Verbannung ins unheimliche Heim – im Zeichen der Freiheit.

Während man instinktiv Freiheit versteht als die Freiheit, *zu gehen*, als die Freiheit zur Flucht, zur Weite, stellt sich nun heraus, dass der Mensch, der diese Freiheit bekommt, nachhause geht – und dort bleibt. Nicht im Getümmel, nicht in der Masse des Volkes ruft er aus: »Hier bin ich Mensch, hier darf ich's sein«, sondern in der eigenen Wohnung, im eigenen Büro, im eigenen Atelier, im eigenen Raum. Er fürchtet die kleingehackte Zeit dort draußen und schließt sich ein in der Unendlichkeit. Freilich trifft er den Entschluss bereits, wie gesagt, *innerhalb* einer Zone der Atemporalität, im Zustand der Horizontlosigkeit. Was er fürchtet, fürchtet er, weil es ihm fremd geworden ist, er sich längst gewöhnt hat an die Strukturlosigkeit der Zeit, weil er begehrt, was ihn zermürbt.

Maschigkeit

Wie lässt sich nun der Grad, die Qualität der Strukturiertheit von Zeit bestimmen? Ein Kriterium ist Maschigkeit. Schon die Trennung in die Maschen *Tag* und *Nacht* ist keine Selbstverständlichkeit, sondern wird kollektiv hergestellt, die Sätze »Es ist Tag« und »Es ist Nacht« zeigen nicht nur Uhrzeiten, physikalische Zeiträume, an, sie können sich nicht allein auf die Rotation der Erde berufen, sondern drücken soziale Erwartungen aus, die noch in ihrem Bruch – wenn ich »tagsüber« schlafe oder »nachts« arbeite – erkennbar sind.

Im modernen Tag (der Männer) wiederum gibt oder gab es die »Arbeitszeit« und den »Feierabend«, der möglicherweise sogar »Freizeit« war, wie es in der »Nacht« eine möglicherweise freie, vielleicht aber auch mit Arbeit belegte Wachzeit und eine Schlafzeit gab. »Jetzt ist es Schlafenszeit«, wird Kindern gesagt. Die Grenze der Schlafzeit konnte nur bedingt verschoben werden, schon weil die tägliche Arbeitszeit allen Grenzverschiebungen zwischen Wachzeit und Schlafzeit ihre zwei Grenzen entgegensetzte.

So wirkt jede Masche begrenzend, organisierend auf andere Maschen ein, erzeugt andere Maschen. Die »Woche« ist – war – eine Masche, darin die »Werktage« und das »Wochenende«. Der »Monat« ist – war – eine Masche, zum Beispiel die Zeit, in der man mit einem Lohn »hinkommen« muss. Das Jahr ist – war – eine Masche, darin die »Jahreszeiten«, »Urlaubszeiten«, »Geburtstage«, »Feiertage«, Christi Himmelfahrt, Weihnachten, Silvester usw. Tag, Woche, Monat und Jahr enthalten – enthielten – unzählige kollektiv vereinbarte Maschen, Termine, Treffen, Besuche, Produktions- und Lieferfristen, Zugangszeiten, »Zeitfenster«.

Wir können unterscheiden zwischen einer engmaschigen und einer weitmaschigen, vielleicht sogar maschenlosen Zeit. Wir können unterscheiden zwischen regelmäßigen, sich wiederholenden, und unregelmäßigen Maschen. Der Kalender ist das messende und schaffende Werkzeug der Maschigkeit, sein Korrelat im Ich das kalendarische Bewusstsein.

Wenn der Anteil der unregelmäßigen Maschen hoch ist, scheut man das Wort Kalender, das einen regelmäßigen Ort insinuiert – wie in Mondkalender, Menstruationskalender –, und sagt statt dessen »Timeplaner«. Das heißt noch nicht, dass es viel zu planen gibt, sondern zunächst nur, dass man alles, wegen seiner Unregelmäßigkeit, aufschreiben muss. Das Bewusstsein ist nun weniger kalendarisch als verwirrt, es bedarf einer permanenten Stütze, um sich »in der Zeit« zu halten.

Der Begriff der Maschigkeit fragt allerdings noch nicht nach dem Inhalt. Er beobachtet nur die Grenzen, Abstände und Muster, die Ordnung und Unordnung, den *tatsächlichen* Schematismus. Am »Termin« beobachtet er also nicht, *was* geschehen soll zur vereinbarten Zeit, sondern nur dessen Ausmaße und organisierende, demiurgische Einwirkung auf Angrenzendes, auf das Ganze der Zeit des Menschen, dessen Beitrag zur Zeitstruktur.

Der Begriff der Maschigkeit erinnert uns daran, dass wir die Zeit, so diese strukturiert ist, *räumlich* erfahren, analog zu den Tages- und den Stunden»feldern«, den Maschen des Kalenders. (Wobei räumlich insofern missverständlich ist, als wir uns im Raum in alle Richtungen bewegen können, hier nur in eine.)

Bergson hat Recht: Die physikalische Vorstellung der Zeit als »vierter Dimension«, die es dem Menschen ermöglicht, an einer Zeitleiste voneinander sauber getrennte Objekte einzutragen, sogenannte *Ereignisse*, die man mit Datum und Uhrzeit »lokalisiert«, ähnlich wie man voneinander sauber getrennte Dinge im Raum lokalisieren kann – hier einen Stuhl, zwei Meter von diesem entfernt einen Ball usw. –, entspricht nicht dem *Wesen* der Zeit, sondern ist bloß eine Krücke, ein Hilfsmittel, das die Zeit beherrschbar machen soll.[28]

In Wahrheit ist in der Zeit, so Bergson, nichts voneinander geschieden, alles fließt ineinander, geht auseinander hervor. Dies gilt für reine Bewusstseinszustände ebenso wie für äußeres Geschehen. Schon Bergson bringt das Beispiel der Verschmelzung einzelner Töne zur melodischen Phrase[29] und weist darauf hin, dass wir die Bewegung eines Körpers im Raum – eines Autos, eines Menschen, einer Sternschnuppe – nur deshalb unmittelbar *als Bewegung* sehen, weil etwas, was innerhalb einer Zeitspanne geschieht, für uns *eins* ist. Die Metapher des Raumes ist also phänomenologisch falsch.

Für das Ineinanderfließen prägt Bergson den – missverständlichen – Begriff der *Dauer*. Der Begriff behauptet gerade keine Konstanz der Dinge in der Zeit, sondern, dass in der Zeit nichts irgendwo anfängt, irgendwo aufhört – wie die Dinge im Raum –, dass eine permanente Metamorphose im Gang ist: Aus Steinen wird ein Haus, das Haus »verfällt« zu Stein, der Tag geht in die Nacht, die Nacht in den Tag über, nirgends finden wir einen Abstand zwischen A und B, wie wir im Raum einen Abstand zwischen dem Gegenstand A und dem Gegenstand B finden.

Soweit, so zutreffend also. Dennoch legen wir Widerspruch ein. Nicht aus physikalischer, naturwissenschaftlicher Sicht, sondern ebenfalls aus Perspektive der Erfahrung. Denn es ist die Erfahrung, welche die physikalische Vorstellung der Zeit braucht und erzeugt – nicht erst die Wissenschaft. Wir *müssen* die Zeit, die – zugegeben – ein Brei, ein Meer, ein Ineinanderfließen ist, verräumlichen. Wir müssen so tun, als gäbe es in der Zeit Dinge, die irgendwo anfangen und irgendwo enden. Wir müssen die Zeit beherrschen, sonst beherrscht sie uns. Genauer: Der Kalender, die Stechuhr, die traditionellen Rituale wie die moderne Rationalisierung der Zeit können uns zwar tyrannisieren, doch sie bewahren uns zugleich vor der entgegensetzten Tyrannei unstrukturierter Zeit.

Die Physiker – und alle anderen Techniker des Daseins – machen nicht einen Fehler, den es bloß zu korrigieren gälte. Sie verwenden und verfeinern nur das alltägliche Werkzeug, das es uns ermöglicht, die furchtbare Dauer, die Bergson entdeckt hat, in Stücke zu hacken. Wobei wir nun verstehen, dass uns die räumliche *Vorstellung* der Zeit allein nicht rettet, sondern es einer Menge von sozialen Routinen bedarf, die diese räumliche Vorstellung in jeder Sekunde neu erzeugt.

Kontrast

Einen ersten Hinweis auf die Inhalte der Maschen liefert der Begriff des Kontrastes. Es ist offensichtlich: Wenn ich mir aufschreibe »Von 9 Uhr bis 12 Uhr Sand schaufeln. Von 12 Uhr bis 15 Uhr noch mehr Sand schaufeln«, werden die beiden Maschen sich auflösen. Sie verschwimmen zu einer: »Von 9 Uhr bis 15 Uhr Sand schaufeln«. Ohne Kontrast keine Maschen. Wenn wir in der räumlichen Vorstellung der Zeit verharren, so können wir sagen: Die Maschen haben eine Tiefe, wenn sie sich voneinander unterscheiden. Sie sind flach, fließen ineinander, wenn sie Dinge enthalten, die keinen oder kaum Kontrast bilden.

Die Frage ist: Wie unterscheiden sich tatsächlich, also inhaltlich »Werktag« und »Wochenende«, »Tag« und »Nacht«, »Vormittag« von »Nachmittag«, die eine Stunde von der anderen, ihr vorangegangenen, ihr folgenden Stunde? Ein Schachbrett hat weiße und schwarze Felder, nicht graue und graue. Eine Struktur entsteht durch Kontrast. Alles, was die Kontraste reduziert, führt, letztlich, zur Maschenlosigkeit.

Emotionalität

Eine Möglichkeit, einen Kontrast zu erzeugen, ist eine starke Emotionalität der Inhalte. Oder zumindest einiger Inhalte, die dann mit emotional weniger stark besetzten Maschen kontrastieren.

Sobald wir nach der Erinnerbarkeit und Vorhersehbarkeit innerhalb einer Zeitstruktur fragen, also nach der Möglichkeit, sie als Struktur im Bewusstsein zu halten – und damit nach der Möglichkeit von Zeitstruktur überhaupt, wie wir sie verstehen, die ja in ihrer Bewusstheit besteht –, spielt die Emotionalität eine große Rolle.

Stark emotionale Ereignisse »glühen nach«. Sie werden durch Vorfreude oder Bevorstehen in Furcht und Angst im Jetzt wirksam, was immer bedeutet, dass sie ihre kontrastierenden Maschen bewusst machen bzw. halten. Ohne eine starke emotionale Besetzung lösen sich alle Maschen auf. Ein Geburtstag, der nicht in Vorfreude oder Angst bevorsteht, ist kein »Geburtstag« mehr, sondern ein Tag wie jeder andere.

Umgekehrt kann eine durchgehend starke emotionale Besetzung aller Maschen – durch *dieselbe* Angst, durch denselben Überdruss, denselben Schmerz usw. – ebenfalls die Maschen auflösen, weshalb ein Mensch, der einer engmaschigen Zeitstruktur unterworfen ist, dennoch im Zeitbrei versinken kann, weshalb große formale Kontraste, zum Beispiel von Arbeitszeit und Freizeit, sich auflösen können, zum Beispiel in das homogene Erlebnis »ein und derselben Einsamkeit«.

Während der Begriff des Kontrasts die Aufmerksamkeit auf das Verhältnis *benachbarter* Maschen lenkt, so verstehen wir mit Hilfe des Begriffs der Emotionalität, dass Maschen auch über Entfernung eine organisierende, ja erschaffende Wirkung haben können. Eine stark emotional besetzte Masche leiht gewissermaßen anderen Maschen ihre Struktur. Mein »Tag« mag maschenlos, breiig sein, doch ich lebe im Nachglühen des Gestern, meiner Woche, meines Jahres, in der Vorwegnahme des Morgen, der kommenden Woche, des kommenden Jahres.

Ausdehnung

Wie stark emotional besetzte Maschen allen anderen, auch fernen Maschen »helfen«, eine Struktur der Zeit zu erzeugen, so können gewisse Maschen auch eine aktiv zerstörerische Wirkung entfalten, und zwar dann, wenn sie Dinge enthalten, die sich über alle anderen Maschen hin ausdehnen bzw. alle Maschigkeit überschreiten.

Alles, was »droht, sich ewig hinzuziehen«, was also ursprünglich auf Endlichkeit hin entworfen wurde – das Schreiben eines Textes, die Erschaffung eines Kunstwerks, ein Studium, der Bau oder die Renovierung eines Eigenheims usw. –, dann jedoch ohne absehbares Ende ist, mag in jeweils noch so scharf abgegrenzten Maschen stattfinden – an einem penibel abgegrenzten Arbeitstag, durch den Satz »Am Wochenende arbeite ich am Haus« usw. –, es wird das Leben, vorausgesetzt, dass das Endlose stark emotional besetzt ist – was in der Regel schon dadurch gewährleistet wird, dass alles, was »sich ewig hinzieht«, uns emotionalisiert, belastet, ängstigt –, in einen Brei verwandeln.

Die Strukturlosigkeit *eines* Inhalts frisst alle anderen Strukturen auf. Diese Maschen laufen gewissermaßen aus. Ihr Schwarz überläuft alle anderen Maschen, macht auch sie schwarz.

Anders sieht es aus, wenn etwas von vornherein auf Dauer angelegt ist, zum Beispiel die Liebe, die Familie, die Gartenarbeit oder ein körperliches Training. Dies zerstört nicht die anderen Maschen. Lediglich die Unendlichkeit eines Endlichen wird das große Netz zerreißen.

Affizierte Bereiche

Halten wir kurz inne. Wie können wir den Sturz ins Nichts der Zeit durch die genannten Merkmale beschreiben? Es ist ein Sturz in die Maschenlosigkeit, die Kontrastlosigkeit, die Emotionslosigkeit oder emotionale Homogenität, in die unendliche Dehnung eines als endlich, »kurzfristig« oder »mittelfristig« Angelegten.

Wenn wir als primären Ort der Negativen Moderne das Zuhause annehmen sowie den Arbeitsraum, der wie ein Zuhause funktioniert, dann müssen wir versuchen, die Befunde von diesem Ort her zu denken, in Zusammenhang mit den an diesem Ort vorhandenen Dingen, Apparaten, Menschen bzw.

dem Fehlen von Menschen dort, mit den Möglichkeiten und den Unmöglichkeiten dieses Ortes. Es geht weniger darum, die beschriebenen Erfahrungen zu lokalisieren, als darum, zu untersuchen, wie das Zuhause die Erfahrungen mitbedingt.

Handeln

Der Mensch, der ins Nichts der Zeit stürzt, steht immerfort *an der Schwelle* zum Handeln. In einem fort wird es für ihn thematisch, ob und wie er *anfangen* soll, ob und wie er *weitermachen* soll, ob oder wie er das Begonnene *beenden* soll. Das Kontinuum von Anfang bis Ende steht fortwährend in Frage, muss – handelnd – als Möglichkeit erhalten werden.

Natürlich ist die Situation an der Schwelle anders als die Situation im Fluss. Während der Mensch im Fluss es nur, gewissermaßen, mit einer Gleitreibung zu tun bekommt, muss der Mensch an der Schwelle immer wieder die – viel höhere – Haftreibung überwinden. Einen schweren Karton oder ein Bett über den Boden zu schieben, wird, sobald die Haftreibung überwunden ist, merklich leichter. So ist es auch, wenn eine Bewegung, eine Arbeit in Gang gekommen ist.

Der Mensch ist Schiebender und Geschobenes zugleich. Sein Körper, sein Denken kommen nicht ins Gleiten. Sie verfallen immer wieder in die Pause, die Unterbrechung, den Stillstand. Der Mensch muss sich in jedem Moment aus der Pause, der Unterbrechung wieder in Gang setzen. Die Unterbrechung ist nun das Gewöhnliche, die Bewegung die Ausnahme.

Selbst wenn ein Mensch – anders als die Arbeitslosen – eine klar definierte Aufgabe hat – und viele Arbeitslose geben sich ja selbst Aufgaben, sie lernen, versuchen, ihren »eigentlichen«

Berufswunsch zu verwirklichen, haben unterschiedliche Projekte –, selbst wenn es also genug zu tun gibt, muss der ins Nichts der Zeit Gestürzte einen pausenlosen Kampf gegen die Pause, die Unterbrechung führen, leidet unter einer physiologischen Verlangsamung, einer geistigen Richtungslosigkeit. Tempo stabilisiert die Richtung, während fehlendes Tempo die Ablenkung eines Objekts leichter macht.

Der eigene Raum, die Wohnung, das Atelier ist ein Raum, in dem es keine soziale Kontrolle gibt. In der Hinsicht ist er vergleichbar mit jenen innerstädtischen Gebieten, in denen die Verwahrlosung ihr Extrem erreicht hat. Was immer man tut oder unterlässt, es wird nicht sanktioniert. Es herrscht Straflosigkeit. Soziale Kontrolle ist stets auch und zuerst Zeitkontrolle. Man sagt:»Du sollst nicht rumhängen. Du sollst deine Zeit nicht vertun. Müßiggang ist aller Laster Anfang.« Der eigene Raum hebt diese Kontrolle auf. Er ist einerseits der *letzte* Raum, Refugium dessen, dem alle Gemeinschaftsräume der Arbeit und der Familie, des Engagements abhandengekommen sind, sowie dessen, dem zusätzlich noch *der Wunsch* nach Gemeinschaftsräumen abhandengekommen ist, der für sich sein will, also das Resultat einer Reduktion. Andererseits ist der eigene Raum buchstäblich Raum einer neuen Zeit.

Er ist es auch deshalb, weil hier nichts Kontingentes mehr zum »Weitergehen« zwingt. Außerhalb des eigenen Raums werden andere Menschen mit ihren Beschäftigungen, werden Fahrzeuge, das Wetter, das Licht usw. Bewegungen anstoßen, nötig machen. Im eigenen Raum aber kommt mir »nichts in die Quere«, zwingt nichts mich vom Platz, gibt es keine kontingenten Anstöße mehr, es sei denn, es regnete rein oder es klingelte unerwartet jemand. Ansonsten: kein Geräusch, das mich erschreckte und – zumindest innerlich – einen Satz machen ließe, kein Ereignis, das meinen Puls erhöhte, nichts, das mich nötigte, zu rennen, kein »Komm mal!«, kein »Bitte, hilf!«, kein »Jetzt, sofort!«, niemand, der meinen Namen riefe. Das Rufen des Namens ist immer zeitigend, erzeugt eine Struktur der Zeit. Das Bedürfnis des Anderen ist aktuell, duldet meist keinen Aufschub, ist oft auch Bedürfnis nach Zeitstrukturierung: »Morgen müssen wir endlich …«

Der eigene Raum ist ein Raum der Sitzmöglichkeiten und der Liegemöglichkeiten. Er ist ein Raum der sogenannten »Ungestörtheit«. Die Wege sind kurz: in die Küche, aufs Klo, zum Bett. Wenn die Uhr etwas bedeutet, Ereignisse anzeigt, so werden es wahrscheinlich Ereignisse *außerhalb* des eigenen Raums sein.

Die einzige Form der Interferenz vor Ort: *der Besuch*. Doch der Besuch ist in der Regel eine weitere Unterbrechung, eine weitere Pause. Nur selten hat der Besucher eine hochstrukturierte Zeit im Gepäck. Natürlich gibt es das, zum Beispiel die Lerngemeinschaft, der Andere, der »nur eine Stunde« hat. Die Regel aber ist eben die Situation des Malte Laurids Brigge: Mein Tag, den nichts unterbricht – weil er eine einzige Unterbrechung ist –, ist wie ein Zifferblatt ohne Zeiger.

Das bisschen Eile, das es noch gibt: Die Milch kocht über. Der Kaffee läuft in die Tastatur. Das Fenster ist offen – es wird kalt. Der Akku ist gleich leer. Gleich kommt etwas im Fernsehen (was man aber auch später in der Mediathek sehen kann).

Intentionalität

Worauf richtet sich das Bewusstsein? Das Bewusstsein und die Wahrnehmung, die plötzlich »viel freie Zeit« haben – wem oder was verfallen sie? Wer oder was gewinnt den Kampf um die vagabundierende Aufmerksamkeit des Stürzenden? Es sind nicht unbedingt Hunde und Vögel, Baustellen und Passanten (selbst wenn man diese vom Fenster aus sieht). Die Chancen steigen mit der emotionalen Intensität des – inneren oder äußeren – Objekts. Alles, was Angst auslöst oder sexuell erregt, hat beispielsweise gute Chancen, die Aufmerksamkeit zu fesseln. Darum stürzt der Mensch, der ins Nichts der Zeit stürzt, oft in seine Ängste, in sexuelle Erregungen. Das Internet, in dem der Mensch stets den Weg der stärksten Erregung, Affizierung, Emotionalisierung gehen kann, hat – als äußere Struktur – ebenfalls gute Chancen, die Aufmerksamkeit zu fesseln, die Wege der Angst, der Lust usw. zu bahnen. Je stärker die Reize, die Affekte, je größer das Suchtpotential einer Struktur, also die strukturelle Wiederholbarkeit der gebotenen Impressionen, umso größer ihre Chance, die unstrukturierte Zeit zu füllen. Der Raum der Ungestörtheit wird so zum Raum größter Gestörtheit.

Was nicht heißt, dass ausschließlich die Jungen dieses Problem hätten, während die Alten weiterhin Tiere und Baustellen betrachteten. Auch und besonders die Alten, die ins Nichts der Zeit stürzen, haben ja plötzlich alle Zeit der Welt für ihre Angst. Die »nichtigen« Gegenstände ihrer Wahrnehmung mögen im Bewusstsein eines Furchtbaren wahrgenommen sein.

Was bedeutet es, zu googeln? Es bedeutet, einen virtuellen Raum zu betreten, der keine Ordnung der Zeit kennt, keine Sukzession, keine Endlichkeit, kein Verschwinden. Mit jedem Inhalt kann man *beliebig viel Zeit verbringen* – das heißt, mit jedem Inhalt stürze ich in die Zeitlosigkeit. Nichts oder fast nichts verschwindet aus dem Netz. An jeden Inhalt schließen schon über meine Suche andere Inhalte an. Was abläuft, lässt sich abbrechen oder wiederholen. Überall Reize, denen man folgt, wie die Arbeitslosen dem »belanglosen Geräusch auf der Straße«, in einem fort Reize, die man, sobald man ihnen gefolgt ist, vergisst. Wie kam ich hierher? Was war mein anfängliches Interesse? *Woher* und *Wohin* werden ersetzt durch die Räumlichkeit der Signale.

»Raum« wäre hier also ein Ausdruck für jede Ordnung, die kein Nacheinander, kein Narrativ, keine Prioritäten und keine Posteriotäten kennt, für das Nichts der Zeit. Hier verräumlichte nicht der Mensch die Zeit, teilte sie nicht in Zeiträume, Kalenderfelder, Maschen ein, die angeordnet sind auf einer Einbahnstraße in Richtung Zukunft, sondern hier *ersetzte* der Raum die Zeit, der virtuelle Raum wie der Raum im Kopf, der Gefühle und der Fantasien, die sich in alle Richtungen bewegen können, der Raum der Wohnung, in der »sinnlos herumgegangen« wird, wo man plötzlich innehält, nicht weiß, warum, vor Spiegeln stehenbleibt, der Raum der Stadt, in dem der Richtungslose überflutet wird vom Gleichzeitigen, der sinnlosen, dionysischen Überfülle jedes Jetzt-Moments, das keine Eile, kein Nachglühen, kein Vorschein mehr zum Schweigen, zum Verschwinden bringt.

In diesem Sinn könnten wir zwischen der räumlichen Angst und der zeitlichen Furcht unterscheiden. Die Furcht wäre Symptom einer Zeitordnung: »Wenn ich nicht bis morgen fertig werde, verpasse ich das Abgabedatum.«

Die Angst dagegen wäre, als Angst vor dem Scheitern generell, vor der Einsamkeit, der Krankheit, dem Tod usw. außerhalb jeder Zeitordnung angesiedelt. Die Angst schriebe sich weder von konkreten Daten her, noch wiese sie auf konkrete Daten hin. Sie beschleunigte, rhythmisierte weder, noch führte sie überhaupt zu Anfängen oder Abschlüssen. Die Geschichten, die die Angst erzählte, ließen sich weder verwirklichen noch durchkreuzen – wie die Geschichten der Furcht –, sie geschähen nur oder geschähen nicht, blieben zuvorderst räumliche Fantasien ohne zeitliche Relevanz. Das Gleiche trifft zu auf die Masturbation. Sexuelle Fantasie und Selbstbefriedigung im eigenen Raum sind selber räumlich, kennen kein Nacheinander, kein Narrativ. Sie treten auf im Nichts der Zeit, wie sie das Nichts der Zeit erzeugen. Der Mensch kann im Heim immerzu von seiner Erregung heimgesucht werden, verschleppt werden aus der Zeit in den Raum. Der Weg aufs Klo, ins Bett ist wie gesagt kurz. Nichts kommt dazwischen, weder der Lust noch der Angst – die ja immer *zusammen* da sind, wie der Mensch, der sich von einem Hund aufhalten lässt, sich zugleich abhalten lässt, so gut es geht, vom wachsenden Schrecken, wie der Arbeitslose, der einem Geräusch folgt, flieht vor der Stille.

Fühlen und Denken

Wir haben schon verstanden: Der Mensch, dessen Gefühle sich selbst steigern, wird in einer unbegrenzten, leeren Zeit eine unbegrenzte Steigerung seiner Gefühle erleben, bis zur nicht mehr aushaltbaren Intensität, die nicht selten zu einer Selbstmedikation und Selbstverletzung führt, mit deren Hilfe der Mensch versucht, ein Ende zu setzen, wo sonst keines ist.

Auch vor vermeintlichen Kleinigkeiten haben die Menschen nun Angst. Denn Angst braucht Zeit. Je mehr Zeit ich habe, um mich mittels Planung und Selbstvorbereitung auf etwas einzustellen, desto mehr Zeit hat die Angst, um größer und größer zu werden.

Die Angst aber nicht nur infolge von Antizipation, des Ausmalens von Möglichkeiten der Katastrophe. Sie wächst infolge der Tatsache, dass die empfundene Wichtigkeit eines Ereignisses von der Zeit abhängt, die wir auf Planung und Vorbereitung verwenden. Dem Wichtigen geben wir viel Zeit, das Unwichtige bzw. Leichte, Sichere erledigen wir ad hoc. Daraus folgt im Umkehrschluss, dass wir das, wofür viel Zeit da ist, automatisch wichtiger nehmen, das Vorhaben sozusagen beginnt, sich aufzuspielen, sich aufzuplustern.

Umgekehrt wird derjenige, dessen Gefühle unausgesetzt zu versickern, zu verflachen drohen, in einer unbegrenzten Zeit die totale Verflachung seiner Gefühle erleben. Dem Ersten fehlt etwas, das ein Ende setzt, dem Zweiten fehlt etwas, das einen Anfang macht, das ein Gefühl in Gang setzt, initiiert. Für den Ersten wird eine Gefühlsfülle zum Problem, die nicht auszuhalten ist, die selbst räumlich ist, keine Zukunft kennt, für den Zweiten wird eine Gefühlsleere zum Problem, aus der heraus kein Arbeiten möglich ist, keine Kontaktaufnahme mit anderen, aus der überhaupt kein Anfang gemacht werden kann, ebenfalls keine Zukunft entsteht. In beiden Fällen wird der Mensch zu viel *er selbst*.

In gleicher Weise wird es sich mit dem Denken verhalten: Der Schon-Denkende denkt »zwanghaft« immer weiter, kann »nicht aufhören, zu denken«, wie sein Gegenpart, dem die Zeit keinen Denkanstoß gibt, fast gar nicht mehr denkt, sondern in »Stumpfsinn« und »Träumen« versinkt.

Im Nichts der Zeit wird der Einzelne also »er selbst« werden auf eine Weise, die ihn selbst befremden muss. Tatsächlich braucht er einen Fremden, Anderen, um sich selbst wieder vertraut zu werden.

Mit Levinas können wir so weit gehen, zu sagen, dass es

eine Zeitlichkeit der Gegenwart nur durch den Anderen gibt. Wenn authentische Zukunft nicht das Vorweggenommene, von uns Erwartete und Entworfene – wie bei Sartre – ist, so Levinas, sondern das, was uns unerwartet »überfällt«, also das wahrhaft »Andere«, dann ist in unserer Gegenwart nur *der* Andere, der andere Mensch, die Zeit, denn der andere Mensch ist zugleich da und uns entzogen, er »widerfährt« uns als Ereignis, hinsichtlich dessen wir nichts können können.

Darum sagt Levinas: »Die Situation des Von-Angesicht-zu-Angesicht wäre der eigentliche Vollzug der Zeit; das Übergreifen der Gegenwart auf die Zukunft ist nicht die Tat eines einsamen Subjekts, sondern das intersubjektive Verhältnis. Die Bedingung der Zeitlichkeit liegt im Verhältnis *zwischen* menschlichen Wesen …«[30]

So rettet der Andere uns aus dem Nichts der Zeit. Wo der Andere fehlt, kehrt der Mensch ununterbrochen in sich selbst zurück, in das »An-sich-angekettet-Sein«, in seine räumliche Spirale der Steigerung, der Füllung oder Verflachung, Entleerung, des Immerdenkens oder des Nichtmehrdenkens.

Man kann die Unendlichkeitsanalyse aus dem »Ende der Liebe« in Zusammenhang bringen mit Luhmanns Zeitanalyse und feststellen: »Fristen (…) begrenzen den Raum des Möglichen …«[31] Das nehmen wir wörtlich: Fristen verengen den *Raum* des Möglichen auf das Gleis der Zeit. »Denk jetzt nur, was eilt! Fühl jetzt nur, was eilt!« Die Frist richtet Denken und Fühlen auf das Kommende, verzeitlicht Denken und Fühlen, drängt die räumliche Unendlichkeit möglichen Denkens und Fühlens »an den Rand« oder lässt sie sogar verschwinden.

»In der Rhythmik des Befristeten lässt sich dem dionysischen Potential der elementaren Zeit entkommen«[32], so Christian Geyer in Anlehnung an Friederike Felicitas Günther, die das rhythmisierte Leben als Schutz vor »inneren und äußeren Reizen«[33] begreift.

Fristen bewältigen nicht nur Kontingenz, die *schwache* Unendlichkeit möglicher Handlungen, Gedanken, Werke usw., die eine *Gleich-Gültigkeit* derselben ist, aus der mich nur die Frist erlöst, indem sie das innerlich Gleich-Gültige dennoch hierarchisiert in ein Zuerst und ein Danach. Fristen bewältigen auch die Notwendigkeit, die *starke* Unendlichkeit meiner Gefühle, meiner Angst, meiner Trauer, meiner Lust, meiner »Zwangsgedanken«, ersetzen sie durch die Kontingenz des Heute, die Forderungen des Alltags, die Vordringlichkeit des Nichtigen.

Vorwegnehmen

Zur Hypertrophie oder Atrophie, Steigerung oder Verflachung, Ausdehnung oder Schrumpfung des Denkens und Fühlens im Nichts der Zeit kommt die Ausdehnung alles Gewollten und Vorgenommenen.

Rechnungenbezahlen, Fahrradschlauchflicken, Aufräumen, Putzen – das alles scheint dem ins Nichts der Zeit Stürzenden nun eine größere Unternehmung zu sein, ein Umrissloses, Amorphes, das er Tage, Wochen, Monate hinausschiebt.

Immer wieder ist er überrascht, wie schnell das geht, was ihm, in der vorwegnehmenden Fantasie, ohne Ende zu sein schien.

Wie wenig verfügt der Mensch über ein autonomes Zeitgefühl. Schnell zu gehen scheint, was schnell gehen *muss*. Lange zu dauern scheint, was ohne äußere Grenze ist. Die Schätzung, das Gefühl halte sich eher an die Form, an die Struktur der Zeit, als an deren – vorgestellten – Inhalt.

So werden dem Stürzenden alle Nebensachen zu Hauptsachen. Da er nicht »mal schnell zwischendurch« den Schlauch flicken muss, sondern der Schlauch ein Projekt ohne Nachbarn in der Zeit ist, macht das Projekt sich breit, scheint bald einen halben, wo nicht einen ganzen Tag einzunehmen – und dafür scheint auch der ins Nichts der Zeit Stürzende keine Zeit zu haben.

Arbeitslose, Rentner, Selbständige, Junge (ohne Jugend), Künstler usw. haben dasselbe Problem, denselben Feind: diesen Imperialismus der Nebensachen. Die ungeheure Expansion des Nichtigen, die surreale Hypertrophie alles Bevorstehenden.

Wenn wir die Ordnung, den Druck der Zeit als »apollonisch« begreifen, das Nichts der Zeit als »dionysisch«, wie Geyer bzw. Günther es tun, dann haben wir es mit einem Gelage und Rausch der Dinge zu tun, die buchstäblich aus dem Rahmen fallen, gedunsen uns bevorstehen, alle Formen sprengen. Auf diese Weise ist die schöpferische Kraft der Nebensachen eine andere als die schöpferische Kraft der Hauptsachen.

Während die Hauptsachen der Berufstätigkeit, der Familie apollonisch sind, eine Ordnung der Zeit etablieren, sind die – nunmehr allein verbliebenen – Nebensachen dionysisch, sie zeigen sich in einem Raum der Ungeheuerlichkeit, sie haben kein Maß, passen nirgends hinein, ordnen sich nicht, stehen nie an, sondern immer bevor, bleiben im Konjunktiv. Ich *müsste* die Rechnungen bezahlen, ich müsste das Rad reparieren, die Wohnung putzen … Doch ich will mich auf nichts einlassen, das sich derart benimmt, das zeitbesoffen bis zur Zeitvergiftung ist, unendlich gebläht nach dem Zeitdruckabfall.

So steht mir, konkret und datiert, nichts bevor. Ich kann nichts vorwegnehmen. Wo aber *nichts* vorweggenommen wird, wird *alles* vorweggenommen. Die »Probleme« waren das, was zwischen mir und dem Tod war. Genauso kann man sagen: Die Termine waren das, was zwischen mir und dem Tod war. Wer nicht auf Hindernisse und Abschnitte schaut, der sieht das Ganze bis zum Ende. Wer keine künstlichen Horizonte hat, muss den Anblick des natürlichen Horizonts ertragen.

So bringt das Nichts der Zeit *das Ganze* vor mich, vorzugsweise in der Art und Weise der Angst. Meine Zeit rast – zum Ende hin –, wie alt ich auch sein mag. Ich kann als Neunzigjähriger mit einem Terminhorizont leben, wie ich als Dreißigjähriger mit einem Todeshorizont leben kann. Die Zeit des Menschen, der Zeit nur noch als Lebenszeit erfahren kann, rast. Oder, genauer: Die Zeit rast, in der Alltäglichkeit, immer – doch bei dem Einen auf einen Termin hin, bei dem Anderen auf den Tod hin. Es ist eine Frage der Struktur. So steht dem Stürzenden zweierlei bevor: einerseits die endlosen Nebensachen, andererseits das endliche Ganze.

Erinnern

Das Erinnern braucht die Maschigkeit der Zeit, den Kontrast, die Emotionalität und die begrenzte Ausdehnung der Dinge. Diese Strukturmerkmale sind Merkmale jeder funktionierenden Rekapitulation. Woran sich halten, wenn ein Tag wie der andere, eine Woche wie die andere ist, wenn kein Ereignis die Dinge in Vorher und Nachher teilt, wenn es weit und breit keine Geschichte gibt, der Mensch im dionysischen Chaos entstrukturierter Zeit versunken ist.

Wer hätte gedacht, dass man das Dasein der Arbeitslosen, Hausfrauen, Rentner, Flüchtlinge einmal wird dionysisch nennen müssen, dass die Jungen, Studenten und Künstler mit den Vorgenannten eine dionysische Gemeinschaft bilden, sie damit auch teilen, was man strukturelle Demenz nennen kann, eine Erinnerungsschwäche infolge des Ertrinkens im Zeitbrei. Wenn diese Menschen plötzlich das Bedürfnis nach einer »eigenen Geschichte« bemerken, wenn sie beginnen, Tagebuch zu schreiben, sich autobiografischer Techniken und Hilfsmittel bedienen – wie der Psychoanalyse oder auch nur des Selbstgesprächs –, wenn sie literarische Versuche anstellen, Memoiren drucken lassen, dann auch deshalb, weil sie den Verlust *alltäglicher* Zeitstruktur durch *biografische* Zeit, den Verlust der alltäglichen Erinnerung durch die biografische Erinnerung zu balancieren und kompensieren versuchen.

Der eigene Wert und die Zeit der Anderen

Hier knüpfen wir an das vorangegangene Kapitel an. Es ist offensichtlich, dass der Mensch, der in die Wertlosigkeit stürzt, auch den Sturz ins Nichts der Zeit als Sturz ins Nichts des Wertes erfährt.

Er sagt, sich selbst anklagend: »Ich schiebe alles auf. Ich vertue meine Zeit. Ich bin pausenlos auf der Flucht. Ich folge jedem Reiz. Ich bin ein Opfer meiner Angst, meiner Lust. Ich stürze von Pause zu Pause, von Unterbrechung zu Unterbrechung. Ich bin Ewigkeiten im Internet. Ich bin ein schwacher Mensch. Ich bin ein Mensch ohne einen eigenen Rhythmus. Ein langsamer Mensch. Ich kann nicht rechtzeitig aufstehen. Ich fange nie rechtzeitig an, etwas zu tun. Ich gehe nicht rechtzeitig ins Bett. Ich verschleppe alles, ziehe alles in die Länge, beginne nichts und beende nichts. Mein Leben ist ohne Richtung, ich selbst bin ohne Richtung.«

So wird die Strukturlosigkeit der Zeit zu »meiner eigenen«. Der Strukturverlust der Zeit wird zu meinem Wertverlust. Wenn ein Mensch Kontakt zu anderen Menschen aufnimmt, so spürt er das Gefälle zwischen der Strukturlosigkeit seiner Zeit und der Strukturiertheit ihrer Zeit als ein Gefälle des sozialen Wertes.

Traditionell war es gewissermaßen umgekehrt, galten diejenigen als überlegen, die sich der *vita contemplativa* hingaben, die keinen Zeitdruck kannten. Gemein waren die, die zur *vita activa* im Gehäuse der Zeit gezwungen waren. Stolze Zeitbesitzer standen Zeithabenichtsen gegenüber, die auch Würdelose waren.

Wenn dagegen in der Moderne jemand aus der Zone der Zeitlosigkeit mit jemandem aus der Zone des Zeitdrucks in Kontakt tritt, heute in der Regel per Mail, per SMS oder, vielleicht, per Telefon – als wäre ein unmittelbarer Kontakt der verschiedenen Zeiten unmöglich –, dann steht die Eile des Anderen, die sich am Telefon schon in seiner Stimme, bei Textnachrichten schlicht im Ausbleiben bzw. in der scheinbar schamlosen Verzögerung der Antwort ausdrückt, dem Redebedürfnis bzw. dem Warten des Stürzenden gegenüber, der versucht, sich in die Zeitstruktur des Anderen zu drängen.

Der Topos, dass die Mächtigen – nicht nur die Inhaber politischer oder wirtschaftlicher Macht, sondern auch die Inhaber familialer, sozialer Macht – *keine Zeit haben*, dass eben dies ein Signum wie Hebel ihrer Macht ist, ist ein altehrwürdiger. Doch zuvor fand zumindest *das Leben* auf Seiten der Machtlosen statt, während nun Zeitdruck als Vitalisierung wie Zeichen von Vitalität, der Sturz ins Nichts der Zeit als Sturz in die Leblosigkeit erfahren werden muss. Eben als Herumsitzen, Rauchen, Googeln, Zeitunglesen, Herumgehen, Stehenbleiben, entwürdigendes Interesse für Nichtigkeiten, entwürdigende Neugier, Körperschlaffheit, schlurfende, lächerliche Langsamkeit.

Im Kontakt mit dem Eilenden, dessen lebendigem Geist, lebendigem Körper, erfährt der Stürzende sich als auch geistig und körperlich herausgestürzt aus der Zone des Lebens, als Geistloser wie Körperloser. Er verliert sozialen Wert nicht nur innerhalb der materialistischen Skala des Erfolgs, sondern ebenso in der postmaterialistischen Skala der »Lebendigkeit«.

Grenzsituation und Horizontlosigkeit

Wenn man den Begriff der Situation gebraucht, dann meint man impliziert etwas, das – so »schwierig« die Situation sein mag – vorübergehen wird. Wie man Ewigkeit und Augenblick einander entgegensetzen kann, so setzt man auch Ewigkeit und Situation einander entgegen. Situationen sind instabil, Funktionen der Zeit. Sie werden aufgehoben durch äußere Ereignisse wie durch unsere eigenen Leistungen in Arbeit, Beziehungen usw.

Jede gewöhnliche Lebenssituation hat einen *absoluten Horizont*, dessen Überschreiten die Situation überschreitet und zu einer anderen werden lässt. Es sind also nicht die relativen Horizonte der Tageszeiten, Wochentage, Termine und Fristen, von denen nun die Rede ist, sondern es ist die *Grenze der Situation*, ihr absehbares Ende infolge eines Ereignisses, einer Leistung. Dieses Ende kann natürlich zusammenfallen mit einer Tageszeit, einem Wochentag, dem Ende einer Frist.

Von einem Nichts strukturierter Zeit sprechen wir, wenn man weder Vertrauen in situationsbeendende Ereignisse noch Vertrauen in situationsbeendende Leistungen haben kann, wenn es weder einen rettenden Automatismus gibt – das Schulende, das Ende des Projekts, die Rente usw. – noch ein mögliches Ereignis, auf das ich hoffen darf, weder eine eigene Handlungsmöglichkeit noch Vertrauen in eine rettende Passivität.

Wo kein Automatismus und keine Hoffnung, kein Handeln und kein Gefühl ein Ende meiner Situation versprechen, da sind Situation und Ewigkeit eins. In diesem Punkt haben wir hier eine Überschneidung mit dem, was Karl Jaspers als »Grenzsituationen« bezeichnet: »Sie wandeln sich nicht. (...) Sie sind *nicht überschaubar*; in unserem Dasein sehen wir hinter ihnen nichts mehr. Sie sind wie eine Wand, an die wir stoßen, an der wir scheitern.«[34]

Doch obwohl der Mensch in der Negativen Moderne es mit Unvergänglichkeit zu tun bekommt, ist seine Situation keine Grenzsituation im Sinne Jaspers'. Denn er weiß, es kommt auf ihn selbst an. Er hat kein Godot-Problem, sondern das Problem einer umfassenden Godotlosigkeit. Es gibt keinen Anderen. Nichts machte weniger Sinn als Warten. Der Mensch weiß, dass es keinen Automatismus gibt, nicht einmal die Wahrscheinlichkeit eines äußeren Ereignisses, das ihn erlöst. Er weiß, dass er handeln muss – und dass sein Handelnkönnen von Dingen abhängt, die nicht Teil des Handelns sind, über die er nicht verfügt; es hängt ab von Fühlen und Denken, mit einem Wort: von seinem »Innerem«. Das Nichts der Zeit, in das er stürzt, hängt zusammen mit dem Nichts des Inneren, mit dem wir uns im nächsten Kapitel beschäftigen.

Vier

Das Nichts der Aktivität
Die Herrschaft der Gefühle

... dann ist jede Tat nur ein gutsitzendes Gewand der Seele.

GEORG LUKÁCS[1]

K. stand noch immer im Schnee, hatte wenig Lust, den Fuß aus dem Schnee zu heben ...

FRANZ KAFKA[2]

Günther Anders schreibt:»Vor über dreißig Jahren habe ich als das bedauerlichste Desiderat der Geschichtsforschung die ›Geschichte der Gefühle‹ benannt. Auf Grund von Vorurteilen (...) hatte man in der Tat bis heute den *emotionalen Apparat des Menschen für eine natürliche und unveränderbare Mitgift* (etwa wie die physiologische Ausstattung) *des Menschen* gehalten (...). Umgekehrt haben wir festzustellen, dass die rasante Veränderung unserer Fähigkeiten (...) uns so überholt hat, dass deren Vorsprung vor unserer emotionalen Kapazität katastrophal groß geworden ist ...«[3]

Der genannten Veränderung der Gefühle spürte der erste Band dieser Untersuchung,»Das Ende der Liebe«, nach. Hier aber geht es nicht um die Gefühle, sondern um die Veränderung ihrer *Funktion*, der Funktion des Innenlebens überhaupt. Anders hatte seinerzeit eine Kluft zwischen Gefühl und Fähigkeit erkannt. Das Gefühl kam der Fähigkeit nicht hinterher. Wir beobachten nun eine, ebenfalls fatale, *Synchronisierung* von Gefühl und Fähigkeit. Die Kopplung des Handelns – ob es der Arbeit, der Lebensführung oder dem

Aufbau und Unterhalt von Beziehungen und Familien dient – ans Innere.

Handlungsfähigkeit

Die freien Menschen sagen: »Ich müsste Sport machen, aber ich mache keinen Sport. Ich sollte mich verabreden, aber ich verabrede mich nicht. Ich weiß, dass meine Sehnsucht schmerzhafter würde, wenn ich X oder Y träfe. Ich weiß, dass es ganz *anderer* Begegnungen bedürfte, um mir den Schmerz zu nehmen. Ich müsste aufräumen, aber ich räume nicht auf. Ich will so vieles erledigt haben und zugleich will ich nichts erledigen, weil ich weiß, dass jede erledigte Sache mich vor die nächste *zu erledigende* Sache stellt, die Überwindung jeder Angst in die nächste Angst führt. Ich arbeite. Doch ich komme nicht voran. Ich kann mich nicht konzentrieren usw.«

Stimmung

Heidegger behauptet, das Dasein weiche *meist* dem in der Stimmung erschlossenen Sein aus. Offensichtlich konnte es sich das leisten. Und offensichtlich gab es Mittel und Wege, auszuweichen.

Was aber, wenn der Mensch warten muss, bis er in Bezug auf alles Anstehende, auf den Tag, die Arbeit, die Liebe usw., in Stimmung ist? Was, wenn die Stimmung das ist, *woraus* der *Mensch* zu handeln genötigt ist, sie zum einzigen Motor wird?

Dann müsste er sich doch – anders als ein Bauer, ein Fabrikarbeiter, ein Arzt, ein General – für die verschiedenen Aktivitäten, wie die schnöde Redensart sagt, zuerst in Stimmung bringen. Lediglich ein gestimmtes Handeln wäre produktiv, würde ihn und die Anderen zufriedenstellen, würde nicht als »tot« oder »technisch«, als »lieblos« oder »unecht« empfunden.

Doch was, wenn die Menschen keine Mittel haben, ihrer Stimmung auszuweichen, sich in eine andere Stimmung zu bringen? Was, wenn es keinen Weg gibt, auf dem sie vor dem Sein, das ihre Stimmung ihnen erschließt, zu fliehen vermögen? Was, wenn die alltäglichen Flucht*möglichkeiten* verschwunden sind?

Und was geschieht mit der Stimmung, wenn die Menschen wissen, dass es auf die Stimmung ankommt? Was macht die Furcht, wenn sie weiß, dass sie sich vor sich selbst am meisten fürchten muss? Was macht der Verdruss, was der Widerwille, wenn er weiß, dass er nicht nur ein missmutiger Zuschauer ist, sondern selbst über Handeln oder Nichtstun entscheidet?

Was geschieht mit einer Stimmung, wenn wir sie aus praktischen Gründen – wie der Bauer etwa das Wetter –, in einem fort beobachten müssen? Wenn wir sie als Problem beschreiben und analysieren, in einem fort versuchen, auf sie einzuwirken? Was geschieht mit unserer Stimmung, wenn auch und zuerst die anderen Menschen sie in einem fort beobachten, wenn man als Verwandter, Gefährte, Mitarbeiter nur noch als – richtig oder falsch – Gestimmter in Betracht gezogen wird, wenn es nicht mehr akzidentell ist, ob man gut oder schlecht gestimmt ist, sondern Basis von allem?

Die Soziologie hat Stimmungen und Gefühle traditionell in der *Wirkungsforschung* erfasst. Das Radio, so wurde festgestellt, löst Gefühle aus, zum Beispiel eine Massenpanik oder die Verehrung des Führers. Das Fernsehen löst Gefühle aus. Überhaupt lösen »die Medien« Gefühle aus.

Massenansammlungen lösen Gefühle aus. »In der Entladung werden die Trennungen abgeworfen und alle fühlen sich *gleich*. In dieser Dichte, da kaum Platz zwischen ihnen ist, da Körper sich an Körper presst, ist einer dem anderen so nahe wie sich selbst. Ungeheuer ist die *Erleichterung* darüber. Um dieses glücklichen Augenblickes willen, da keiner *mehr*, keiner besser als der andere ist, werden die Menschen zur Masse«, schreibt Elias Canetti[4].

Konsum löst Gefühle aus. Armut löst Gefühle aus. Desintegration löst Gefühle aus.

So könnten wir auch fragen, welche Gefühle der Sturz in die Wertlosigkeit oder der Sturz ins Nichts der Zeit auslöst. Hier sind Gefühle, Stimmungen stets das Verursachte, teils auch Bezweckte. Sie stehen *am Ende* der Reihe.

Was aber, wenn wir eine soziale Struktur zu beschreiben haben, die nicht die ihr passenden Gefühle hervorruft, sondern, einerseits, die richtigen Gefühle, ohne sie hervorzurufen, *voraussetzt* und *benötigt*, andererseits, von den falschen Gefühlen, zu deren Verscheuchung sie kaum Mittel hat, aufs Empfindlichste gestört, in ihrem Bestand gefährdet wird?

Was, wenn dies von allem »Innenleben« gilt, von Gefühlen ebenso wie von Ideen und Erinnerungen und von mentalen Zuständen wie Konzentration oder leerer, kontemplativer Empfänglichkeit? Was, wenn die Welt sich nicht nur in Stimmungen *erschließt*, sondern auch aus ihnen *geboren*, reproduziert, erneuert werden muss? Was, wenn die Seele zum Arbeitsplatz wird? Was, wenn jeder mich misst an dem, was ich empfinde? Was, wenn das Innere nun am Anfang der Reihe steht?

Eine neue Abhängigkeit

Freiheit ist die Situation, in der alles vom »Innenleben« abhängt. Als eine »freie Arbeit« verstehen wir die Arbeit, die weder durch Herrschaft und Kontrolle eines Anderen, einer Institution, noch überwiegend durch allgemeine Regeln und auf Wiederholung beruhenden Routinen strukturiert wird, sondern durch »meine« Gefühle, Stimmungen, Gedanken, Ideen, Erinnerungen, Bewusstseinszustände. Als freie Beziehung verstehen wir die Beziehung, die nicht vor allem durch Macht und Normen gesteuert wird, sondern wiederum durch Gefühle, Gedanken, Erinnerungen der zueinander in Beziehung sich Setzenden.

Demnach beschriebe »Freiheit« nach dem Schema Becks *den Übergang in die Abhängigkeit vom Inneren*, das Leben in dieser neuen Abhängigkeit und den ständigen Versuch, sich aus den konkreten Gestalten dieser Abhängigkeit zu befreien unter der Bedingung, dass nicht neue Herrschaft, neue Regeln das Innere ersetzen, sondern Gefühle durch neue Gefühle ersetzt werden, Gedanken durch neue Gedanken, Erinnerung durch neue, »durchgearbeitete« Erinnerung usw.

Freiheit ist also die Situation, in der Aktivität abhängig wird von Passivität. Das Arbeiten im Beruf, in der Ausbildung, ebenso wie im Haushalt und das Arbeiten am Habitus – Wohnung einrichten, Kleider kaufen, den Körper pflegen und trainieren, sich bilden, Erfahrungen machen usw. –, die Freizeitaktivitäten wie die Beziehungsaktivitäten – von der Frage, ob man sich für den Abend, das Wochenende mit jemandem verabredet, bis zu allen Aktivitäten, die eine Lebensgemeinschaft aufrechterhalten – werden abhängig von Qualitäten, die dem Menschen entweder gegeben oder nicht gegeben sind, von Lockung und Widerstand, Konzentration und Unruhe, Erregung und Abstoßung, Zuneigung und Abneigung, Ideen und Ideenlosigkeit, guter und schlechter, präsenter und fehlender, »verdrängter« Erinnerung, Gedankenfülle und »Leere im Kopf«, »Energie« und »Energielosigkeit«, Freude und Freudlosigkeit, Angst und Entschlossenheit, Beschämung und Hoffnung auf Erfolg.

Aktivität scheitert, unterbleibt nicht *als Aktivität* – wie man jemanden daran hindert, seine Wohnung aufzuräumen, wie wenn ein Werkzeug fehlt, um eine Arbeit auszuführen usw. Die Aktivität scheitert oder bleibt aus, weil die notwendige Passivität ausbleibt bzw. diese nicht die notwendige *Dauer* aufweist.

Keine Erschöpfung

Der Stürzende ist nicht »müde«, wie Alain Ehrenberg meint[5]. Der Mensch ist nicht erschöpft vom Versuch, er selbst zu werden. Am allerwenigsten ist seine Depression eine »Erschöpfungskrankheit«.

Erschöpfung, Müdigkeit entstehen durch Verausgabung, durch Inanspruchnahme, Leistung. Natürlich, nichts ist so anstrengend wie das Nichtkönnen, das Nichthandeln, der permanente Kampf gegen den eigenen Widerstand. Nichts ist so anstrengend wie das Gefühl des Versagens, wie die Angst vor der Zukunft überhaupt, wie die Beschämung, die Hautlosigkeit, die jede Begegnung wie das Fürsichsein zur Qual macht.

Insofern erfahren die Menschen, die ins Nichts stürzen, tatsächlich eine *sekundäre* Erschöpfung und Müdigkeit. Zugleich ist die Müdigkeit ein Abwehrmechanismus. Die Scham, die Angst kippen, anstatt Verhalten zu aktivieren, zu erhöhter

Wachsamkeit zu führen, um in eine paradoxe Schläfrigkeit, *panische Müdigkeit*. Dösen und Rasen fallen in eins. Doch primär ist dieser Zustand nicht Erschöpfung. Das Primäre sind eben Angst und Scham, eine Angst vor allem und jedem infolge der Beschämung, die Gedankenflucht, die Vermeidung des Handelns, Beginnens, Fortschreitens und Beendens. Primär ist das Fehlen des nötigen Gefühls, des rettenden Gedankens, der guten Erinnerung wie der nötigen Zuversicht. Primär ist der Mangel an produktiver Innerlichkeit, die Fülle handlungsfeindlicher Sensationen und Kognitionen. »Erschöpfung« wird gedacht als ein intrinsischer Prozess. Auch ein Mensch, der allein auf der Welt wäre, ja der gar keine Welt hätte, nichts wäre als ein in sich abgekapselter Organismus, eine fensterlose Monade, würde, infolge der Eigenbewegung seiner Organe, ermüden. So scheint es bei Ehrenberg zu sein.

Gewiss, die Eigenständigkeit und Verantwortlichkeit des Einzelnen, dessen Autonomie, gehorcht bei Ehrenberg dem Geist der Gesellschaft, den »Institutionen des Selbst«. Doch diese Institutionen stellen gewissermaßen nur die Trainingsmaschine auf, an der das Selbst dann selbsttätig ermüdet.

So kann Ehrenberg nicht in den Blick nehmen, was die Aktivität des Menschen lähmt oder zumindest ertraglos macht – nicht als Resultat innerer, organischer Vorgänge, sondern als Resultat von Beziehungen zu anderen Menschen, zu einem Dritten, als Resultat eines Sturzes in die Wertlosigkeit *in* diesen Beziehungen, eines Sturzes ins Nichts der strukturierten Zeit, eines Sturzes ins Nichts des Inneren usw.

Wie in der psychotherapeutischen Literatur, die sich zum Ziel setzt, den Blockierten zu aktivieren, von einem Selbst die Rede ist, mit dem der Blockierte »in Kontakt treten« solle, das er »finden« und in dem er dann »wurzeln« solle, so spricht Ehrenberg von einem Selbst, das erschöpft sei, das sich selbst erschöpft habe – wenn auch unter sozialen Bedingungen. Diese Bedingungen bleiben jedoch abstrakt, sie werden bloß behauptet, sind nichts als der »Wert der Autonomie«, die »Kultur der Verantwortung«. Der Einzelne bleibt situationslos.

Hier wie dort erscheint der Mensch als Einzelwesen, kommt es zur Ein-Personen-Psychologie. Das Innere wird zur Substanz, als »das Unbeherrschbare« (was natürlich noch besser ist, als es, wie viele psychologische Texte, als das *Beherrschbare* darzustellen).

Statt dessen müssen wir das Innere in seiner sozialen Verfasstheit und Geschaffenheit aufweisen, zeigen, dass das, was im Inneren unbeherrschbar ist, unausgesetzt herkommt aus dem – für das Individuum unbeherrschbaren – Außen.

Der Sinn der Therapie

Psychologie, Psychotherapie haben hier ihr soziales Fundament: Jetzt kommt es auf das Innere an. Das Innere verliert, da es zum Leistungsträger wird, zur Produktivkraft und zum Stifter sozialer Zusammenhänge, seine Privatheit und Intimität.

Die gesamte soziale Integration bzw. Desintegration des Menschen, sein Handeln bzw. Nichthandelnkönnen, seine Zugehörigkeit bzw. Isolation, sein Wert bzw. seine Wertlosigkeit, sein Wohlstand bzw. seine Armut, hängen – in der Negativen Moderne – an den Äußerungen des Inneren, und es ist erklärte Aufgabe aller Psychotherapie, die Leere oder Überfülle des Innenlebens wie dessen unzureichende oder übermäßige Äußerungen immer wieder zu überwinden in Richtung auf das kontingente, unwahrscheinliche Maß, jene ganz besondere Qualität, die die erforderten Leistungen wie das ersehnte Miteinander möglich machen.

Die freien Menschen brauchen die Psychologie und Psychotherapie also nicht nur, weil sie »glücklich« sein wollen. Sie brauchen Psychologie und Psychotherapie, weil ihnen der soziale Tod droht, die materielle Verelendung, falls das Innere nicht fortlaufend die nötigen Zuneigungen und Erregungen, Motivationen und Ideen liefert.

Die alte, marxistische Behauptung, die Psychotherapie diene zur Integration ins »System«, habe die Aufgabe, das »Funktionieren« der Menschen zu gewährleisten, findet hier eine unerwartete Spiegelung.

Doch wird nun kein Mensch dazu gebracht, sich einem »entfremdeten« Dasein zu fügen, eine Arbeit zu tun, die keinen Zusammenhang mehr mit ihm selbst und mit dem Arbeitsergebnis hat, in Beziehungen zu leben, die ihm aufgezwungen sind, die keinen emotionalen Sinn für ihn selbst ergeben. Nun sollen Menschen im Gegenteil in die Lage versetzt werden, Arbeiten zu tun, die sich aus dem Eigenen nähren, in Beziehungen zu leben, die ihren Sinn und ihre Substanz ausschließlich von den Menschen selbst erhalten.

Das Wovon der Entfremdung

Jürgen Habermas hat bemerkt, dass Marx Arbeit nach dem Modell schöpferischer, künstlerischer Arbeit bestimmen musste, um die Unterscheidung in entfremdete und nicht-entfremdete Arbeit möglich zu machen.[6] Die gesamte berühmte Entfremdungskritik beruht logisch darauf, dass künstlerische

Arbeit und Selbstverwirklichung zum Maßstab gemacht werden und damit *selbst* als Ideal im Schatten bleiben, unbeschrieben, unverstanden. Blickend auf das Entfremdende, sehe ich nicht, *wovon* ich »entfremdet« bin, mache es unsichtbar. Jetzt wird es sichtbar. Da ich die »eigenen Wesenskräfte« aus mir »heraussetzen«[7], aus meinem Inneren zum Äußeren der Arbeit kommen muss, merke ich, dass das Innere des Menschen nicht per se eine Fülle ist, sondern – jenseits kollektiver Aktivität – in der Regel ein Nichts, ein Nichts der Konzentration und Motivation.

Natürlich haben viele Menschen heute noch das Problem, dass ihre Arbeit kein Zu-sich-Kommen erlaubt, Verleugnung von Interessen, Bedürfnissen – z. B. nach selbstbestimmter Zeit – bedeutet. Sie leiden darunter, dass sie die *allgemeine* Möglichkeit einer freien Arbeit nicht *für sich selbst* verwirklichen können.

Das sieht nach dem alten Konflikt der Entfremdung aus – und vielleicht wird ein Psychotherapeut dazu raten, die Frustration auszuhalten, sie nicht »auszuagieren« durch eine »unbedachte Kündigung«, sie statt dessen als Symptom früher Verluste und Kränkungen zu verstehen, mit denen sich zu befassen nun anstehe, da diese sonst immerzu das unerfüllbare Bedürfnis nach »Kompensation« erzeugten usw.

Dennoch werden die Menschen nun gezwungen sein, die Unmöglichkeit einer selbstbestimmten und schöpferischen Arbeit in ihrem persönlichen Fall als Defizit zu verstehen, als *persönlichen* chronischen Mangel von Ideen, Disziplin, Furchtlosigkeit, Spontaneität, »innerer Strukturiertheit« und »innerem Antrieb«, eigenem Stil, Lebensfreude, einer eigenen, aus dem Inneren kommenden Bestimmung und Notwendigkeit. Also werden sie als Patienten und als Leser psychologischer Werke *die Erwartung* hegen, dass das Nichts des als nötig erachteten Innenlebens während der Therapie und infolge der Lektüre gefüllt werde durch das nötige Etwas.

Die Therapie, ob sie von Angst, Wut oder sogenannter Depression befreien soll, ob sie eine Psychoanalyse oder Verhaltenstherapie ist, ob Trauma- oder Sexualtherapie, hat jetzt stets *mehr als die Sache selbst*, die Psyche, die Sexualität usw., zum Gegenstand. Stets ist das Problem nun ein »existenzielles«, besteht die Gefahr eines Aus-der-Welt-Fallens, der Handlungsunfähigkeit, Arbeitsunfähigkeit, der zerstörten Eltern-Kind-Beziehung oder Geschwister- oder Freundschaftsbeziehung, der zerstörten Liebes- oder Arbeitsbeziehung. Immer besteht das Problem, dass der Kurzschluss von Innenleben und Außenleben ein diskretes *Innen*leben nicht mehr zulässt, sich dauernd die Frage von Sein oder Nichtsein stellt, dies wiederum rückwirkt auf das Fühlen und Denken.

Der Prozess der Zivilisation

In dieser Tatsache liegt eine gewisse Ironie. Denn die Menschheitsgeschichte bis zur industriellen Moderne könnte ja beschrieben werden als ein Versuch, sich dem Unbeherrschbaren zu entziehen – dem Wetter, dem Klima, Raubtieren und feindlichen Horden. Am vorläufigen Ende dieser Geschichte sieht der Mensch sich nun erneut einem Unbeherrschbaren ausgesetzt, das jedoch kein *Anderes* mehr ist, sondern *das Eigene*. Er muss erkennen, dass er von Gefühl und fehlendem Gefühl, Stimmung und fehlender Stimmung, Gedanken und fehlenden Gedanken, Einfällen und fehlenden Einfällen abhängt und bedroht wird wie einst von Wetter und Klima, menschenfressenden Tieren und mordenden Horden.

Die Frage lautet nicht:»Was *ist* Konzentration? Was ist berufliche Leidenschaft? Was ist Selbstvertrauen? Was ist Liebe? Was ist sexuelle Attraktion?« Die Frage lautet:»Was ist jetzt ihre *Funktion*? Warum sind sie in der gegebenen sozialen Struktur unabdingbar? Warum kann man ohne sie nicht arbeiten, nicht mit anderen Menschen leben, keine Kinder bekommen?«

Der Mensch sieht ein, dass er an etwas gebunden ist, das weder er noch andere kontrollieren können. Die Frage des Gelingens seines Lebens hängt wieder an »Urgewalten«. Diesen Gewalten kommt nicht einmal – wie den Urgewalten von einst die Biologie und Meteorologie – das Erkennen wirklich auf die Schliche, geschweige denn, dass Handeln sie zu formen, zu unterdrücken, zu erschaffen vermöchte. Die gesamte moderne Popmusik ist nichts als Beobachtung, Befragung, Repräsentation und Ausdruck dieser Urgewalten: I feel so … I'm in the mood … I lost the feeling … How does it feel to feel?

Wie der Mensch der späten Moderne es mit einem selbstgemachten Klima und Wetter, selbstgemachten Umweltkatastrophen zu tun bekommt, so ist er nun seinen emotionalen und kognitiven Klimakatastrophen ausgeliefert, die darin bestehen, dass das Eigene ungehindert in die Umwelt, die Atmosphäre strömt, dass alle »Natur« nun eine menschliche, eine psychologische ist, es ebenso wenig ein verlässliches Innenleben gibt wie eine verlässliche Atomenergie.

Wobei die Formulierung ungünstig ist, das Innenleben nicht per se »unzuverlässig« ist. Gefühle und Gedanken sind ja notwendig sprunghaft oder schwankend. Unbeherrschbar wird das Innenleben erst in dem Moment, da es selbst *beherrschend* sein soll, wenn der Einzelne die kollektiven, reglementierten und organisierten Kontexte verlässt, damit die kollektive Produktion von Motivationen und Zielen, wenn Gefühl *unmittelbar* auf Gefühl, Stimmung unmittelbar auf Stimmung reagiert, der Mensch weiß, was sein Fühlen für sein Selbstbild und seine Situation bedeutet, welche Folgen die Turbulenz oder Flaute seines Inneren für ihn haben wird, dass nichts diese Emergenz stoppen kann. So bringt die neue Abhängigkeit vom Inneren den Rückfall in eine vorzivilisatorische Unsicherheit.

Der Sinn der Diskursanalyse

Was die freien Menschen der Psychologie in Bezug auf ihre Gefühle zutrauen, das trauen sie der Diskursanalyse in Bezug auf ihr Denken zu. In einer Welt, in der mich weder eine Natur fortwährend zum Handeln zwingt, noch ich immerzu zum Objekt des Willens eines Anderen werde, der mich beherrscht, bzw. mein eigener Wille ein kollektiver *ist*, da kommt es darauf an, welche Ordnung ich in die Dinge bringe, wie ich die Dinge verstehe, welchen Sinn ich Handlungen und Unterlassungen gebe, welche Ideen und Ideale für mich bestimmend sind, mein Körperbild, mein Selbstbild strukturieren, mit einem Wort: Es kommt auf die Diskurse an.

Selbstverständlich kam es auch vorher auf die Diskurse an. Doch da die Diskurse *verkörpert* und *personifiziert* wurden durch weltliche und geistliche Herrscher, staatliche und familiale Autoritäten, da dem Einzelnen immerzu befohlen wurde, er mit Gewalt zu diesem und jedem gezwungen wurde, hätte ihm die Analyse der Diskurse, so er zu ihr in der Lage gewesen wäre, nichts gebracht als das tiefere, wissenssoziologische Verständnis seiner Unterjochung.

Auf die freien Menschen dagegen wirken die Diskurse unmittelbar bzw. über Medien, welche die Diskurse zwar transportieren und transformieren, sie aber nicht physisch, mit Gewalt *durchsetzen.* Erst die freien Menschen dürfen sich versprechen, dass eine Analyse des Geschriebenen und Geredeten, aller sprachlichen, fotografischen und filmischen Zeichen, für sie einen *wirklichen* Unterschied machen würde.

Die freien Menschen lesen soziologische und philosophische Bücher in der Hoffnung und mit dem Ziel, sich von einem bestimmten, sie bestimmenden Denken, von bestimmten, sie bestimmenden Bildern zu befreien. Sie gehen sozusagen bei Soziologen und Philosophen in »Diskurstherapie« in der Hoffnung, das Falsche zu durchschauen und sich vom Falschen zu lösen. Der Soziologie widerfährt nun, was der Philosophie bereits mit den »Existenzdenkern« widerfahren ist, eine »existenzialistische« Lektüre, die auf Änderung der Lebensführung aus ist, diese Änderung erreichen will im Medium des Innenlebens. Während das Missverständnis bei der philosophischen Lektüre darin bestand, Deskriptives normativ zu lesen, als Appell zu diesem und jenem, besteht das Missverständnis bei der soziologischen Lektüre darin, ins Subjekt einzuziehen, was Struktureffekt ist. So wird aus einer Struktur des Vergleichs der Satz: »Wir vergleichen zu viel« oder »Vergleichen macht liebesunfähig«. Aus einer Freiheitsstruktur wird wieder (subjektive) Freiheit gemacht. Die Menschen, die soziologische Werke lesen, versuchen, der Unendlichkeit des Genusses, des Erfolgs, des »Habens« zu entkommen, und wenden sich den Unendlichkeiten der Unterlassung, der Enthaltsamkeit, des »Seins« zu (mehr dazu in Kapitel 5). Wie man seit einiger Zeit über die sozialen Effekte einer popularisierten Psychologie spricht, wird man bald über die sozialen Effekte der popularisierten Soziologie sprechen müssen.

Die Unaufrichtigkeit der Diskursanalyse

In einer Welt, in der die Frage, was der Mensch solle, nicht mehr beantwortet wird von wenigen kanonischen Texten, autoritativen Quellen, nicht mehr beantwortet wird von einer zentralen Instanz persönlicher Herrschaft, sondern sich ununterbrochen durch die Gesamtheit wissenschaftlicher, medialer, kommerzieller, gegenkultureller und alltäglicher Diskurse beantwortet – ohne *als eine Frage* jemals gestellt worden zu sein, weshalb es auch gar kein »Sollen« mehr ist, das den Menschen bestimmt, sondern das Normative mit dem Faktischen, dem faktisch Geredeten, Geschriebenen, Gezeigten, zusammenfällt, sich in Tatsachenbehauptungen versteckt – in dieser Welt wird die nie abzuschließende Diskursanalyse zum unverzichtbaren Bestandteil jeder Situationsanalyse.

Doch ist diese Analyse, die im alltäglichen Gespräch über Werte und Ideale, das sogenannte »Schönheitsideal« und den sogenannten »Leistungsdruck« usw. fundiert ist, einem alltäglichen Gespräch, das wiederum wissenschaftlich, durch allerlei Lektüren fundiert ist, niemals ein Werkzeug, um die Macht der Diskurse, des allseitigen für gut und für schlecht Befindens, zu brechen.

Was die Diskursanalyse leistet: Das Faktische wird wieder Norm. Ich kann es wieder *als Text* erkennen – was bei den Zehn Geboten ja nicht schwer war. Damit ist es nun nicht *nur* identisch mit mir, mit meinem Denken und Empfinden, eins mit meiner Welt, den anderen Menschen, sondern ich kann es als etwas außerhalb meiner Person betrachten, außerhalb allen unmittelbar vollzogenen Lebens, wieder als ein Sollen. Zum Beispiel: »Du sollst so tun, als brauchtest Du die Anderen nicht, dir selbst den Anschein emotionaler Autonomie geben.«

Doch diese Reflexionen sind in der Negativen Moderne eben *stets schon Teil* der Subjektivität. In jedem Subjekt koexistieren Schönheitsideal und Kritik des Schönheitsideals, die Leistungsnorm und die Kritik der Leistungsnorm, deren Wahrnehmung als gesellschaftlich hergestellt, kontingent, »kapitalistisches Übel«.

Diese Doppelung und Paradoxierung ist nun *die Form der herrschenden Normativität*. Diese Doppelung ermöglicht den Menschen jederzeit den Sprung in die Unaufrichtigkeit, indem sie sich mit der herrschenden Kritik identifizieren und gegenüber dem herrschenden Ideal – also ihrem eigenen – fremdstellen.

So agiert das Ideal wiederum hinter ihrem Rücken als das Dämonische. Der Einzelne identifiziert sich, zum Beispiel, mit der Kritik am »Selbstoptimierungszwang« und stellt sich fremd gegenüber seinem eigenen, permanenten Kampf um Selbstveränderung, um Veränderung seiner Situation. Die eigenen Impulse tauchen ab ins Namenlose oder segeln unter falscher Flagge: als Suche nach dem »guten Leben«, Bemühen um »Achtsamkeit«, »Gelassenheit«, als »Öffnung für den Anderen«, Bildung und Entwicklung, Ersetzen von »Konsum« durch »Auseinandersetzung mit kulturellen Werken« usw.

So wird verschleiert, dass der Zwang zur Optimierung eben darum ein Zwang ist, so machtvoll, das eigene Nichtkönnen so beschämend, weil ich tatsächlich *eine Optimierung in meinem Sinne* anstrebe, um tatsächliche Verbesserung kämpfe, meine wahre Identität die Differenz zwischen dem tatsächlich *guten* Anspruch und der tatsächlich *schlechten* Wirklichkeit ist.

Das Nicht-Wollen

Was führt – in der Kopplung des Handelns ans Innere – zur Handlungsunfähigkeit? Wir beginnen gewissermaßen mit einem Endpunkt, dem Nicht-Wollen. Natürlich würden die meisten Menschen auf Anfrage zu Protokoll geben, dass sie dies oder jenes wollen – eine Ausbildung abschließen, eine berufliche Fortentwicklung erreichen, die Wohnung verschönern, andere Menschen kennenlernen usw. Doch jedes konkrete, einzelne Wollen ist nur möglich als Teil und Ausdruck eines grundsätzlichen Wollens, einer Bejahung der eigenen Existenz wie der gegebenen sozialen Welt – und wenn die Bejahung nur darin besteht, es für sinnvoll und lohnend zu halten, gewisse Umstände zu bekämpfen, in einer *Résistance*.

Das Nicht-Wollen stellt demgegenüber einen Nullpunkt dar, totale – wenn auch meist nicht bewusste und artikulierte – Weigerung. Sogar der Selbstmord müsste diesen Nullpunkt verlassen, der Mensch müsste zurückkehren in ein Wollen, auch wenn das Wollen und die Aktivität der eigenen Vernichtung zustreben.

Der Mensch sagt: »Warum sollte ich wollen, wenn meine Angst, was immer ich erreiche, ruft: Ick bün all hier. Und so die Traurigkeit, die Scham. Ich habe kein Interesse am Vergehen der Zeit.« Der Mensch sagt: »Warum sollte ich wollen, wenn ich damit sage: Ich habe euch verziehen. Es ist wieder gut.«

So hat das Nicht-Wollen manchmal einen Grund und manchmal einen Sinn. Tatsächlich gibt es – selten – solche Momente, da das Nicht-Wollen zu sich kommt, zu einem Wollen wird, da der Mensch sagt: »Ich *will* nicht, und das ist mein Wollen. Ich mache nicht mehr mit. Ich schmeiße hin. Ich stelle mich quer.«

Meistens aber ist das Nicht-Wollen ohne Logik und Sprache. Es ist nur Müdigkeit, nur Benommenheit, nur Träumerei oder Zynismus. Ohne Verhältnis zu sich selbst. Unverständlich.

Unverständlichkeit

Indem die Existenz zu einer psychologischen, nach dem Inneren fragenden und nach ihm verlangenden wird – was die Psychologie wiederholt, wie die Ontologie das ontische sich zu sich selbst Verhalten wiederholte –, verdunkelt sich die Existenz.

Nun ist nicht mehr alles immer schon verstanden, wie noch bei Heidegger, sondern mein Innenleben, das mein Leben bestimmt, ist und bleibt *unverständlich* – und damit auch das Leben selbst.

Natürlich, auch bei Heidegger ist Stimmung unverständlich. Doch damit verdunkelte sich nicht das *Leben*. Die Existenz, die eine praktische, kollektive war, blieb eine verstandene. Die Stimmung konnte kein Ding, keinen anderen Menschen in die Unverständlichkeit fallen lassen, und *man fragte* auch nicht nach der Stimmung. Selbst die Angst führte nur zum Bedeutungsverlust der Welt, zur Sinnlosigkeit, nicht jedoch zur Unverständlichkeit.

Und die psychologischen Diskurse? Vermögen sie nicht, jedes Gefühl, jeden Zustand als bekannt zu glätten, mit Theorie zu deuten?

Ja. Doch das ändert nichts daran, dass man nicht »in sich hineinschauen«, im Inneren nie Kausalität wahrnehmen kann, dass man besonders die wissenschaftlichen Begriffe, weil ihnen keine unmittelbare Anschauung wird entsprechen können, als

Wegweiser ins Nichts der Deutung erfahren muss. Vom Wort
»Tasse« kann ich meinen Blick zum Ding Tasse wandern las-
sen. Wohin wandert mein Blick vom Wort »Trauma« hin?
Niemals kann die Psychologie mich aus der notwendigen
Unverständlichkeit einer *psychologischen Existenz* erlösen.
Die Unverständlichkeit, aus der Metaphysik vertrieben, hat
sich, als gelte auch für sie ein Erhaltungssatz, in eine neue
Region gerettet, aus der sie umso mächtiger ihre Dunkelheit
auf alles senkt.

Der Widerstand

Wo Wollen sich bildet, da meldet sich der Widerstand. Die
Menschen sagen:»Gegen alles, was ich tun will, verspüre ich
Widerstand.«

Nun, da das Wollen das größte ist, macht es die Erfahrung,
dass Wollen nicht alles ist, dass es auf etwas stößt, das sich
lange nicht benennen lässt, das fremd scheint, nicht zum Ich
gehörig.

Es macht den Widerstand aus, das er sich unbekannt bleibt.
Er wird im Versuch, zu handeln, zu arbeiten, mit Anderen in
Kontakt zu treten, empfunden, er gehört zum Handlungs-
vollzug oder Handlungsversuch dazu. Er gehört nicht in die
Sphäre der Selbstwahrnehmung und Selbsterkenntnis.

Wenn der Mensch eines Tages ausrufen kann:»Ich habe ja
Angst. Das ist es. Jetzt verstehe ich«, oder:»Ich schäme mich
ja, das ist es also, Beschämung«, dann ist er nicht mehr in der
Ungeheuerlichkeit des bloßen Widerstands, sondern schon in
etwas anderem. Der Widerstand ist das Unverständliche, das
doppelt, dem Handeln wie Verstehen, widersteht.

Die Flucht

Der Widerstand ist also Schweigen (wie das Wollen stets ein Streben plus Stimme ist). Der Widerstand führt in die Flucht. Ins Fantasieren, in die Erregung, ins Zeitunglesen, Bücherlesen, in eine – nie endende – Vorbereitung, in den Unernst (»Es ist nur eine Spielerei. Es ist nichts Richtiges«), ins Rauchen, in die Isolation, unausgesetzte Geselligkeit, den Rausch, die Suche, ins Netz, ins Sorgenmachen, das vor dem, was *tatsächlich* besorgniserregend ist, ablenkt, in die falsche Angst, die Generalisierung, die Selbstsabotage durch Verspätung, in das Reden, das Liebesabenteuer, in das Erfahrungenmachen, um anderen Erfahrungen aus dem Weg zu gehen, in die Flucht aus einer Stadt in die andere, einem Land ins andere, aus dem Tag in die Nacht, die so lange dauert, das vom Tag nichts bleibt, in den Schlaf zur falschen Zeit, ins Spaziergehen, ins Verreisen, in die Gleichgültigkeit, die Abgeklärtheit, in den Humor und die Verachtung.

Der Widerstand hält den Menschen nicht am Ort, sondern setzt ihn, das Bewusstsein, den Körper, in Bewegung. Er ist Unruhe, wie ja umgekehrt ein Mensch, der scheinbar ruhig sitzt und arbeitet, *keine konstante* Ruheposition hat wie ein Stein, der auf einem Tisch liegt, sondern sich gleichsam in einem fort »hinsetzen« und »beruhigen« muss, in rasender Bewegung ist, doch in rasender Bewegung, *um am Ort zu bleiben*, gleich dem Fisch, der »in der Strömung steht« mit all seiner Kraft.

Das ist es ja, was wir intuitiv unter Freiheit verstehen: Es ist die Freiheit, zu gehen, auszuweichen, also die Freiheit zur Flucht ins Nichts dessen, was bedroht und bedrückt. Frei ist ein Mensch, der fliehen kann – sich trennen, ausziehen, auswandern, kündigen, hinschmeißen, abhauen. Alle Wege der Freiheit, wo immer sie hinführen mögen, sind Fluchtwege.

Doch der Fluchtweg könnte der schnellste Weg zum Erfolg sein. (Der junge Mann, der in einer Videothek arbeitete, anstatt etwas Ordentliches zu lernen, und den ganzen Tag Filme schaute, wurde ein berühmter Filmregisseur.) Die kürzeste Verbindung zwischen zwei Punkten könnte der Umweg sein.

Die freien Menschen fragen sich in einem fort, ob sie sich alle ihre Umwege letztlich als ihren Weg erklären können oder im Gegenteil alle ihre Wege ein einziger Umweg waren, jede Bewegung nichts als eine Ausweichbewegung. Sie haben im einen Augenblick das Gefühl, dass ihre Umwege notwendige und rettende Wege waren, im anderen Augenblick begreifen sie diese Wege als nutzlose und kindische, neurotische, fahrlässige und gefährliche Umwege. Je nach Stimmung und Verfassung so oder so.

Auch die Reflexion über die Wege als Umwege, Umwege als Wege müssen sie als Umweg verstehen, der zu nichts dient als dazu, sich der Arbeit, der Realität ein weiteres Mal zu entziehen.

Unter den Bedingungen struktureller Freiheit stürzt der Mensch in einem fort in die Fugue, die Dissoziation vom Gewollten, ins Nichts des Notwendigen. Das ist *seine Notwendigkeit*. Denn es ist der Versuch, einer Stimmung auszuweichen, die keine Stimmung des Handelns, keine schöpferische ist.

Das Nichts-Wollen

Wenn der Mensch will, so kann es doch sein, dass er *nichts* will, sein Wollen keinen Inhalt hat. Er will etwas tun, weiß aber nicht, was. Oder er weiß, was er tun will, aber nicht, *wie*. Können entsteht nicht allein aus Fertigkeit, Erlerntem, Routine. Können ist zuerst Wollen. So ist es unter den Bedingungen der Freiheit. Wer nichts will, wem kein Was und kein Wie *gegeben* ist, kann nichts. Beispielsweise: In einer Weise zu malen, heißt zunächst, in dieser Weise malen zu wollen.

Meist haben die Menschen nicht das Problem, nicht zu können, was sie wollen, sondern das Problem, dass ein Gewolltes – zu Versuchendes, zu Übendes – nicht existiert, so dass Fertigkeiten gar nicht in Anschlag zu bringen sind, ein Üben gar nicht beginnen kann.

Die freien Menschen stürzen jeden Tag in die Arbeitslosigkeit. Denn sie müssen sich ihre Arbeit erst machen. Sie müssen eine Arbeit wollen, sonst haben sie keine. Jeden Tag fragen sie sich, was und wie ihre Arbeit sein könnte. Indem sie sich nach dem Wie fragen, fragen sie sich nach dem Was. Sie wachen auf in die Arbeitslosigkeit hinein wie die Tagelöhner. Nach dem Frühstück gehen sie nicht an die Arbeit, sondern ins Nichts ihrer Arbeit. Die Zeit ist ein Güterzug mit leeren Waggons, unaufhörlich rattert er vorüber. Die Menschen sagen: »Hoffentlich finde ich heute noch Arbeit. Hoffentlich fällt mir noch ein bisschen Arbeit ein, das der Zug laden und mitnehmen kann, so dass er nicht ganz leer durch diesen Tag gefahren ist.«

Das Problem der Tätigkeit überhaupt

Der Mensch galt in der Philosophie als aktives Wesen – denkend, handelnd. Kontemplation war aktiver Verzicht. Es wurde nach dem Wie und Woher und Wofür des Handelns gefragt. Es wurde ein »Antriebsüberschuss« festgestellt, der alle Motive jenseits unmittelbarer Selbsterhaltung erklärte. Es wurden zahlreiche Formen unterschieden: Fürsorge, Besorgen usw.

Die Möglichkeit einer Unmöglichkeit des Handelns und Denkens, fast aller gewollten Aktivität überhaupt, wurde nicht in Betracht gezogen. Sie musste nicht in Betracht gezogen werden.

Arnold Gehlen stellte immerhin fest, dass die »Antriebe« des Menschen *bewusst* und darum *störanfällig* seien. Solange allerdings die Not des Überlebens einerseits und die Kultur andererseits so eindeutige Forderungen stellten wie die Instinkte des Tiers, solange blieb diese Störanfälligkeit äußerst gering.

Erst in einer strukturellen Freiheit wird der Mensch der Kontingenz seines Denkens und Fühlens voll ausgesetzt. Natürlich ist das Denken und Fühlen nun kaum »eigener«, nicht weniger determiniert, nicht weniger Drehtür aus der und zur Welt. Doch während alle Determination einst darauf ausging, die Menschen *handeln zu lassen*, sie arbeiten, Krieg führen, im Takt tanzen, mitmarschieren zu lassen, hat die Determination in einer Welt der Freiheit *überhaupt keinen Zusammenhang mit der gewünschten Aktivität*.

Das Problem der Therapie

Die Macht der Psychotherapie ist beschränkt, weil ihr Hebel, um die Situation des Patienten zu ändern, wiederum dessen Gefühl und Denken, dessen Inneres ist. Ausgehend vom Inneren, hat der Patient zu handeln, sein Leben zu verändern. So wird die neue Struktur der Abhängigkeit, die Kopplung des Handelns ans Innenleben, mit individuellem Sinn ausgestattet, Gegenstand meiner Ziele, meines Dramas, meiner Geschichte.

Das ist kein Argument gegen Psychotherapie *als Praxis*. Natürlich kann ein Mensch sich mit Hilfe eines Anderen darin üben, Gefühle zuzulassen und Gefühle zu regulieren. Natürlich kann er beginnen, anders zu denken, kann er mit Hilfe eines Anderen eine andere Geschichte seiner selbst erzählen, diese Geschichte vom Anderen bestätigt finden, kann lernen, immer wieder einüben, in Beziehungen anders zu handeln usw.

Zum Problem wird die Psychotherapie *als Diskurs*, da die Abhängigkeit vom Inneren und die soziale Situation, in der diese entsteht, naturalisiert werden, als selbstverständlich erscheinen.

Außerdem wird der therapeutische Diskurs zum Problem, wenn er *Begriffe des Handelns* auf das Innere anwendet – als könne man seine Ansprüche »reduzieren« wie das Unkraut im Garten, als könne man »sich öffnen« wie man eine Konservendose oder eine Tür öffnet, als könne man »sich fallenlassen«.

Im Schwedischen kann man sagen: *att sätta upp krav.* Anforderungen, Erwartungen »steckt man hoch« wie Haare, hängt sie auf wie Bilder. Der Patient soll also »aufhören, sie aufzuhängen«. Der Umgang mit Gefühlen wird mit dem Wort *hantera* beschrieben, was bewältigen in Form des Handhabens bedeutet.

Wie Handlungsbegriffe ausschließlich auf Seiendes in der Welt bezogen werden können, andernfalls keinen Sinn machen, so müssen Begriffe, die einen Bezug zu einem Anderen anzeigen, auf andere bezogen bleiben. *Liebe, Respekt* usw. beschreiben intersubjektive Verhältnisse. Man kann sich nicht selbst respektieren, wie man sich selbst nicht lieben kann. Natürlich ist der Mensch »ein Verhältnis, das sich zu sich selbst verhält«, wie Kierkegaard sagt. Gewiss gibt es die Erfahrung von »Selbstverachtung« oder »Selbstverliebtheit«. Doch wenn ein Anderer mir mit Respekt oder in Liebe begegnet, wenn er mich ignoriert oder offen verachtet, wird mir buchstäblich etwas *zugefügt*, was kein Selbstverhältnis subtrahiert.

Immer werde ich wissen, dass der Andere mir gegenüber so oder so empfindet, dass er mich so oder so wahrnimmt. Demgegenüber fügt die Selbstverachtung oder die Selbstverliebtheit dem Bewusstsein nichts hinzu, sie *ist* vielmehr das Bewusstsein, das Selbstbewusstsein, der Status quo.

Selbst wenn der Prozess des Denkens in der Lage ist, sich zu einer anderen *Bewertung* der Dinge zu bewegen, habe ich darum weder Respekt oder Liebe erfahren noch Kritik oder Verachtung.

Der Mensch kann also im Inneren weder handeln noch in Beziehung zu sich selbst treten. Ich »wähle« meine Werte nicht und »setze« meine Ziele nicht. Auch der Ausdruck des Zielesetzens verwendet einen Handlungsbegriff für Inneres. Ich kann Setzlinge setzen, aber keine Ziele. Ich finde die Ziele in mir vor.

Zwar vermag ich Ziele denkerisch in Etappenziele »zu zerlegen«, kann strategisch handeln, kann meine Sehnsucht als unrealistisch oder als neurotisch ablehnen usw. Den Wert und das Ziel selbst aber – den Kinderwunsch, den Erfolgswunsch – finde ich vor. Ob ich beherzt an die Verwirklichung gehe oder meinen Wunsch ein Leben lang bekämpfe, ist hier sekundär.

Die Strukturen des Fühlens

Es gibt verschiedene Möglichkeiten, zu erklären, warum absolute Freiheit unmöglich ist. Eine gewöhnliche Erklärung benennt die Rolle der Ressourcen. Wenn ich etwas denken können soll, wenn ich handeln können soll, so bedarf es hierzu bestimmter Ressourcen – zum Beispiel Wissen oder Beziehungen zu anderen Menschen, die eine Zusammenarbeit möglich machen, mir Selbstvertrauen schenken usw.

Ressourcen aber sind Bindungen. Ich bleibe in meinem Denken an ein Wissen gebunden, im Handeln an meine Beziehungen und die – religiösen oder liberalen – Normen, die in ihnen gelten.

Somit ist alles, was mir Denk- und Handlungsmöglichkeiten eröffnet, zugleich Bindung und Restriktion. Fallen mit den Ressourcen die Bindungen weg, entsteht die umgekehrte Restriktion. Aus dem Nichts heraus kann ich auch nicht (frei) denken und handeln. Das ist vielfach das Problem der Stürzenden.

Eine zweite Möglichkeit, zu erklären, warum absolute Freiheit unmöglich ist, ist die Beobachtung, dass jede denkbare soziale Welt eine emotionalisierende ist. Die Strukturen der Freiheit sind offensichtlich nicht weniger emotionalisierend als die alten Strukturen der Bindung, des Rituals, des Gehorsams. Das, was Foucault von der Macht gesagt hat, muss man also auch vom Fühlen sagen: Es schließt Vieles aus und es macht Weniges möglich, wahrscheinlich.

Emotionale Räume

Alle Strukturen der sozialen Welt sind als Strukturen des Fühlens anzuschauen, will man verstehen, wie Freiheit in Zwang und Leid umschlägt. Wir können auch von *Räumen* sprechen, wiederum die Frage nach den Räumen der zu erforschenden Erfahrung stellen. Die Menschen, die ins Nichts stürzen, haben wie gesagt zwei exemplarische Räume: den eigenen Raum der Wohnung, des integrierten oder separaten Arbeitsraums und den öffentlichen Raum der Straße, der öffentlichen Gebäude, der U-Bahnen usw. Beide Räume zeichnen sich dadurch aus, dass die ihnen erfahrene Isolation keine passagere ist, sondern andauert, dass also auch die Räume selbst keine nur zu durchquerenden sind, sondern zusammen einen beinahe absoluten Raum ergeben, demgegenüber alle Räume der Beziehung und der Verstrickung, der Verpflichtung und des Gesprächs nur »aufblitzen« und schon wieder »erlöschen«, als habe man sie gar nicht betreten.

Das Nichts der Regulation

Diese Räume zeichnen sich dadurch aus, dass in ihnen – wie wir in Kapitel 3 gesehen haben – keine emotionale *Regulation durch einen Anderen* stattfindet. Sowohl die Wohnung, der Arbeitsraum als auch die Straße, das öffentliche Gebäude sind Räume emotionaler Nicht-Regulation. Die Angst trifft auf keine Ermutigung, die Erregung auf keine Zerstreuung usw.

Auch darum werden Denken und Handeln unmöglich, bleiben sie ohne Ertrag, ohne Erfolg.

Anders als im kollektiven, organisierten Handeln, im Ritual, wo das Fühlen – in umgekehrter Richtung – ans Handeln gekoppelt und damit gelenkt wird, kommt es im eigenen Raum wie im öffentlichen Raum zu einer grenzen- und zwecklosen Emotionalisierung des Menschen, einer grenzen- wie zwecklosen Entleerung des notwendigen Gefühls. Wohnung und Straße / U-Bahn usw. sind Räume extremer Gefühlsintensität, der Raserei oder der Apathie und Katatonie.

Gefühl und Zeit

Nun können wir unsere Beobachtungen zum Nichts der Zeit neu fassen. Das Nichts strukturierter Zeit ist zwar zunächst ein äußerliches, da *allgemeine* Zeitstrukturen wegfallen, für den Einzelnen nicht mehr gelten. Dann aber wird das Nichts der Zeit ein innerliches, da Handeln, das vom Innenleben abhängt, keine stabile Struktur der Zeit hervorbringen kann.

Wenn wir diese Beobachtung mit Heideggers Beobachtung zur Zeitlichkeit verschiedener Befindlichkeiten konfrontieren, so fällt auf, dass Heidegger nach der *immanenten* Zeitlichkeit der Stimmungen fragt, ihrer je eigenen, spezifischen Zeitlichkeit. Demgegenüber erkennen wir hier eine *transzendente* Zeitlichkeit: Die Stimmungen, alle passiven Qualitäten des Innenlebens, »machen« nun Zeit »über sich selbst hinaus«, sie erfinden den Tag, sie erfinden die Nacht bzw. sie lassen Tag und Nacht verschwinden, sie teilen ein und lösen auf, sie rhythmisieren und entrhythmisieren, sie sind die Köche des Zeitbreis.

Handeln und Wert

Und auch unsere Beobachtungen zum sozialen Wert können wir neu fassen. In einer Welt, in der der Wert des Einzelnen ins Nichts stürzt, der Einzelne immer wieder von neuem vom Du erhoben werden muss, sind Wertsteigerungen und Wertstürze abhängig vom Handeln und also vom Fühlen.

Kein Mensch kann ja unmittelbar mit anderen Menschen *sein*. Vielmehr ist es das Handeln, das zwischen den Menschen steht. Es weist mich aus, legt die materialen Gründe für meine Identität, leitet Kommunikationen, Begegnungen in die Wege, stellt mich dar, lässt dem Anderen etwas zukommen.

Entweder muss ich etwas leisten, damit mir vorübergehend Wert verliehen wird, hängt mein Wert also am einsam-schöpferischen Handeln. Oder das Du verlangt ein Tun, das fundiert ist in meiner *Passivität*: meinem Verstehen, meinem Begehren, meiner Aufmerksamkeit, meiner Liebe usw. In beiden Fällen hängt mein Wert am Handeln, mein Handeln am Innenleben, *also mein Wert an meinem Innenleben*.

Umgekehrt ist sogenannter »Selbstwert« eine Ressource für einsam-schöpferisches Handeln – und darum wiederum für Wertverleihung. Aus dem Nichts des Innenlebens, das ein Nichts des »Selbstwerts« ist, lässt sich nicht handeln, nichts erschaffen. Erst die Kopplung der Aktivität ans Innere im Kontext der Negativen Moderne verleiht dem »Selbstwert« sein Gewicht.

Die Strategien, die Psychologie und Selbsthilfemarkt anbieten, um den »Selbstwert« des Einzelnen zu erhöhen, thematisieren diese Kopplung nicht. Sie diskutieren schon gar nicht eine eventuell erforderliche – wenn auch für den Einzelnen wahrscheinlich utopische – Rückkopplung des Handelns an

Äußeres, an kollektive Strukturen, sondern richten sich wiederum auf das Innere. Sie behaupten, der »Selbstwert« könne *denkend* verändert werden. Die einzige Alternative dazu ist das – natürlich einsam-schöpferische – Handeln. So muss, wer aus einem »guten Selbstwertgefühl« heraus handeln soll, zugleich handelnd seinen »Selbstwert« erhöhen.

Meine Spontaneität

Wenn wir unter »spontan« verstehen, dass meine Handlung sich aus eigenem Antrieb bildet, dass ich »aus dem Gefühl heraus« denke und handele, so haben wir hier eine soziale Struktur, die mich zur Spontaneität verurteilt. Und einen Satz von Roland Barthes zuspitzend, mag ich erkennen: »Spontan ist allein meine Angst.«[8]

Ich erfahre, dass meine Spontaneität an meine Rezeptivität, meine Passivität gebunden ist – und nicht, wie bei Kant, den Gegenpol zur Rezeptivität darstellt. Noch im Planen und Organisieren, in jedem Detail der minutiösen Vorbereitung bleibe ich meiner Spontaneität verhaftet, bin ich ein »Gefühlsmensch«, und es erscheint mir als ein Hohn, dass es gerade meiner Spontaneität zu danken ist, dass meine Situation nun die dauerhafteste ist, sie sich nicht verändern lässt.

Die Figur des Künstlers

In dieser Welt, in der die Norm der Gleichheit gilt, wird dem Individuum nie allein infolge seines Gleichseins, sondern immer erst infolge einer Differenz Wert verliehen. Also geht das Leben, das Denken und Handeln, auf die Erzeugung von Differenz aus, die Produktion des Anderen und Neuen. Gleichheit bedeutet: Differenz wird nicht vorrangig ererbt – als Klasse, Hautfarbe, Geschlecht, Name –, sondern muss hergestellt werden.

Das Problem erhält Gestalt in der Figur des Künstlers. Jeder ist ein Künstler, insofern sein Wert davon abhängt, ob er Differenz erzeugt.

Das Neue soll sich im Inneren des Künstlers ereignen, als eine »Idee« oder ein »Gedanke«. Gleichwohl ist es möglich, dass das Neue sich auf die Weise nie im Inneren ereignet, sondern stets in einem Außen, »im Laufe der Arbeit«, in der Reaktion aufs schon Gemachte. Vielleicht taucht das Neue nicht einmal auf diese Weise auf, sondern ausschließlich im Blick eines Anderen, vielleicht muss alles, was ich selbst gemacht habe, mir vertraut, in seinen Herkünften bekannt und also »alt« erscheinen. Dennoch kann ich es nicht lassen, das Neue in meinem Inneren oder zumindest in meinem Außen zu erwarten, für dessen Ausbleiben mich zu verachten.

Der Künstler beobachtet sein Inneres also pausenlos unter dem Gesichtspunkt des Neuen, erfährt die meisten Ideen, meisten Gedanken als »alt«. Darum sagt Ludwig Hohl: »Die Depression – ewige Begleiterin der Entstehung eines jeden Kunstwerks.«[9]

Zugleich ist dem systematischen Imitieren des Alten und dem Abarbeiten am Alten die Grundlage entzogen. Man hat nicht Meister, sondern Referenzen, und während man auf jene mit Stolz blickte, betrachtet man diese mit Scham. Das Alte soll nicht überstiegen, sondern übersprungen werden, der Sprung soll sich im Inneren ereignen. So kommt der Künstler in die nie zuvor dagewesene Unmittelbarkeit zu seinem Inneren.

Die Figur des Künstlers als die Figur, die ihr Heil nicht mehr in der Übereinstimmung mit allen Anderen findet, sondern in der Unterscheidung von den Anderen, der Einzigartigkeit, gleicht darin der Figur des Herrschers. Doch während die Herrschaft die Einzigartigkeit des Herrschers *hervorbringt*, bringt die Kunst (wie das Leben) in aller Regel Ähnlichkeit oder Gleichheit hervor – was es uns eben gestattet, von Kultur, Tradition, Institutionen, Ordnungen und Diskursen zu sprechen, von Stabilisierungen und Wiederholungen. Das Leben, das sich gezwungen sieht, Einzigartigkeit zu erzeugen, wird in der Regel ein verfehltes, unglückliches Leben sein.

Die Figur des Studenten

Die sozialen Strukturen der Freiheit machen jedes Streben, jede Bemühung – also das *Studium* im engen wie weiteren Sinn – zu einem Streben, sich Bemühen von einem Nichts in ein Nichts. Weder gibt es einen institutionellen Kanal, der bestimmt und sichtbar macht, wo es lang und wohin es gehen wird, wo und wann die Reise an ihr Ziel gelangt sein wird, noch gibt es einen festen, substanziellen Ausgangspunkt. Der immer neue Ausgangspunkt ist vielmehr »mein Talent«, »mein Potential«, »meine Hoffnung«, »meine Leidenschaft«, »mein Ziel« usw. Es ist etwas, das weder gegenständlich ist, noch in routine- oder ritualförmigen Handlungen Tag für Tag Gestalt annimmt, noch in zwischenmenschlicher Struktur, in Institutionen sich manifestiert. Jeder Mensch, der auf dem Weg ist, ist an sein Inneres verwiesen, weil das äußere Geländer fehlt.

Daraus folgt, dass jeder Strebende sein Inneres stets unter Beobachtung halten muss. Die Figur des Studenten steht für diese Erfahrung, dass Woher und Womit jedes Weges nun im Inneren erkannt werden sollen, der Strebende zu ständiger Introspektion, die dann auf die Abwesenheiten von Hoffnung, Energie, Zielen usw. trifft, gezwungen ist. Wenn Agamben sagt: »Auch die Trauer des Studierenden findet so ihre Erklärung: denn wenig ist bitterer als der allzu lange Aufenthalt in der Sphäre der reinen Potenz«[10], dann können wir ergänzen: Wenig ist zermürbender, als dieser tägliche Vorgang, welcher den Menschen in der Frage nach seinem Platz in der sozialen Welt, nach seiner Identität und Zugehörigkeit, den Modalitäten des Geldverdienens usw. in die Sphäre stets flüchtiger und ambivalenter Gefühle und Gedanken stürzt.

Die Figur des Überlebenden

Während die Figuren des Künstlers und des Studenten Anforderungsprofile sind, ist die Figur des Überlebenden ein Verletzungs- und Verletzlichkeitsprofil. Der Überlebende hat Schlimmes überlebt, ohne es »hinter sich« zu haben – Verlust, Verlassenwerden, Ausschluss in irgendeiner Form, ein familiales oder anderweitiges System struktureller Traumatisierung, Gewalt –, und das Schlimme hört nicht auf, ihn zu affizieren.

Diese Figur ist, wie die Figuren des Künstlers und des Studenten, eine gewöhnliche. Doch erst in der Negativen Moderne, da die Seele zum Arbeitsplatz geworden ist, zur Familiengründerin und Stifterin des Sozialen überhaupt, sieht der Überlebende sich der Gefahr der sogenannten »Arbeitsunfähigkeit« und »Bindungsunfähigkeit«, also seiner Desintegration, ausgesetzt. In einer Welt, in der Handeln im Bereich des Berufs wie im Bereich des Privaten und Intimen ans Innere gekoppelt ist, ist es im Fall des Überlebenden entweder an einen permanenten Tumult gekoppelt oder an dissoziative Leere.

Fatal ist für ihn eine soziale Struktur, die in beinahe jedem Augenblick eine handlungsbegünstigende Stimmung, ein zielführendes Gefühl, ein – emotionales – Entscheiden fordert, einen »klaren Kopf«, eine Achtsamkeit und Aufmerksamkeit, die still die Dinge spiegelt wie der – in Meditationsmanualen notorische – See in windstiller Nacht Mond und Sterne.

Der Überlebende als Künstler

Wir haben schon im zweiten Kapitel über das Nichts des Wertes festgestellt, dass der Einzelne in der Freiheit unter dem Diktat steht, einander entgegengesetzte Forderungen zu erfüllen (die Paradoxität des Dus). Mit der Figur des Künstlers ist eine weitere Behauptung verbunden, das Gegensätzliche sei vereinbar, ein weiteres Diktat, das sich Ausschließende zu realisieren.

Denn es ist die Figur des Überlebenden, die Künstler sein soll. Die Figur des Künstlers soll Schrecken und Schöpfung vereinen, Trauma und Aktivität, die Ungeheuerlichkeit des Leids mit der Ungeheuerlichkeit des Werks.

Die Figur des Künstlers wurde in den vergangenen hundert Jahren mehr und mehr zum exemplarischen Leidenden. Sätze wie: »Dieter Roth zeigt, wie übel ihm auf dieser Welt ist, und spuckt dabei sein Œuvre aus«, zeigen das Muster an. Das ultimative Bild ist die Figur des Auschwitzüberlebenden als Romanverfasser als Nobelpreisträger (obwohl Imre Kertész wiederholt gesagt hat, er schreibe ausschließlich als ein glücklicher Mensch, nicht *als* der Überlebende, der Leidende)[11].

Jedem freien Menschen sitzt diese behauptete Möglichkeit des Auschwitzüberlebenden als Romanverfasser als Nobelpreisträger im Nacken, *das Diktat der produktiven Verzweif-*

lung, das die ursprüngliche Verzweiflung noch steigert, weil diese unfruchtbar, unkreativ bleibt, das Leid nichts ist als ein blödes, wort-, bild- und tonloses, inaktives Leid.

Das ist die Lüge, die Norm einer *creatio ex nihilo*. Aus der Negativität des Innenlebens, der Negativität der Zeitstruktur, der Negativität des sozialen Wertes soll die Positivität des Werkes erwachsen. Sie sagt jedem freien Menschen: »Deine Unmöglichkeit ist keine.« Niemand darf sagen: »Ich kann nicht.«

Aus diesem Punkt erfährt die Kopplung des Handelns ans Innere ihre pauschale wie paradoxe Rechtfertigung. Wenn sogar der Leidende aus seinem Leid heraus handeln kann, so meint man, wie handlungsfähig müsste erst recht der Nichtleidende sein.

Fünf

Das Nichts des Möglichseins
Drei Unendlichkeiten

Es ist kaum glaublich, was diese philosophische Theorie
von der unbegrenzten Vervollkommnungsfähigkeit des
Menschen alles bewirkt und wie erstaunlich sie sogar
jene beeinflusst, die, stets nur dem Tun und nicht dem
Denken zugewandt, sich in ihrem Handeln danach
richten, obgleich sie sie nicht kennen.

ALEXIS DE TOCQUEVILLE[1]

Das schon Gewusste

Die Analyse der Unendlichkeit sieht sich mit einer Fülle von
Schon-Gewusstem konfrontiert, zahlreichen Klischees der
Kulturkritik.

Die Menschen, so heißt es, seien »ewig unzufrieden«, sie
hätten »jedes Maß verloren«, sie seien Perfektionisten, Egois-
ten und Narzissten, sie nähmen einander wahr wie Waren usw.
Hier tauchen die alten Laster auf: Gier und Eitelkeit. Das Problem erscheint als eines der Werte, der Haltung, des Subjekts.

Wir haben bemerkt, dass wir weit davon entfernt sind, in
einer »konsumistischen« Ordnung zu leben, einer Welt des
»Habens«, entfernt auch davon, in einer »egozentrischen«
Ordnung zu leben, einer Welt, in der jeder straflos um sich
selber kreiste. Statt dessen stellten wir fest, dass sich neben den
materialistischen Werten nichtmaterialistische Werte durchge-
setzt haben, dass alle Egozentrik sich zum herrschenden Wert
der Alterozentrik – Hineinversetzen in die Anderen, Gleich-
stellung mit den Anderen usw. – verhalten muss.

Dementsprechend werden wir es nun weniger mit materialistischer als nichtmaterialistischer Unendlichkeit, weniger mit einer Unendlichkeit der Ichzentriertheit als mit einer Unendlichkeit der Beziehungsmöglichkeiten zu tun bekommen.

Die Situation der Stürzenden

Natürlich zeigt Mögliches sich stets einem *Ich*, erscheint als »meine Möglichkeiten«, weshalb der Eindruck entsteht, die Freiheit sei notwendig eine Struktur der Ichbezogenheit (als Ich*überschreitung*).

Doch der Mensch »kreist« nicht »um sich selbst«, sondern muss sich überschreiten, und Horizont aller Überschreitung ist der Andere. Der Mensch, der in die soziale Wertlosigkeit stürzt, nimmt die Unendlichkeit möglichen Erfolgs als Möglichkeit wahr, seinen Wert in Beziehung zu anderen Menschen zu heben.

Alle Negativitäten, die wir hier untersuchen, erscheinen als Mögliches. Der Mensch, der in eine strukturlose Zeit stürzt, hat zeitliche Möglichkeiten *anstelle* von Zeithorizonten, *mögliche* Tagesabläufe, mögliche Wochen, Monate, Jahre. Anstelle von Terminen, dem Endlich-Terminiertem, ein Unendlich-Nichtterminiertes. Zeitdruck ist Notwendigkeit, Zeitbrei ist Möglichkeit. Nicht im alltagssprachlichen Sinn, dass der Arbeitslose oder der Selbständige, der Künstler, der sich jeden Augenblick aus einer Arbeitslosigkeit in ein Arbeiten kämpfen muss, »tausend Möglichkeiten« hätte. Denn positiv möglich ist ja meist fast nichts, sondern in dem Sinn, dass alles, was man tun könnte, und alles, was geschehen könnte, nur Mögliches ist, sich im Modus zeigt: »Ich könnte …« oder »Es könnte …«, dass die Menschen nicht mehr aufwachen in eine

Kontinuität der Tatsachen hinein, sondern in die Kontinuität bzw. Tatsache des Möglichen hinein.

Die Arbeitslosigkeit des *Nichtmehrbeschäftigten* kann belastender sein als die täglich neue Arbeitslosigkeit des *Alleinarbeitenmüssenden*, wie dessen Nichtarbeitenkönnen belastender sein kann als die Arbeitslosigkeit dessen, der den »Job verloren« hat. Es ist nicht das Gleiche, kommt sich aber darin nahe, dass das Nichts der Zeit ineinsfällt mit dem Nichts, das das Mögliche ist.

Der Mensch, der eine Unendlichkeit des Möglichen wahrnimmt, muss nicht zwangsläufig in einer wimmelnden, überbordenden Welt der Positivität leben, wie das Vorurteil und die Sprache selbst suggerieren. Die Unendlichkeit des Möglichen muss nicht hervorgehen aus einer Unendlichkeit des Wirklichen.

Nein, der Einzelne kann allein zuhause sein, sein Leben kann ein »graues« sein, in dem »sich fast nichts ereignet«. Wir werden dazu mehr sagen im letzten Teil über das Nichts des Anderen.

Der Mensch, der fast nichts erreicht, erfährt nun, dass sein Fast-nichts nochmals negiert wird durch die Unendlichkeit des Möglichen, die sein Fast-nichts *außerdem* nicht ist. Die Ärmlichkeit seiner Existenz wird noch ärmer im Vergleich zu all dem, was sein *könnte*, aber nicht ist. Auch in diesem: Der Mensch, der ins Nichts des Handelns und Denkens, ins Nichts aller Aktivität stürzt, der nicht arbeiten, das Leben nicht »in die Hand nehmen« kann, erfährt dies immerzu im Horizont unendlicher Handlungsmöglichkeiten und Denkmöglichkeiten.

Die Negativität des Möglichen ist ein Aspekt der Negativen Moderne, und naturgemäß begegnet sie nicht selten zusammen mit allen anderen Aspekten der Negativen Moderne in einer Lebenssituation, in der alle Aspekte ein Ganzes bilden.

Die Unendlichkeit der Kontrolle

Wir erkennen, dass sich in der Freiheit nicht zwangsläufig der Grenzüberschreiter im schlichten Sinn, Hedonist und Exzessmensch, durchsetzt, sondern oft der Kontrollierende und Selbstbegrenzer – Nichtraucher, Wenigeralkoholtrinker und Fahrradhelmträger, Wenigerfleischesser und Nichtmehrausagierer.

Der Mensch, der naturgemäß zuerst die unendlichen Genuss- und Grenzüberschreitungsmöglichkeiten entdeckt hatte, entdeckt bald die unendlichen Kontrollmöglichkeiten. Von der ersten Erfahrung der Freiheit – dem Kontrollverlust – geht er über zur zweiten Erfahrung, zum Versuch, die Kontrolle zu erlangen. Auf den *primären* Kontrollverlust des Genusses, des Rausches, der Überschreitung folgt der *sekundäre* Kontrollverlust des Kontrollierens. Denn auch die exzessive Kontrolle, der exzessive Kontrollversuch sind ja ein Kontrollverlust.

Die freien Menschen tragen sich unausgesetzt mit dem Enthaltsamkeitsgedanken. Sie wollen sich des Fernsehens, des Internet, der Mobiltelefonie enthalten, der Masturbation, der Süssigkeiten, des Arbeitsexzesses usw. Sie wollen sich durch eine individuelle Praxis des Unterlassens, Routinen des Unterlassens befreien. Auch die Möglichkeiten der Enthaltsamkeit, abstandhaltenden Praxis, »Charakterstärke« sind unendlich.

Die Menschen, die immer weiter wollen, wollen weiter, *indem* sie »endlich innehalten«, sie »endlich nur sein« wollen. Ihr Werden soll sein, dass sie sich des Werdens enthalten, ihr Werdenwollen kontrollieren. Die »Optimierung« besteht darin, sich »nicht mehr optimieren« zu wollen, sondern zu Höherem zu streben – zur Natur, zur Kunst, zum Anderen. Der Mensch, der sich nur »lebendig fühlt«, wenn er liebt oder sexuell erregt ist, will sich zugleich »nicht mehr selbst verlieren«. Er will »nicht mehr verletzt« werden, keiner »Projektion« oder »Idealisierung« mehr zum Opfer fallen, seine Muster und Mechanismen durchschauen und kontrollieren. Die romantische Unendlichkeit gegenseitiger Erregung und Verletzung geht also einher und kommt in Konflikt mit der therapeutischen Unendlichkeit gegenseitiger Kontrolle und Regulation.

Neben den Exzessregimen entstehen Kontrollregime. Auch die Kontrolle wird zum Exzess – wie umgekehrt der Rausch geplant, organisiert, effektiviert und rationalisiert wird –, so dass Exzess und Kontrolle sich vielfältig durchdringen.

Die unbegrenzten Möglichkeiten der Liberalität gehen einher und kommen in Konflikt mit den unbegrenzten Möglichkeiten des Konservatismus, der willkürlichen Traditionalität, der »Werte«. Die Freiheit ist ein strukturelles Apriori *aller* politischen und moralischen Richtungen und Haltungen. Die Rigidität hat einen Vorzugsplatz im Reich der Freiheit, nur ist es nicht mehr die Rigidität der Anderen, sondern *meine*.

Vertikale Unendlichkeit

Wir werden also genau hinschauen müssen und die Fragen stellen: *Welche* Unendlichkeit? Wessen? Wo tritt sie auf? Wodurch? Wie?

Zu einer ersten Unterscheidung dient uns noch einmal das

Koordinatensystem. *Vertikale* Unendlichkeit ist Unendlichkeit des Steigens, der Steigerung – entweder der Steigerung der Steigerung oder der Steigerung der Unterlassungen –, des Kletterns, Wachsens, also des Erfolgs, der Karriere, der Macht, der spirituellen, künstlerischen oder psychologischen Entwicklung, der »inneren Stille«, der Transformation, der Vervollkommnung. Vertikale Unendlichkeit erfordert Wollen und Können.

Um vertikale Unendlichkeit entstehen zu lassen, müssen die sozialen Schwerkräfte, welche die Menschen »unten«, also an ihrem jeweiligen sozialen Herkunftsort, halten, die Klassen- oder Milieuschranken nicht aufgehoben sein. Die Tragik der Wahrnehmung vertikaler Unendlichkeit entfaltet sich gerade in der *Spannung* zwischen der Wahrnehmung des Möglichen und der Schwierigkeit und Unmöglichkeit, es zu realisieren, dem Prallen gegen die unsichtbaren Wände der Herkunft wie – das ist genauso wichtig, siehe Kapitel 4 – die Wände des unsichtbaren Gefängnisses der eigenen psychischen Konstitution, die Wände und Grenzen, die – positiv – psychische Verletzungen und Beschädigungen sowie – negativ – Defizite und Unterlassungen wichtiger Bezugspersonen gezogen haben. Soziale und psychische Ressourcen, sozialer und psychischer Habitus haben die allergrößte Bedeutung – jedoch immerfort in der Spannung zu einem Möglichen, dessen Ende für das Individuum nicht abzusehen ist. Will man hier einen alten Soziologenstreit zitieren, so kann man sagen: Die Tragik besteht darin, dass sowohl Beck als auch Bourdieu, sowohl die Theorie der Individualisierung als auch die Theorie perpetuierter sozialer Ungleichheit Recht hat. Der Widerspruch zwischen beiden ist kein wissenschaftlicher, sondern muss von jedem Einzelnen permanent ausgehalten und vermittelt werden. Die Kluft, die sich niemals schließen lässt, ist eben die Quelle des Leids.

Ein Mögliches wahrzunehmen, bedeutet, wie gesagt, ein Nichts der Wirklichkeit wahrzunehmen. Die Möglichkeit des Todes bedeutet: Ich lebe. Die Möglichkeit einer Reise in den Süden bedeutet: Ich bin nicht im Süden, ich bin *hier*, wo es kalt ist.

Auf welches Nichts stößt mich die Unendlichkeit möglichen Steigens und Wachsens? Sie stößt mich auf mein Gering- und Untensein, meine Unfähigkeit, meine Stagnation, das Ausbleiben von Erfolg, Karriere, Macht, von Entwicklung und Transformation.

Horizontale Unendlichkeit

Dann sind da die *horizontalen* Unendlichkeiten. Horizontale Unendlichkeiten sind die eines je Anderen, der Alternativen, des durch ein konkretes Sein je Ausgeschlossenen: also anderer Gefährten, anderer Freunde, anderer Orte, anderer Arbeitsweisen usw.

Horizontale Unendlichkeiten sind nicht wie vertikale als ein Kontinuum (des Steigens) gegeben, sondern als Vielzahl diskreter, sich gegenseitig ausschließender Möglichkeiten. Ich bin an diesem *oder* an jenem, anderen Ort, ich arbeite so *oder* anders.

Auf welches Nichts stoße ich? Eben auf das Nichts eines anderen, ersehnten Menschen, eines anderen, ersehnten Ortes, einer anderen, ersehnten Arbeit, eines ersehnten »anderen Lebens«.

Vornüber- und Hintenüberstürzen

Schließlich sind da jene Unendlichkeiten, die wir der Applikate des Koordinatensystems zuordnen: Ich stürze – *vornüber* – in eine Abhängigkeit hinein. Ich lasse mich – *hintenüber* – aus einer Abhängigkeit herausfallen ins Nichts. Vornüber stürze ich in Möglichkeiten, die positive Versuchungen sind, denen nichts mehr entgegensteht: in den Sex, in die Berühmtheitsidee usw. Hintenüber stürze ich in Möglichkeiten, die negative Versuchungen sind, denen nichts mehr entgegensteht: in den Abbruch meines Arbeitsprozesses, in den Abbruch eines Projekts, in den Wechsel des Berufs, in den sogenannten Kontaktabbruch, die Trennung von einem Menschen, einer Institution, einem Ort. Hier ist die Unendlichkeit nicht die eines Werdens und auch nicht die einer Zahl oder Andersheit. Sie ist die einer Bewegung: nach vorne, in etwas hinein; nach hinten, aus etwas heraus.

Auf welches Nichts stoße ich, wenn ich nicht vorn- oder hintenüberfalle? Eben auf das Nichts eines lockenden Etwas oder das Nichts eines lockenden Abbruchs, einer lockenden Trennung.

Können, Wollen, Dürfen

Natürlich könnte man behaupten, dass ich auch vornüber in die Versuchung meiner vertikalen Möglichkeiten kippe, wie ich dabei hintenüber aus allem herausfalle, was mich gerade bedrückt, dass ich vornüber in meine horizontalen Möglichkeiten kippe, immerzu in etwas anderes, wie ich dabei hintenüber aus dem herausfalle, was mich hier und jetzt bedrückt.

Das ist in gewisser Weise richtig. Dennoch möchte ich mit

dieser speziellen Achse auf einen Unterschied in der Modalität hinweisen. Vertikale Unendlichkeit erfahre ich als Alles*können* bzw. Alleskönnenmüssen – andernfalls bin ich ein Versager. Horizontale Unendlichkeit erfahre ich als Alles*wollen* bzw. Immerandereswollen. Und die Möglichkeit des Vornüberkippens in etwas hinein, Hintenüberkippens aus etwas heraus erfahre ich als Alles*dürfen*, die nicht mehr verbotene Einverleibung, nicht mehr verbotene Trennung.

Auch wenn Können, Wollen, Dürfen bei jeder Unendlichkeit eine Rolle spielen, liegt der problematische Akzent doch einmal auf dem Können bzw. Nichtkönnen, einmal auf dem Wollen bzw. Nichtwollen, einmal auf dem Etwasdürfen bzw. erlaubten Abbruch.

Das uneinholbare Andere

Ich habe es also mit einem vertikalen Nichts (»meiner selbst«) zu tun, mit einem horizontalen Nichts der diskreten Möglichkeiten sowie mit einem Nichts vor mir und einem Nichts hinter mir – möglicher Ekstase und Distanzierung, Verbindung und Trennung, Ausscheidung und Einverleibung.

Aber was ist eigentlich Unendlichkeit im hier verstandenen Sinn? Nur das Fehlen einer Grenze? Eben Un-endlichkeit? Hört etwas, das früher irgendwo aufhörte, nun nicht mehr auf, sondern geht »immer weiter«? Ist etwas, das früher überschaubar war, nun einfach unüberschaubar? Ist vertikale Unendlichkeit nichts als das Fehlen einer objektiven, eindeutigen Grenze der Arbeitsqualität, des Erfolgs, der Entwicklung?

Mangelt es dem Ingenieurwesen, der Arbeit des Erfinders, mangelt es der Kunst, der Arbeit des Malers oder des Musikers, mangelt es der Wirtschaft, der Arbeit des Angestellten eines neu gegründeten oder bereits börsennotierten Unternehmens, mangelt es der sogenannten »Persönlichkeitsentwicklung«, der »Selbstverwirklichung«, der Partnerschaft und Sexualität nur an etwas? An einer buchstäblichen *Definition*, einer Bestimmung des »Hier geht es nicht weiter« oder des »Hier ist es gut«, eines Kriteriums für Perfektion (also Voll-*endung*[2])? Oder sogar – stärker – einer ausdrücklichen Bestimmung *gegen Steigerung*, gegen »Maßlosigkeit«? (Man stelle sich vor, es gebe Neuerungen, Werke, Gewinne, Entwicklungen und Erregungen, die *keine* Wertschätzung mehr erführen, die als Zuviel *verachtet* würden.)

Georg Lukács schreibt 1916: »(D)arum fehlt allem, was unsere Hände müde und verzweifelt fahren lassen, immer die letzte Vollendung. (…) Unsere Welt ist unendlich groß geworden und in jedem Winkel reicher an Geschenken und Gefahren als die griechische, aber dieser Reichtum hebt den tragenden und positiven Sinn ihres Lebens auf: die Totalität. Denn Totalität als formendes Prius jeder Einzelerscheinung bedeutet, dass etwas Geschlossenes vollendet sein kann; vollendet, weil alles in ihm vorkommt, nichts ausgeschlossen wird und nichts auf ein höheres Außen hinweist; vollendet, weil alles in ihm zur eigenen Vollkommenheit reift und sich erreichend sich der Bindung fügt.«[3]

Lukács versteht zwar unter »unendlich groß geworden« nicht die hier beschriebene Unendlichkeit des *Möglichen*, sondern einen *Zerfall* der Welt, die sich nicht mehr als sinnhaftes Ganzes im Sinne einer Metaphysik, eines Glaubens verstehen lässt, in unendlich viele unverbundene, sinnlose Einzelerscheinungen. Die Ergebnisse der Arbeit des Menschen, das, was unsere Hände fahren lassen, bleibt bei Lukács ohne »letzte Vollendung«, nicht weil es sein Mögliches niemals erreicht, jedes Arbeitsergebnis ein »Ungenügendes« ist, sondern weil im einzelnen Arbeitsergebnis nicht mehr »alles vorkommt«, nämlich die Idee, dass es zu einem Ganzen *gehört*, dass es ein Werk innerhalb des göttlichen Werkes, innerhalb einer Ordnung, einer Schöpfung ist. Bauer und Schuster schufen einst Vollendetes, nicht weil sie Meister, Virtuosen waren, sondern weil dem Geschaffenen eine *letzte*, sinnhafte Vollendung zukam innerhalb eines höheren Ganzen.

Die Unendlichkeit einer in sinnlose Einzelheiten zerfallenen Welt wäre also eine Unendlichkeit, die nur dadurch zustandekommt, dass etwas verschwindet, in diesem Fall: die metaphysische Ordnung.

Es gibt eine psychologische Plausibilisierung Gottes, die so funktioniert: Menschliches Leben, menschliche Fähigkeit, menschliche Güte sind endlich. Also erträumten wir ein Wesen, das ewig ist, dessen Fähigkeit und Güte unendlich sind.

Doch muss es dem Gläubigen nicht als unbefriedigend erscheinen, dass Gott nichts sein solle als Maßlosigkeit? Aufhebung des menschlichen Maßes, eine Negation, ein Nichts? Bei Descartes ist das Unendliche tatsächlich *vor* dem Endlichen da. Die Vollkommenheit Gottes – gedacht als Unendlichkeit – ist es, die dem endlichen Menschen erst die Idee Gottes eingibt.

Auf ähnliche Weise könnten wir nun annehmen, die Unendlichkeit des Möglichen sei auch eine ursprünglich positive Tatsache.

Ist das so? Natürlich läge eine gewisse Ironie in der Feststellung, dass das Immense dieser Welt sich lediglich dem *Verschwinden* von Grenzen, verschiedenen Formen von *Nichts* verdankt.

Was genau nehme ich wahr, wenn ich sage: »Ich kann keine

objektive Grenze für meinen Erfolg erkennen«, wenn ich sage: »Ich kann keine definitive, endlich-endgültige Menge möglicher Orte, möglicher Partner, möglicher Stile erkennen«, wenn ich sage: »Ich kann keine absolute Grenze zwischen mir und diesem Etwas, zwischen mir und dieser Trennung, diesem Abbruch erkennen«? Was nehme ich wahr, wenn die Sache, die ich wahrnehme, »kein Ende hat«, »kein Ende nimmt«?

Im Fall vertikaler Unendlichkeit nehme ich etwas wahr, mit dem ich mich und alles, was ich erreiche, vergleiche. Es ist *das Werk des Anderen* und *das Leben des Anderen*. Wenn ich ein Künstler bin, nehme ich also die Werke der anderen Künstler und die Leben der anderen Künstler wahr, und diese Werke, diese Leben sind *für mich* das Unendliche, das mein Werk, mein Leben nicht erreicht, niemals erreichen wird.

Wenn wir von »Werk« und »Leben« sprechen, meinen wir nicht nur, was da ist, was geschehen ist. Das Werk ist das Werk, *eingeschlossen die Wahrnehmung und Würdigung dieses Werkes durch die Menschheit*. Das Leben ist das Leben, eingeschlossen die Wahrnehmung und Würdigung dieses Lebens durch die Menschheit. Darum wachsen Werk und Leben auch weiter, wenn der Wahrgenommene tot ist. Ja, dann beginnen Werk und Leben erst, wahrhaft »groß« zu werden.

Hinzukommt, dass ich am anderen Werk, anderen Leben ausschließlich das *Gewordene* wahrnehme, nicht aber das *Gewollte*, das naturgemäß verfehlte Ideal. Ich erfahre Werk und Leben des Anderen von außen, als ein Verdinglichtes, nicht von innen wie der andere Mensch (einst) selbst, in der Spannung zum Idealen, Vorgestellten, Geplanten. Darum muss ich auch dort grenzenlos bewundern, wo der Andere verzweifelt ist.

Wir erinnern uns der Feststellung von Camus: »Hier liegt

der Ursprung jenes unglückseligen Neids, den so viele Menschen dem Leben anderer gegenüber hegen. Man sieht ihr Leben von außen ...« Der Betrachter sehe nur »die Gipfellinie dieses Lebens«. Diese Gipfellinie ist eben das Erreichte *ohne* das Gewollte, das Reale ohne das Ideale.

Daraus folgt, dass die Menschen, was sie auch erreichen, hinter dem Werk der Anderen, dem Leben der Anderen zurückbleiben müssen, weil ein Existierender nie die transzendenzlose Vollendung eines Dings erreicht, weil ein Existierender nie die Wahrnehmung und Würdigung der Menschheit – selbst wenn es eine solche Wahrnehmung gäbe – *sein* kann, weil ein Lebender nie erreicht, was ein Toter erreicht, weil das Leben jedes Lebenden nur ein trübseliger Schatten der legendären Leben der Toten sein kann, weil das Element *jedes* Lebens die Alltäglichkeit ist, als nicht-alltäglich nur das Leben eines Anderen, ob tot oder lebendig, erscheint.

Es lasten nicht mehr, wie bei Marx, die Traditionen aller toten Geschlechter wie ein Alp auf dem Bewusstsein der Lebenden, sondern *die realisierten Freiheiten* der toten und lebenden individuellen Anderen, ihre »großen Werke« und ihre »großen Leben«. Dieses *uneinholbare Andere* ist für uns die Unendlichkeit. Erst im Angesicht dieser uneinholbaren Transzendenz anderer Leben und Werke erfährt das Ich seine Immanenz und Endlichkeit. Der andere Mensch hat – logisch – die Position eingenommen, die einst die Position Gottes war.

In dieser sozialen Ordnung kommt Dokumentarfilm und Zeitungsreportage, allen Formen des Porträts, besondere Bedeutung zu. Nie zuvor in der Geschichte wurde das »eigene Leben« – um das es im Zeitalter der Individualisierung angeblich geht –, das eigene Werk, im künstlerischen oder nicht künstlerischen Sinn, auf solche Weise in den Schatten gestellt, durch Vergleich vernichtet, wie heute. Die ununterbrochene Rezeption fremder Leben und fremder Werke – ermöglicht durch die Techniken und Institutionen des Dokumentarischen – macht alles Eigene zur Nichtigkeit.

Ebenso verhält es sich mit der horizontalen Unendlichkeit sowie der unbegrenzten Bewegung in etwas hinein, aus etwas heraus. Zwar scheint es so, als sei in dieser Welt mit ihrer Telekommunikation, Mobilität und »gelockerten« Moral nur das Trennende zwischen Orten, Menschen, Tätigkeiten verschwunden, als habe man nur ein Gitter hochgezogen, weshalb nun alles durcheinanderwimmele. Doch die mechanistische Sichtweise verstellt, dass auch die Alternativen, auch das Lockende, auch mögliche Abbrüche und Trennungen uns immer zunächst erschlossen sind durch das Vorbild anderer Menschen, die Leben und Werke der Anderen, die sich schon an den anderen Orten befinden, das Andere schon tun, schon sind, die so vieles schon abgebrochen haben (um dann aufzubrechen in dieses oder jenes).

Jede Möglichkeit, die wir wahrnehmen, ob vertikal oder horizontal, vor oder hinter uns, nehmen wir wahr *als Wirklichkeit der Anderen*. Das bedeutet nicht, dass jeder Berg schon bestiegen wurde, jedoch dass das Leben des Bergsteigers, allgemeiner: das *abenteuerliche* Leben schon Wirklichkeit anderer ist.

Das Mögliche ist das Schonverwirklichte und als solches das Schonverwirklichte eines Anderen, das notwendig alles übersteigt, was wir erreichen können. Auch wenn wir den anderen Ort erreichen, erreichen wir nie den anderen Ort des Anderen. Die Verlockung eines Anderen, in die wir vornüber fallen, wird für uns nie diese Verlockung des Anderen *des anderen Menschen* sein. Der Abbruch, die Trennung, in die wir hintenüber fallen, wird nie der Abbruch, die Trennung des Anderen sein. Das Etwas des Anderen wird stets größer sein als mein Etwas, das Nichts des Anderen stets frischer, leuchtender und rückstandsloser als mein Nichts.

Wir können jetzt also sagen, dass die Unendlichkeit nicht nur das Fehlen einer Grenze ist. Die Unendlichkeit des Möglichen erscheint nicht allein im Verhältnis zu uns selbst, sofern wir ein Verhältnis zu uns selbst sind, sondern im Verhältnis zu uns selbst, sofern wir ein *Verhältnis zu anderen* sind. Was immer das Können, Wollen, Dürfen will, es ist das Schongekonnte, Schonerreichte, Schongenossene eines Anderen. Den Goethe-Satz: »Das radikale Übel: dass jeder sein möchte, was er sein könnte«[4], müsste man also präzisieren. Das radikale Übel ist, dass jeder sein muss, was er sein könnte – nach dem unendlichen, uneinholbaren Bild der Anderen.

Kierkegaard

Was sagt Kierkegaard? Er nennt seine Untersuchung »Die Krankheit zum Tode« eine psychologische und christliche. Sie soll die Verzweiflung untersuchen, die eine »Krankheit im Geist, im Selbst«[5] sei.

Die Verzweiflung der Unendlichkeit, die Kierkegaard beschreibt, hat es also mit einer *Unendlichkeit im Geist* zu tun. Dabei wird die Unendlichkeit als *ein Nichts* verstanden, in dem der Mensch sich selbst und sein »Gesetztsein«[6] in der Welt durch ein Anderes, durch Gott verleugnet.

So schreibt Kierkegaard: »Ist das verzweifelte Selbst ein leidendes, so ist die Verzweiflung doch, verzweifelt man selbst sein zu wollen. Vielleicht stößt ein solches experimentierendes Selbst (...) auf die eine oder andere Schwierigkeit, etwas, was der Christ ein Kreuz nennen würde, einen Grundschaden, der ganz beliebig sein kann. Das negative Selbst, die unendliche Form des Selbst, will diese Schwierigkeit zuerst vielleicht einfach wegwerfen, will nichts davon wissen. Doch das gelingt ihm nicht …«[7] Unendlichkeit ist also Negativität: ein Wegwerfen, ein Nichtwissenwollen, Abwehr und Flucht.

Interessanterweise denkt Kierkegaard die Verzweiflung noch dort, wo sie ein Verhältnis zu anderen Menschen ist, als eine Verendlichung: Ich mache es, wie alle es machen, ich passe mich an, ich bin ein Spießbürger. Gleichwohl kommt mir die Unendlichkeit des Möglichen auch durch einen Anderen zu, doch dieser Andere schafft *tatsächlich* unendliches Möglichsein in meinem Leben, anstatt nur ein uneinholbares Bild eines Werks, eines Lebens zu sein. Dieser Andere, der Möglichkeit schafft, ist Gott.

Verzweiflung

Was ist nun die *Verzweiflung* der Unendlichkeit? Kierkegaard sagt, dass die Fantasie, das Gefühl, die Erkenntnis und der Wille sich im Unendlichen verlieren, wenn sie sich auf nichts Bestimmtes, nichts Konkretes mehr beziehen, sie nicht mehr »zurückkehren zum Selbst«. Wenn etwa das Gefühl allen gilt, der Menschheit – vielleicht auch der Unendlichkeit möglicher Partner –, nicht einem konkreten Menschen, wenn die Erkenntnis »unmenschlich« wird, da sie nicht mehr Selbsterkenntnis ist, sich von aller Selbsterkenntnis, von aller Erfahrung gelöst hat usw. Die Konsequenz: »Das Selbst führt dann eine fantastische Existenz in abstrakter Verunendlichung oder in abstrakter Isolation, ständig ohne sein Selbst, von dem es sich nur immer weiter entfernt.«[8]

Diesen Zustand beschreibt Kierkegaard allerdings weder – notwendig – als Leiden, also als pathologische Passivität, noch als Zustand der Handlungsunfähigkeit, als Problem der Aktivität. Was er Verzweiflung nennt, ist zunächst nichts als eine existenzielle Verfehlung, eine Verfehlung im Verhältnis zu Gott. Denn »man selbst werden heißt: konkret werden. Das aber heißt: weder endlich noch unendlich werden, denn das, was konkret werden soll, ist ja eine Synthese.«[9] Verzweiflung ist kein Gemütszustand, kein Handeln oder Nichthandeln, und es ist auch kein Bewusstseinsinhalt. Man kann verzweifelt sein, ohne es zu wissen. Kierkegaard denkt das Selbst nicht, wie manche Psychologen heute, als eine Substanz, als ein Seiendes, in dem man »wurzeln« könne – er sagt klar: das Selbst ist »nicht wirklich da«[10]. Kierkegaard denkt das Selbst als ständige Bewegung, das »Verhältnis, das sich zu sich selbst verhält«, das immerfort Endlichkeit – nur eine Zahl, eine Wiederholung der Anderen zu sein – und Unendlichkeit, das unausgesetzt Notwendigkeit und Möglichkeit zu vermitteln hat zu immerneuer Synthese in seiner Existenz, in seinem Werden.

Dem Menschen wird also *eine Aufgabe* gestellt. Und es ist einfach, einzusehen, was für Kierkegaard eine Verfehlung der Aufgabe ist: zum einen das fantastisch gewordene, nicht zu sich selbst zurückkommende Fühlen, Denken, Wollen, zum anderen die Anpassung an die Masse, die Leugnung der eigenen Verantwortung, die Selbstverendlichung zur Zahl, zum Ding. Wie schwierig aber es ist, die Verfehlung zu vermeiden, wird klar, wenn Kierkegaard neben Endlichkeit – Unendlichkeit einen weiteren Gegensatz einführt, den von *Notwendigkeit* und *Möglichkeit*.

Schon diese Ergänzung überrascht. Ist die Unendlichkeit nicht bereits die Unendlichkeit des Möglichen? Das ist offenbar nicht der Fall. Wenn Kierkegaard von Unendlichkeit spricht, meint er eben das Fantastische, und das Fantastische ist kein Mögliches, das erst Wirklichkeit zu werden hat, sondern es ist bereits Wirklichkeit *als Fantasie*.

Die Menschen, die sich an die Unendlichkeit verlieren, haben also keineswegs eine mangelhafte Wirklichkeit wie im Fall der drei vorgestellten Unendlichkeiten in einer Welt struktureller Freiheit. Ihr Mangel ist keine Möglichkeit, sondern es fehlt ihnen an einem Verhältnis zu sich selbst, weil sie stets *woanders* sind, positiv woanders, nämlich im Unendlichen als Fantastischem, in einem Rausch, einer Menschheitsliebe, einem bezuglosen, selbstlosen Denken.

So ist die Notwendigkeit auch keine bloße Variation der Endlichkeit. Während ich mich in der Endlichkeit selbst loswerde, indem ich behaupte, eine Fortsetzung der anderen Menschen, der Gruppe, der Masse, zu sein, werde ich mich in der Notwendigkeit selbst los, indem ich behaupte, dass im Prinzip Neues gar nicht möglich sei, dass alles, was passiere, nur eine Fortsetzung des Gegebenen im Rahmen des »Wahrscheinlichen« sein könne, dass ein Durchbruch zu einem ganz Anderen unmöglich sei, weil die »Erfahrung« nun einmal dieses oder jenes lehre, es also gar keinen Sinn mache, das ganz Andere zu wollen.

Warum nun ist die Kierkegaard'sche Aufgabe so schwierig? Wir sehen es daran, was Kierkegaard zu Möglichkeit und Notwendigkeit sagt.

Zur Möglichkeit heißt es: »Wenn nun die Möglichkeit die Notwendigkeit über den Haufen rennt, so dass das Selbst in der Möglichkeit von sich selbst wegrennt und also nichts Notwendiges hat, zu dem es zurück soll, dann ist dies die Verzweiflung der Möglichkeit. Eine solches Selbst wird eine abstrakte Möglichkeit, es zappelt sich in der Möglichkeit müde, ohne doch von der Stelle noch an eine Stelle zu kommen, denn diese Stelle ist gerade das Notwendige; sich selbst werden ist ja gerade eine Bewegung auf der Stelle.«[11]

Das Wegrennen vor sich selbst könnte sowohl Hoffen und Klettern in der Vertikalen sein, die Fantasie des Aufstiegs wie tatsächliches Aufsteigen, als auch ein erwägendes oder tatsächliches Hüpfen von einem zum anderen in der *Horizontale* wie schließlich ein Sichkippenlassen vornüber in die Versuchung von etwas bzw. hintenüber in die Versuchung eines Endes, eines Abbruchs hinein.

Kierkegaard schreibt weiter: »Es ist auch nicht nur ein Mangel an Kraft, wenn sich ein Selbst solcherart in die Möglichkeit verläuft (…) Was eigentlich fehlt, ist die Kraft, um zu gehorchen, sich dem Notwendigen im eigenen Selbst zu beugen, der eigenen Grenze, wie man es nennen muss.«[12]

Schon hier fragen wir uns, wie der Mensch die Notwendigkeit im eigenen Selbst erkennen soll. Wie weiß er, wo und was seine Grenze ist?

Dann lesen wir zur Verzweiflung der *Notwendigkeit*: »Fantasielos, wie der Spießbürger immer ist, lebt er in einem gewiss trivialen Inbegriff von Erfahrungen: wie es zugeht, was da möglich ist, was zu geschehen pflegt – er mag im übrigen Bierzapfer oder Staatsminister sein. So hat der Spießbürger sich selbst und Gott verloren. Denn damit ein Mensch auf sein Selbst und auf Gott aufmerksam werde, muss ihn die Fantasie höher und über den Dunstkreis des Wahrscheinlichen tragen, sie muss ihn aus diesem herausreißen und ihn lehren, indem sie möglich macht, was das *quantum satis* jeder Erfahrung überschreitet, zu hoffen und zu fürchten oder zu fürchten und zu hoffen.«[13]

Bei Kierkegaard ist Gott nicht nur das, was uns bestimmt und begrenzt, sondern auch und vor allem das, was Möglichkeit schafft, das Unmögliche möglich macht und dergestalt *rettet*. Die Unendlichkeit des Möglichen ist göttlich. Damit aber wird mein Anerkennen, dass ich durch Gott gesetzt, also bestimmt und begrenzt bin, zu einer Öffnung zum Unbegrenzten, zur rettenden Unendlichkeit des Möglichen *in Gott*, über das ich nur nicht selbst verfüge, auf das ich aber hoffen darf.

Da haben wir das Problem. Der Mensch muss seine Grenze erkennen, seine unüberschreitbare Notwendigkeit, doch zugleich sich von seiner Fantasie über den Dunstkreis des Wahrscheinlichen, der eigenen Erfahrung hinaustragen lassen, muss lernen, zu hoffen. Er muss auf der Stelle bleiben und zugleich sich fortreißen lassen.

Wie ist das zu schaffen? Natürlich nicht, das ist die Stärke von Kierkegaards Denken, ein für alle Mal, sondern als *fortlaufende* Synthese der Gegensätze, als permanente Bewegung. So wird das Paradox – das uns nicht zufällig erinnert an die Paradoxierungen des individuellen, persönlichen Dus, die in fast allen Selbsthilfebüchern wiederkehrt: »Akzeptiere dich selbst, wie du bist, in deinen Grenzen, und werde so, mithilfe dieses Buches, ein Anderer« – aufgelöst in ein Bewegungsgesetz der Existenz. Ich erfahre die Grenze nicht in einem einmaligen Akt der Introspektion, sondern im gelebten Versuch ihrer Überschreitung, der Ehrlichkeit der Selbsterkenntnis.

Dennoch ist das Kierkegaard'sche Modell bzw. Hegel'sche System einer behaupteten kontinuierlichen Synthese von Gegensätzen unbefriedigend. Wäre es nicht theoretisch überzeugender, realistischer, die Spannung zwischen Endlichkeit und Unendlichkeit, Notwendigkeit und Möglichkeit bestehen zu lassen, die Wunde offen zu lassen?

Das Leiden

Ohne dies hier beantworten zu können, müssen wir fragen: Wie kann Kierkegaards Verzweiflung ein Leiden sein? Und: Wie handelt der Verzweifelte bzw. handelt nicht? Das Leiden ist ja wie gesagt keine Zwangsläufigkeit. Das Gefühl und das Wollen mögen niemals, so Kierkegaard, konkret werden, aber »ein Mensch, der solcherart fantastisch geworden und deshalb verzweifelt ist, kann deshalb doch, obgleich es zumeist offenbar wird, recht gut dahinleben, Mensch sein, wie es den Anschein hat, beschäftigt mit dem Zeitlichen, heiraten, Kinder aufziehen, geehrt und angesehen sein – und man bemerkt vielleicht gar nicht, dass ihm im tieferen Sinn ein Selbst fehlt (…) Die größte Gefahr, jene, sich selbst zu verlieren, kann in der Welt so geräuschlos sein, als wäre es gar nichts. Kein Verlust kann so still geschehen; jeder andere, der eines Arms, eines Beins, von fünf Reichstalern, einer Gattin usw., wird doch bemerkt.«[14]

Es gibt jedoch einen Punkt, an dem die Verzweiflung, das Fantastischgewordensein schlagartig sich bemerkbar macht, wenn nämlich, so Kierkegaard, die Fantasie sich *an etwas* hängt, das Wollen *vermeintlich konkret* geworden ist, dann allerdings das Gewollte verfehlt wird oder entgleitet, der Mensch sich also nicht mehr sagen kann – so müsste man vielleicht die Verlustgeschichte fortschreiben –, »auf dem Weg« zu dem zu sein, was er verzweifelt ersehnt, die Unendlichkeit doch einmal einholen zu können in die eigene Endlichkeit.

In Bezug auf die Qualität des Leidens bleibt Kierkegaard zwar vage, nicht aber in Bezug auf dessen Maß. Von Qualen, Plagen, Unerträglichkeit ist die Rede. Kierkegaard schreibt: »Wenn also der Herrschsüchtige, dessen Losung ›Cäsar oder nichts‹ lautet, nicht Cäsar wird, dann verzweifelt er darüber. Das aber bedeutet etwas anderes: Gerade weil er nicht Cäsar wurde, ist ihm jetzt unerträglich, er selbst zu sein. Er verzweifelt also eigentlich nicht darüber, dass er nicht Cäsar geworden ist, sondern über sich selbst, weil er nicht Cäsar wurde. Dieses Selbst, das ihm, wäre es Cäsar geworden, alle seine Lust bedeutet hätte, in einem anderen Sinn übrigens genauso verzweifelt, dieses Selbst ist ihm nun das Unerträglichste von allem. Nicht dass er nicht Cäsar wurde, ist das Unerträgliche für ihn, oder noch richtiger, das für ihn Unerträgliche ist, dass er sich selbst nicht loswerden kann.«[15]

Über ein liebendes Mädchen heißt es: »Dieses ihr Selbst, das sie, wäre es ›sein‹ Liebstes geworden, auf die beglückendste Weise aufgegeben oder verloren hätte, dieses Selbst ist ihr nun eine Plage, wenn es ein Selbst ohne ›ihn‹ sein soll; dieses Selbst, das, in einem anderen Sinn übrigens genauso verzweifelt, ihr Reichtum geworden wäre, ist für sie nun zu einer widerwärtigen Leere geworden …«[16]

Hier haben wir wieder das Nichts der Möglichkeit: nicht Cäsar zu werden, nicht vom Geliebten geliebt zu werden, im Nichts meines Erfolges, meines Ruhmes zu sein, im Nichts der Liebe. Doch die Frage war ja: Welcher *Art* ist dieses Leiden? Was bedeutet es und wie muss ich es empfinden, nicht Cäsar zu werden, nicht vom Geliebten geliebt zu werden?

Das emotionale Potential

Wir erkennen zwei Erfahrungen bei Kierkegaard. Die eine Erfahrung besteht darin, dass ich mich in eine fantastische Unendlichkeit oder (unendlich) in Möglichkeit flüchte und *nicht zurückfinde zu mir selbst*, das heißt, zum Leben, das in seinem Vollzug notwendig konkret, Endlichkeit ist. Das Problem ist also, dass ich nicht konkret werde, alles im Unwirklichen bleibt.

Die zweite Erfahrung besteht darin, dass ich im Gegenteil *auf mich selbst zurückgeworfen werde*, wenn ich meine Möglichkeit – Cäsar werden, vom Geliebten geliebt werden – verfehlt habe.

Aber ist diese Formulierung nicht falsch? Wenn das Selbst nach Kierkegaard ein Verhältnis von Notwendigkeit *und* Möglichkeit ist, warum werde ich dann »auf mich selbst« zurückgeworfen, wenn die Möglichkeit verschwunden ist? Ist es dann nicht ein verstümmeltes, um die Möglichkeit amputiertes Selbst, das gar nicht mehr mein Selbst ist?

Warum sollte ein Mensch ohne seine Möglichkeit leben können, ohne zu verzweifeln? Warum sollte er es nicht nötig haben dürfen, die Möglichkeit zu verwirklichen, also Gestaltungsmacht und Wert als Cäsar, Gemeinschaft und Wert in der Liebe zu erlangen? Ist es nicht unausweichlich, dass er verzweifelt nicht er selbst sein will, wenn er ein Selbst ohne Macht, ohne Gemeinschaft, ohne sozialen Wert zu sein hat? Würde es denn ohne gehen? Wäre eine solche Unabhängigkeit nicht eine unmenschliche Unabhängigkeit?

Müsste man nicht sagen, dass nur derjenige nicht verzweifelt sein würde, der schon *ausreichend* mächtig und anerkannt ist, schon ausreichend von Geliebten geliebt wird? Dass also nur der verzweifelt sein wird, für den Cäsar zu sein die *einzige* Machterfahrung und Wertverleihung, für den die romantische Liebe die einzige Liebeserfahrung sein würde? Dass also der Mensch, der eine *Spitzenposition* im Miteinander einnehmen muss, der Mensch, der die *romantische* Liebe braucht, ein Verzweifelter ist, weil das, was Erfolg und Liebe zu geben vermögen, eigentlich schon gegeben sein sollte, in Form *gewöhnlicher* Positionen im Miteinander, *nicht-romantischer* Beziehungen zu anderen Menschen? Ist es so? Das sagt Kierkegaard nicht.

Es entsteht jedoch der Eindruck, dass Kierkegaard eine *soziale* Autonomie des Einzelnen für möglich und erstrebenswert hält, wie sie heute auch von Anbietern auf dem therapeutischen Markt als möglich und erstrebenswert dargestellt wird, die dem Problem des unausgesetzten Fallens des »Selbstwertes«, dem Terror des Dus, durch Autarkie begegnen soll.

Klar scheint nur zu sein, dass die erste Erfahrung darin besteht, dass man – in der Flucht – *dem Fühlen entkommt*, in der Schwebe bleibt, im Fantastischen, in der Hoffnung, in der Gleich-Gültigkeit verschiedener Optionen, während die zweite Erfahrung darin besteht, dass die Verzweiflung schlagartig *sich als Gefühl zeigt*, ihr gesamtes *emotionales Potential* schlagartig realisiert wird – in extremer Beschämung und Sehnsucht angesichts der Tatsache, nicht Cäsar geworden zu sein, vom Geliebten nicht geliebt zu werden.

Dieses Modell – dem Gefühl *ent*kommen bzw. *ins* Gefühl kommen – können wir von Kierkegaard übernehmen. In der Möglichkeit, die ich zu verwirklichen hoffe, die ich, in diesem Augenblick, verwirkliche, wird mein Fühlen ausgesetzt. Im Entgleiten meiner Möglichkeit, im Scheitern, in der Zurückweisung, setzt das Fühlen wieder ein.

Auch wenn ich Cäsar werde, auch wenn ich geliebt werde, werde ich ja wieder losgelöst »von mir selbst«, muss meine Beschämung und meine Sehnsucht vorübergehend nicht mehr fühlen, trage eine Rüstung, die den Schmerz meiner Wunden und Verwundbarkeiten aufhebt (und ersetzt durch das Leiden an der Unberührbarkeit und Schmerzlosigkeit. Denn auch Schmerzlosigkeit, Indolenz, wird bald zum Leid, an der eigenen »Leblosigkeit«).

Abweichung von Kierkegaard

Im Weiteren müssen wir von Kierkegaard abweichen. Wir erkennen eine Unendlichkeit des Möglichen, die jedes Cäsar-Sein, jede mögliche Liebe in ihrem Wert annulliert, eine Unendlichkeit des Möglichen, die nicht göttlich, sondern irdisch ist.

Sie ist nicht nur gegenwärtig in der Hoffnung wie die göttliche Unendlichkeit, sondern sie begegnet mir, wie gesagt, als die Wirklichkeit der Anderen, vielleicht auch die Summe meiner Vergangenheit, meiner Erfahrungen und meiner Verluste.

Eben darum ist es eine Unendlichkeit des Möglichen, die ich in der Beschämung des Versagenden, im Schmerz des Verlorenhabenden erfahren kann. Es ist ein Möglichsein, das keine augenblickliche Verwirklichung kennt, auch kein verzweifeltes Cäsar- oder Geliebt-Sein, damit weder das Aussetzen des Gefühls im Fantastischen, in der Hoffnung noch die vollständige Gefühllosigkeit des Gerüsteten (und damit Verwundung durch Unverwundbarkeit, Anrührung durch Unberührbarkeit, schmerzhafte Schmerzlosigkeit). Die Unendlichkeit irdischen Möglichseins ist gegeben in einem unausgesetzten Fühlen, meiner restlosen Ent-Rüstung.

Welche emotionalen Zustände verbinden sich mit den drei zuvor beschriebenen Unendlichkeiten?

Vertikale Unendlichkeit erfahre ich in der Scham. Ich schäme mich, hinter meinem Ziel zurückzubleiben, wie ich mich schäme, das Ziel überhaupt zu haben. Ich schäme mich für mein Versagen, meine Unfähigkeit in Anbetracht der Unendlichkeit des Möglichen, und ich schäme mich für mein »neurotisches« Ziel, meine eigene Verunendlichung. Stets beides zugleich.

Ich schäme mich einerseits, in Anbetracht der unendlich scheinenden Erfolgs- und Entwicklungsmöglichkeiten, Erfolg und Entwicklung nicht maximieren zu können, andererseits schäme ich mich, in Anbetracht der unendlich scheinenden Möglichkeiten der Anspruchsminimierung, meine Erfolgs- und Entwicklungsansprüche nicht (weiter) minimieren zu können, die Minimierung meiner Erfolgs- und Entwicklungsmöglichkeiten nicht maximieren zu können. Einerseits schäme ich mich für die unmögliche Maximierung, andererseits für die unmögliche Maximierung der Minimierung. Hier begegnen wir wieder der Doppelung von Exzess und Kontrolle.

Wir sprechen hier wie gesagt nicht von Kausalität. Die Scham verursacht nicht die Unendlichkeiten, und die Unendlichkeiten verursachen nicht die Scham. Was wir wahrnehmen, ist: Vertikale Unendlichkeit wird in der Scham erfahren, bzw. in der Scham erfahre ich vertikale Unendlichkeit.

Horizontale Möglichkeiten erscheinen in der Sehnsucht. Man nimmt gewöhnlich an, der Mensch reagiere auf horizontale Unendlichkeit im Modus des Wählens, der Wahlfreiheit. Darum eben ist die beliebteste Metapher für diese Erfahrung der *Supermarkt* bzw. der »Kapitalismus« überhaupt. Doch die Metapher erweist sich als falsch, wenn wir uns genau anschauen, wie wir andere Menschen wahrnehmen.

Das notorische Supermarktregal mit dreißig Joghurtsorten ist eine *Struktur der Gleichgültigkeit*. Der Mensch steht leidenschaftslos vor dem Regal. Keine Sorte zeichnet sich hinreichend vor den anderen aus, um zum Kauf zu locken. Alle Joghurtsorten sind *gleichzeitig* präsent und erscheinen als *gleichwertig* bzw. gleich wertlos.

Demgegenüber begegnet der andere Mensch mir als *Einzelner*. Sein Erscheinen ist gleichbedeutend mit seinem Heraustreten aus der Masse – wie kurz dieses Erscheinen auch andauern mag. Selbst die Masse auf einer Tanzfläche zerfällt dem Blick in Einzelne. Der Passant – im weitesten Sinn jeder Mensch, der bzw. dessen Bild das Feld unserer Wahrnehmung durchquert – leuchtet als Figur vor dem gleichsam unsichtbar gewordenen Hintergrund. Unsichtbar sind in diesem Augenblick alle Anderen, die sich uns sonst in der Welt, in unserer Erinnerung und Hoffnung zeigen. Indem der begehrte Passant erscheint, werden alle mitgegenwärtigen sowie erinnerten, erhofften Anderen verdeckt.

Damit kann der Passierende – für einen wie flüchtigen Moment auch immer – *alle* symbolisieren, alle sein. Er steht für die unendliche Masse, aus der er hervorgetreten ist, für alle Erinnerten und Erhofften.

Gleiches geschieht, wenn wir uns an einen Menschen erinnern, den wir geliebt oder begehrt haben, wenn wir jemanden erhoffen, den wir lieben oder begehren würden. Auch die Passanten unserer Erinnerung und Hoffnung begegnen uns als Einzelne, werden für einen Augenblick absolut gesetzt, verdecken andere Gewesene und andere Mögliche, ziehen alle Sehnsucht, alles Begehren auf sich – bis die Erinnerung, die Hoffnung den Nächsten passieren lässt.

Dass uns Möglichkeiten der Liebe vor allem in Erinnerung und Hoffnung begegnen, wird ebenfalls von der Supermarktmetapher verdunkelt, die die fortwährende *Präsenz* alles Möglichen suggeriert.

Wir haben es also nicht mit einer Struktur der Gleichzeitigkeit aller »Angebote«, nicht mit einer Struktur der Gleichgültigkeit zu tun. Es ist vielmehr eine Struktur der Leidenschaftlichkeit und des Leidens, des schmerzlichen Begehrens und Entbehrens. Es ist darum eine Qual, weil es keine Wahl ist.

Im Gegensatz zum Supermarkt sehen wir uns nicht in der Situation, wählen zu müssen. Das geschieht erst später, in einem anderen Augenblick, einem *anderen Zustand*, wenn der wahrgenommene Andere ebenfalls einer geworden ist, der auch durch Erinnerung vergegenwärtigt wird. Dann steht er, in matten Momenten der Rekapitulation, Reflexion, gewissermaßen mit allen Anderen zusammen im Regal der Erinnerung und der Hoffnung und kann einem Vergleich ausgesetzt werden.

Doch auch jetzt entsteht nicht jene Gleichgültigkeit, die für das Wählenmüssen in einer Warenwelt kennzeichnend ist. So heftig die Leidenschaft des Begehrens war, so groß ist nun, im einsetzenden Vergleich, die Enttäuschung und, wiederum, die Sehnsucht nach Erinnerten und Erhofften, das Begehren neuer Passanten, die wir, aufgrund unseres jeweiligen Festgelegtseins auf den Gefährten, entbehren, ver*passen* müssen.

Liebe und Nichtliebe

Es tut hier vielleicht Not, sich zu entsinnen, dass auch die Liebe, dort, wo sie sich ereignet, nie das Ergebnis einer Wahl ist. Als wir uns verliebten, bewegten wir uns nicht durch eine Masse, prüften nicht jeden, um endlich zu wissen, wer der Zuliebende sei. Die Masse war *unsichtbar*. Sichtbar war nur der Eine, den das Gefühl in unsere Wahrnehmung gehoben hatte.

Wer sich dagegen durch Massen bewegt und wählen muss, wird höchstens zu rationalen Entscheidungen gelangen, nicht zu einem Gefühl. So verhalten wir uns später, wenn wir viele Begegnungen gehabt haben, wenn wir wieder lieben, wieder begehren *wollen*, wenn wir einsam sind, wenn wir angefangen haben, über die Liebe nachzudenken, über das Woher und das Warum. Jetzt wollen wir wählen, nehmen die Masse wahr, vergleichen, erinnern uns an alles Gute und alles Schlechte, das wir erfahren haben, und machen es zu unserem Kompass in der Unendlichkeit.

Jetzt suchen wir in der Unendlichkeit *ein Unendliches*. Der Eine, auf den wir aus sind, den wir erinnern und erhoffen, ist keine natürliche Person, sondern ein synthetisches Wesen, das aus vielen Personen, genauer: Bruchstücken, Fragmenten vieler Personen besteht. Im Bewusstsein tauchen ja nie vollständige Personen auf, das wäre unmöglich, sondern Fetzen: ein bestimmtes Erlebnis mit einem Anderen, ein Zeitabschnitt einer Beziehung, ein Ort, eine gemeinsame Aktivität, Teile des Gesichts, Teile des Körpers des Anderen, einzelne, bestimmte Bewegungen, gewisse einzelne – wunderbare oder furchtbare – Sätze. Aus solchen Wahrnehmungsfetzen, Erinnerungsfetzen, Hoffnungsfetzen entsteht die Hydra, das Vielwesen, das wir ersehnen.[17]

Hier gibt es eine vage Parallele zur Warenwelt. Denn der Mensch vergleicht ja auch nicht ein Auto mit *einem* anderen Auto, eine Wohnung mit *einer* anderen Wohnung, sondern immer ein Auto mit den Vorzügen *aller* anderen Autos, auf die er verzichten müsste, wenn er dieses eine kaufen würde, eine Wohnung mit den Vorzügen aller anderen Wohnungen usw.

Dennoch geht der Mensch nicht schwanger mit einer Auto- oder Wohnungshydra. Denn die Hydra der Liebe und die Hydra der Sexualität setzen sich großteils zusammen aus *Erfahrungen*, tatsächlichen Begegnungen, Beziehungen. Sie bestehen nicht nur aus Bildern, aus Informationen, aus Angeboten. Das Meiste, was die freien Menschen finden wollen, wollen sie *wiederfinden*. Ihre Möglichkeiten sind keine Abstraktionen mehr – wie bei Kierkegaard und bei der Romane lesenden Emma Bovary –, sondern gewesene Wirklichkeiten, wirkliche Verluste.

Auch deshalb ist das Begehren schmerzhaft, wenn wir einem Menschen begegnen: weil der Andere die Hydra zu sein *scheint*, also meine persönliche Unendlichkeit, weil ich hoffe, in ihm alle meine Verlorenen wiederzufinden. Und darum ist auch die Enttäuschung so heftig. Nun verliere ich die Verlorenen ein weiteres Mal.

Der Supermarkt als Kulisse

Nie ist der freie Mensch der rational abwägende, blasierte und gelangweilte Mensch vor dem Supermarktregal. Er ist im Gegenteil ein Romantiker, der sich in eine Welt versetzt sieht, in der die Romantik zur Struktur geworden ist, und diese Struktur gewordene Romantik, die ununterbrochen überall aufblitzenden, doch niemals von ihm einzuholenden Unendlichkeiten tyrannisieren ihn, lassen seine Augen hin- und herzucken, reißen ihn von einer Leidenschaft in die nächste, einem Leiden ins nächste.

Und *wenn* in diesem Strudel der Gedanke des Wählens in seinem Kopf auftaucht, dann ausschließlich in einer einzigen Funktion, in der Funktion der *Reue*. Denn er sagt sich nun: Wenn ich mich *damals* anders entschieden hätte, wenn ich so und so *gewählt hätte*, wäre dieser oder jener Mensch noch bei mir, dann müsste ich ihn jetzt nicht entbehren.

So belügt ihn seine Reue, in dem sie ihm vorgaukelt, er hätte eine Wahl gehabt, wo in Wahrheit nichts zu wählen war – nur Sehnsucht nach diesem, dann Sehnsucht nach jenem, eine Kette absoluter Anziehungen und Abstoßungen aufgrund neuer absoluter Anziehungen, seiner Liebe zur Hydra – zur Hydra der Liebe und Hydra seiner unendlichen Sexualität.

Und wenn er dann in einem Supermarkt steht und sich nicht entscheiden kann, für dieses Produkt oder jenes, so darum, weil er den Supermarkt *bereits in seinem Schmerzzustand betreten hat*, einem Zustand, in dem nichts eine größere Zumutung ist als Einkaufen. Es gibt ja nichts Schwierigeres für einen emotional stark Affizierten, als sich einer überbordenden Warenwelt ausgesetzt zu sehen und versuchen zu müssen, den Geist, der ganz auf den Schmerz konzentriert ist,

auf Joghurt- oder Käsesorten zu richten. Das Nichtwählen-
können in der Warenwelt hat also weniger mit der Warenwelt
selbst zu tun, als mit der Kopplung des Handelns ans Innenleben. Im Inneren, das von Schmerz *erfüllt* ist, ist kein Platz
für Reflexionen über Joghurt und Käse.

Einwand gegen soziologische Analysen

Hier läge dann auch ein Einwand gegen soziologische Analysen. Auch solche Analysen, die im Wesentlichen Diskursanalysen sind und nicht primär Dinge oder Dingwelten beobachten, bringen das Beobachtete dann in der *Erklärung* stets in
einen kausalen Zusammenhang mit dem Dinglichfassbaren,
mit den Medien, dem Internet, der Warenwelt.

Sie behaupten zum Beispiel, bestimmte Formen des Ver-
gleichens und Rationalisierens seien Wirkungen des Internet
oder des Kapitalismus bzw. der Verbindung von Beidem. Dagegen machen wir geltend, dass viele Phänomene bereits vor
Entstehen ihrer vermeintlichen Ursache gegeben waren, so
die Unendlichkeit möglicher Liebes- und Sexualpartner vor
dem Internet (siehe »Das Ende der Liebe«). Die kapitalistische Ökonomie und das Internet sind zwar Strukturen, die
in einem fort Mögliches erzeugen, verwalten, inszenieren und
vermarkten. Doch sie bringen das Mögliche in der Regel nicht
in die Welt, sondern machen es lediglich technisch darstellbar
und ökonomisch ausbeutbar.

Die Modifikation, die das Mögliche dabei erfährt, muss
nicht einmal eine Steigerung sein. Zwar generiert zum Beispiel
die »Partnersuche« über das Internet höhere *Zahlen*. Doch
dafür lässt sie manches Extrem der Offline-Welt vermissen,
die »Medien« wie eine Bar oder ein Betriebsfest möglich ma-

chen, zum Beispiel die leibliche Gegenwart der Anderen, die Möglichkeit des Gesprächs, der Berührung, des Küssens usw. Darum sollte man sich hüten, manifeste Strukturen wie kapitalistische Ökonomie und Internet vorschnell zu Hervorbringungszusammenhängen zu erklären und in ihnen stets noch Radikalisierungen des ohnehin schon Radikalen, stets noch unendlichere Unendlichkeiten zu entdecken.

Vorn- und Hintenüberfallen: meine Schwäche

Damit kehren wir zurück zu der Frage, welche Gefühle und emotionalen Zustände zur Erfahrung der Unendlichkeit gehören.

Ich falle aus etwas heraus – aus einem Arbeitsprozess, aus der Verbindung mit einem oder mehreren anderen Menschen, aus einem institutionellen Zusammenhang –, mich ängstigend vor den Gefühlen, die ich *in* diesem Etwas habe, zum Beispiel dem (weiteren) Beschämtwerden, das mit einer scheiternden Tätigkeit oder mit einer Beziehung, einem anderen Menschen verbunden ist. Mich ängstigend vor einer Traurigkeit, einem Verlustgefühl, einem Überdruss, meiner Angst.

Umgekehrt ist es ein Verlangen, in dem ich in etwas hinein falle – nach Ruhe und Sicherheit, Erregung und Rausch, Widerspruchsfreiheit und innerer Einheit, nach Triumph, Wertverleihung, Liebe. Verlangen ist kein Gefühl, doch ist es stets emotional gefärbt: freudiges oder schmerzhaftes Verlangen.

Herausfallen in der Angst und Hineinfallen im Verlangen erfahre ich als *meine Schwäche*.

Die freien Menschen sagen: »Ich bin ein schwacher Mensch. Immerzu falle ich aus diesem heraus, in jenes hinein. In nichts kann ich mich dauerhaft halten. Ich falle in Anfänge und Versuche hinein, die ich im Wissen um meine Schwäche gleich als Anfänge und Versuche, die nie zu einem Ende kommen, zu einem Sein sich entwickeln werden, darstellen muss, um die Anderen nichts anderes erwarten zu lassen, als dass ich in Kürze wieder aus diesem herausfalle, in jenes hineinfalle – auf jenes *hereinfalle* – werde.«

Die Schwäche besteht darin, dass der Fallende nicht nur aus diesem heraus- und in jenes hineinfällt, sondern dabei aus seinem Gefühl herausfällt, er verzweifelt nicht der sein will, der er ist, und verzweifelt einer sein will, der er nicht ist, dass auch die vertikale und horizontale Unendlichkeit ihn hinausführen sollen aus dem Selbst, das er ist, also aus seinen Gefühlen.

Aber *kann* ein Mensch denn er selbst bleiben? Ist nicht alles, was ein Mensch ist, die Überschreitung dessen, was er ist? Wenn ich arbeite, überschreite ich mich selbst. Wenn ich mit anderen Menschen zusammen bin, mit ihnen spreche, sie berühre, mit ihnen etwas tue, überschreite ich mich selbst. Wenn ich die Sonne auf meiner Haut spüre, wenn ich einatme und wenn ich ausatme, überschreite ich mich selbst.

Wie soll ich also ich selbst *bleiben*, indem ich selbst *bin*? Wie soll ich ich selbst bleiben, wenn aller Lebensvollzug Flucht ist, also einen Fluchtpunkt hat, Ausgang ist in ein Anderes, in eine Beziehung zu anderem? Und ist nicht, wenn menschliches Sein Überschreitung ist, der Versuch eines nicht fliehenden Selbstseins selbst wieder ein Versuch der Überschreitung, nämlich der Versuch, die Überschreitung, die ich bin, zu überschreiten auf ein Nicht-mehr-Überschreitung-Sein, ein Am-Ort-Bleiben, das in Wahrheit eine Bewegung sein muss, Gegenbewegung zur Überschreitung, wie jemand in einem Fluss am Ort bleibt, indem er gegen die Strömung schwimmt? Bin ich nicht auf diese Weise, in der ich der Unendlichkeit des Möglichen zu entkommen versuche, wiederum einer Unendlichkeit des Möglichen ausgesetzt, Unendlichkeit möglicher Rückkehr zu mir selbst?

Man-selbst-Werden

Damit kehren wir zurück zur Aufgabe, die Kierkegaard uns stellt. Wie kann ich mir bewusst sein, durch ein Anderes bestimmt und begrenzt – »gesetzt« – zu sein? Das heißt: *Wie* weiß ich, *in was* ich festgelegt, gesetzt bin? Wie kann ich »ich selbst« sein wollen, ich selbst nicht als fantastische Vorstellung von meinem »wahren Selbst«, sondern als ein aktuelles *und* mögliches Selbst? Wie aufhören, vor meinem Selbst zu fliehen, ständig aus diesem herauszufallen und in jenes hineinzufallen?

Was bedeutet es, wenn Kierkegaard sagt: »Glaube ist, dass das Selbst, indem es es selbst ist und es selbst sein will, durchsichtig gründet in Gott«[18] – wenn Gott mich *festlegt* und zugleich *Möglichkeit* schafft? Was bedeutet es, durchsichtig in Gott zu gründen und damit man selbst zu sein? Wie kann ich ein Selbst *sein* wollen, das Möglichkeit ist, also über sich selbst *hinausweist*? Wie weiß ich, was fantastisch ist, *verzweifelte* Unendlichkeit, und was Hoffnung, *göttliche* Unendlichkeit?

Natürlich muss der Mensch, wie man sagt, »die Tatsachen akzeptieren«. Erstens, um im Gefühl zu bleiben, anstatt in überspielende und kompensierende Gesten auszuweichen, und zweitens, um die Tatsachen verändern zu können, was ja kaum möglich ist, wenn schon die eigene Auffassung der Wirklichkeit illusorisch ist. (Ich werde keinen Regenschirm aufspannen, wenn ich nicht erkenne bzw. nicht zugebe, dass es regnet.)

Was aber ist die Wirklichkeit meines Selbst? Was ist die Wirklichkeit dieses Verhältnisses zu sich selbst, dieses Bewusstseins? Was geschieht zum Beispiel, wenn zu dieser Wirklichkeit gehört, dass ich denke, dass andere Menschen mich zurecht verachten? Soll ich dieses Selbst *sein wollen*? Das wäre absurd. Ich muss doch nur wahrhaben wollen, dass es die Verachtung der Anderen gibt bzw. dass ich lange Zeit der Auffassung war, dass Menschen mich verachten – obwohl es vielleicht gar nicht der Fall war. Ich muss aber keineswegs die (falsche) Wahrheit meines Selbst wahrhaben wollen.

Was ich akzeptieren muss, ist also keinesfalls die *Wirklichkeit* meines Selbst (»Ich werde zurecht verachtet«), sondern bereits eine radikale *Veränderung* der Wirklichkeit (»Ich werde verachtet« bzw. »Ich meinte fälschlicherweise, verachtet zu werden«). Das aber hieße nichts anderes, als dass ich mein faktisches Selbst ablehnen und meinem möglichen Selbst (»Ich werde *nicht zurecht* verachtet« bzw. »Ich habe erkannt, dass die Verachtung eine Illusion war«) zustreben sollte.

Aber wie ist es mit *äußeren* Möglichkeiten? Die wichtigen Menschen in meinem Leben lieben mich nicht bzw. bringen mich in eine Situation, in der ich mich selbst verachten muss. Ich bin für sie ein Problem, sie verlassen mich usw. In dieser Situation wächst mein Wunsch, Erfolg zu haben, berühmt zu werden, wenigstens dadurch *eine* Form von Wertverleihung zu sichern, *eine* Würde, auf die ich mich immer zurückziehen kann, die einen gewissen Schutz vor Verletzungen, vor der Vernichtung durch die Anderen zu gewähren verspricht. Ich verschreibe mich also dem Unendlichen. Zunächst dem Fantastischen. Ich träume nur. Dann der Unendlichkeit des *Möglichen*. Ich mache aus der Fantasie ein Ziel, einen Plan, schreite zur Umsetzung. Ich will verzweifelt nicht ich selbst sein bzw. ich selbst sein *als ein Anderer*.

Was aber würde der tun, der nicht verzweifelt? Er *muss* doch nach einer Wertverleihung in der öffentlichen Sphäre streben. Sonst müsste er ja *zusätzlich* eine berufliche, öffentliche Verächtlichkeit ertragen. Verzweiflung wäre demnach nur, dass er etwas *Besonderes* werden will, *mit dem Zweck*, das Verletzende zu überspielen und zu kompensieren.

Soll er darum etwas *Gewöhnliches* werden wollen? Was aber, wenn das Besondere vielfach gewöhnlich geworden ist? Und inwiefern wäre er weniger verzweifelt, wenn er sich zu einem gewöhnlichen Ziel zwänge? Denn zwingen müsste er sich, sein Wunsch, sein Verlangen wird in seiner Situation der (angenommenen) Verachtung ja nicht verschwinden.

Wäre es da nicht besser, er hielte an seinem Wunsch, seinem Plan fest und versuchte zugleich, sich seinen Gefühlen, seiner Situation zu stellen? Dann aber wäre er wieder bei seiner *inneren* Möglichkeit, die (falsche) Wahrheit der Verachtung wahrzunehmen, *ohne sie weiterhin für wahr zu halten*. Er würde also lediglich *in seinem Gefühl durchsichtig gründen*, ohne die damit verbundene Wahrheit zu übernehmen und ohne die äußeren Tatsachen zu akzeptieren (seine Erfolglosigkeit). Er würde versuchen, die Möglichkeit einer anderen Wahrheit zu realisieren, wie er versuchen würde, seinen Erfolg zu realisieren, und dabei würde er akzeptieren, dass er in ein bestimmtes Gefühl gesetzt wurde, dass er so oder so zu fühlen hat.

Das hört sich gut an. Es ist aber keine Lösung. Jedes Gefühl hängt ja zusammen mit einer Wahrheit. Ich kann mich also niemals einem Gefühl ergeben, ohne mich dessen Wahrheit zu ergeben. Scham ist Gefühl *und* Wahrheit. Hebe ich die falsche Wahrheit der Verachtung der Anderen auf, empfinde ich schon keine Beschämung mehr, sondern Traurigkeit darüber, dass ich verachtet werde bzw. dass ich so lange glauben musste, verachtet zu werden. Ich muss also zuerst *ein anderes Selbst werden*, muss ein anderes Verhältnis zu mir selbst sein, um mich der Setzung in ein – anderes! – Gefühl zu ergeben. In die Traurigkeit kann ich mich ergeben, in die Scham dagegen nicht. Die Scham treibt mich immer über mich hinaus und aus mir heraus.

So weist Kierkegaards gesamte Weisung, man selbst sein zu sollen, ins Unmögliche, ins innere und äußere Nichts. Weder kann ich das Mögliche vom Notwendigen scheiden, in einem Bewusstseinsakt, also innerlich »meine Grenzen erkennen«, noch kann ich eine unerträgliche Wahrheit sein wollen bzw. ein Gefühl, das mit unerträglicher Wahrheit verbunden ist.

Goethe: ungeheure Elemente

Wenn Goethe es als ein radikales Übel bezeichnet, dass jeder nun sein möchte, was er sein *könnte*, so kann man ihn auf einer Linie mit Kierkegaard sehen. Das Selbst zappelt sich in der Möglichkeit müde, im Konjunktiv, ohne je konkret zu werden.

Doch Goethe benennt schon – vor Kierkegaard – soziale Bedingungen. »So wenig nun die Dampfmaschinen zu dämpfen sind, so wenig ist dies auch im Sittlichen möglich: die Lebhaftigkeit des Handels, das Durchrauschen des Papiergelds (...), das alles sind die ungeheuren Elemente, auf die gegenwärtig ein junger Mann gesetzt ist. Wohl ihm, wenn er von der Natur mit mäßigem ruhigen Sinn begabt ist, um weder unverhältnismäßige Forderungen an die Welt zu machen, noch auch von ihr sich bestimmen zu lassen!«[19]

Abgesehen davon, dass auch Goethe die unmögliche Aufgabe der Selbstbegrenzung stellt (als ein Künstler und Universalinteressierter, der selbst keine Grenze der Fähigkeit zu kennen und von vornherein anzunehmen scheint), haben wir hier schon eine implizite Soziologie der Unendlichkeit. Es ist die Rede von ungeheuren Elementen, die mit Handel und Geldwirtschaft zusammenhängen, im Sittlichen fortwirken – und die zu Goethes Zeit nur auf die Männer gerichtet waren.

Gewiss betrachtet Goethe das Problem noch von außen, als unschönen Zug anderer: »Der geringste Mensch kann komplett sein, wenn er sich innerhalb der Grenzen seiner Fähigkeit und Fertigkeiten bewegt; aber selbst schöne Vorzüge werden verdunkelt, aufgehoben und vernichtet, wenn [ihnen] jenes unerlässlich geforderte Ebenmaß abgeht. Dieses Unheil wird sich in der neuern Zeit noch öfter hervortun; denn wer wird wohl den Forderungen einer durchaus gesteigerten Gegenwart, und zwar in schnellster Bewegung, genugtun können?«[20]

Durkheim: vergebliche Bemühungen

1897 veröffentlicht Émile Durkheim die Untersuchung »Der Selbstmord«. Hier werden die ungeheuren Elemente, die gesteigerte Gegenwart, die Goethe erkannte, erforscht. Die industrielle Revolution, die Goethe hatte kommen sehen, war nun abgeschlossen.

Durkheim schrieb:»Der Mensch braucht trotz aller Freude am Handeln, an der Bewegung, an der Anstrengung auch das Gefühl, dass seine Bemühungen nicht vergeblich sind und dass er dabei weiterkommt. Man kommt aber nicht weiter, wenn man ohne jedes Ziel marschiert oder, was auf dasselbe hinausläuft, wenn das Ziel, das man zu erreichen sucht, im Unendlichen liegt. Die Entfernung, die dahin noch zurückzulegen ist, wird immer die gleiche bleiben, gleich, wie lange man unterwegs ist, und dann sieht alles so aus, als ob man zwecklos auf der Stelle getreten hätte. Sogar der Blick, den man zurückwirft und das stolze Gefühl, das man angesichts der bereits hinter sich gebrachten Strecke empfinden könnte, würde nur eine sehr illusorische Befriedigung sein, da die vor einem liegende Strecke um nichts kürzer geworden ist (...) Was kann einem die Zukunft denn mehr geben als die Vergangenheit, wenn nie der Augenblick kommt, von dem man sich wünscht, er möge verweilen (...) Und es wäre ein Wunder, wenn der Weg niemals über ein unübersteigbares Hindernis führte. In solchen Lagen verbindet nur noch ein dünner Faden den Menschen mit seinem Leben, der jederzeit abreißen kann.«[21]

Durkheim schaut zunächst auf das Wirtschaftsleben, wo das Gewerbe von aller Reglementierung befreit worden ist, die Absatzmärkte beinahe unendlich sind, jeder erwarten darf »die ganze Welt zum Kunden zu haben«[22], das Hauptziel der Völker das ökonomische Wachstum ist.

Was Durkheim bei Geschäftsleuten beobachtet bzw. was er ihnen unterstellt, ist die »Sinnlosigkeit« und »Leere« eines Lebens, in dem alle Anstrengungen fruchtlos bleiben, es nie ein Ankommen gibt. Es ist eine gravierende Erfahrung, die, laut Durkheim, zum Selbstmord führen kann, genauer: alle Widerstandskräfte ausschaltet, die in schwieriger Zeit, bei Eintreffen eines Schicksalsschlags, einem Selbstmord entgegenstehen.

Dieser Effekt entsteht im Übrigen nicht nur aufgrund einer Unendlichkeit des Möglichen, des *Nie-ein-Ende-Erreichens*. Der gleich Effekt entsteht infolge eines *Immer-wieder-Anfan-*

genmüssens, wie Richard Sennett es beschrieben hat.[23] Auch der flexibilisierte Mensch macht ja die Erfahrung, dass alle Bemühungen vergeblich sind, da im nächsten Job, im nächsten Projekt nicht mehr »zählt«, was er in den vorangegangenen Jobs und Projekten erreicht hat. In diesem Fall wird der Mensch *absolut* auf Null gesetzt, während die Unendlichkeit des Möglichen ein Verhältnis konstituiert, in dem alles Erreichte *verhältnismäßig* gegen Null geht.

Doch was bedeuten Unerfülltheit, sogenannte Leere in emotionaler Hinsicht? Durkheim sagt ausschließlich, dass sich den Menschen die Frage nach dem Wozu stelle, die Sinnfrage. Darin ist Durkheim noch dem Existenzdenken oder dem metaphysischen Denken, der Religion verhaftet. Er untersucht nicht das Leiden, sondern setzt das Leiden voraus – das schwierige Leben, die Schicksalsschläge – und fragt, was dem Menschen helfen könne, das Leiden zu ertragen. Das ist durchaus legitim. Doch es führt auch dazu, dass es zum »existenzialistischen Missverständnis« kommt, man glaubt, der Mensch *empfinde* nur »Leere« und »Sinnlosigkeit«, wo er tatsächlich seine Wertlosigkeit in der Beschämung erfährt – eine Beschämung, die selbst zum Suizid führen kann.

Tocqueville: der Wettstreit

Tocqueville hatte zwar nicht von Unendlichkeit gesprochen. Doch logisch war sie enthalten in der Beobachtung, jedem Bürger scheine eine »unabsehbare Laufbahn«[24] offenzustehen. Tocqueville sprach, um auch dies zu wiederholen, von »weitgespannten Hoffnungen«, der »Erweiterung des Begehrens«.

Das Wichtigste aber war, dass er auch implizit sagte, dass die Unendlichkeit des Möglichen dem Menschen in der Wirklichkeit der Anderen begegne. Die neue Gleichheit führt ja zum »Wettstreit aller«[25]. Plötzlich muss ich in jedem Anderen *mein Mögliches* entdecken, trete zu jedem Anderen in Konkurrenz, ist jede Höhe, die ein Anderer erreicht, meine Erniedrigung. Die Repression besteht nicht darin, dass die »Edelleute« das »Volk« *untenhalten*, sondern darin, dass das »Volk« zum *Aufsteigen* genötigt ist. Sie ist also gar keine Repression mehr, keine Unter-Drückung, sondern aller Druck, der mich untengehalten hat, ist weg, und so wird der Boden, auf dem ich stehe, mein Unten, zum Ort meiner Schande, meines Versagens. Das ist der Preis der Gleichheit.

Durkheim folgt Tocqueville, wenn er über die Vormoderne schreibt: »In der öffentlichen Meinung sind die verschiedenen Funktionen in eine Art Hierarchie eingeteilt, und jedem einzelnen wird ein bestimmtes Maß an Wohlergehen zuerkannt, je nachdem welchen Platz er innerhalb der Hierarchie einnimmt. Nach den geltenden Vorstellungen gibt es zum Beispiel für den Arbeiter eine ganz bestimmte Lebensführung, die als obere Grenze dessen angesehen wird, was er sich vorstellen darf, wenn er versucht, sich sein Leben besser einzurichten, und eine untere Grenze, die er, ohne in der allgemeinen Achtung tief zu sinken, schwerlich unterschreiten darf (…) Unter dem Druck dieser Meinungen macht sich jeder in seiner Lebenssphäre ein ungefähres Bild davon, wie weit sein Ehrgeiz gehen kann, und er trachtet nach nichts, was darüber hinausgeht (…) Er kann danach trachten, sein Leben zu verschönern. Aber wenn er entsprechende Anstrengungen macht und sie schlagen fehl, so wird er dennoch nicht verzweifeln. Denn da er liebt, was er besitzt, und dem, was er nicht hat, nicht mit aller Kraft nachjagt, macht es nichts, wenn das Neue, das er schließlich erstrebt, vielleicht seinen Wünschen und Erwartungen nicht entspricht, es fehlt ihm dann nicht gleich alles. Die Hauptsache bleibt ihm. Das Gleichgewicht seines Glückes ist stabil, weil es begrenzt ist, und einige Enttäuschungen können ihn nicht erschüttern.«[26]

Zum einsetzenden Sog der Unendlichkeit schreibt Durkheim ganz im Sinne von Tocqueville:»Man weiß nicht mehr, was möglich ist und was nicht (...) Es gibt dann nichts mehr, worauf man nicht Anspruch erhebt (...) Alle Klassen sind dem ausgesetzt, weil es keine abgegrenzten Klassen mehr gibt.«[27]

Durkheim: Anthropologie der Begierden

Doch Durkheim macht zugleich Aussagen über das Wesen des Menschen bzw. über seine Wesenlosigkeit, seine Unbegrenztheit.

Wie die sich später entwickelnde Anthropologie stellt er fest:»Weder in der organischen noch in der psychologischen Konstitution des Menschen findet man etwas, was Grenze für ähnliche Neigungen (zu Wohlstand, Komfort, Luxus, S.H.) sein könnte. Der Lebenslauf eines Einzelnen erfordert nicht, die Grenzen hier und nicht anderswo zu ziehen (...) Soweit die Bedürfnisse also nur von der Einzelperson abhängen, sind sie unbegrenzt. An sich, wenn man von allen äußeren regulativen Einflüssen absieht, ist unsere Aufnahmefähigkeit ein bodenloser Abgrund, den nichts ausfüllen kann. (...) Ein unstillbarer Durst ist ein immerwährendes Strafgericht. (...) Da aber der Einzelne nichts in sich trägt, was ihm diese Grenzen setzen könnte, muss die Kraft dazu notwendig von außen kommen.«[28]

Was geschieht also, Durkheim zufolge, in der Moderne? »Begierden«,»Leidenschaften«,»Triebe« werden einerseits

»überreizt« und »brechen« andererseits »durch«[29]. Durkheim naturalisiert die Impulse und setzt sie zugleich als *positive* Kräfte voraus.

Natürlich ist es ein erheblicher Unterschied, ob etwas, das *immer schon* positiv unbegrenzt war, jetzt *durchbricht* oder ob sich durch Wegfall äußerer Grenzen und Überreizung etwas, dem nur die eigene Grenze *fehlt*, ausdehnt und unendlich wird.

Scheinbar koexistieren bei Durkheim beide Vorstellungen. Wie bei Hobbes »ohne eine einschränkende Macht der Zustand der Menschen (…) ein Krieg aller gegen alle«[30] ist, das Individuum durch soziale Begrenzung vor den Anderen geschützt werden muss, so muss bei Durkheim der Einzelne vor sich selbst, seiner positiven, natürlichen Unersättlichkeit geschützt werden. Hobbes ist allerdings insofern der bessere Soziologe, als er intersubjektiv, spieltheoretisch denkt: Ich töte nicht aus Tötungstrieb, sondern aus Furcht, von *den Anderen* getötet zu werden.[31] Ebenso können wir in Bezug auf die unendlichen Möglichkeiten des Erfolgs und der Wertverleihung sagen: Ich strebe nicht nach Erfolg und Ruhm, weil meinem dahingehenden Trieb keine Grenze gesetzt ist, sondern aus Furcht vor dem Erfolg und Ruhm der Anderen, vor denen ich als Erfolgloser, Ruhmloser nicht zu bestehen glaube, aus Furcht vor dem sozialen Tod des Unscheinbaren, Langweiligen im Krieg aller gegen alle um Wertverleihung.

Die Möglichkeit der Scheidung

Das Modell der »entfesselten Leidenschaften« erlaubte es Durkheim jedenfalls, neben der Unendlichkeit in der Wirtschaft und der Unendlichkeit möglicher Aufstiege und Wohlstandssteigerung, eine dritte Unendlichkeit zu beschreiben: die Unendlichkeit möglicher Partner.

Die Wirkungen, die die gegenwärtige Soziologie dem Internet zuschreibt, schrieb Durkheim – 1897 – der Möglichkeit der Scheidung zu. »Die Ehe ist dort, wo Scheidung möglich ist, und erst recht dort, wo Recht und Sitte sie bedeutend erleichtern, nur noch ein schwaches Abbild ihrer selbst. Sie ist weniger wert. Sie kann daher ihre heilsamen Einflüsse nicht mehr im gleichen Maß ausüben. Die Grenze, die sie den Begierden gesetzt hat, ist nicht mehr ganz so starr. Sie hält die Leidenschaften nicht mehr so wirksam zurück, wenn sie so leicht zu erschüttern oder zunichte zu machen ist …«[32]

Der Verheiratete teilt nun das Schicksal des Junggesellen: »Fortlaufend tauchen neue Hoffnungen auf, die dann enttäuscht werden und ein Gefühl des Überdrusses und der Ernüchterung zurücklassen.«[33]

Um dahin zu kommen, sei es nicht nötig, dass »man amouröse Abenteuer in unendlicher Vielfalt erlebt und wie ein Don Juan gelebt hat. Das alltägliche Durchschnittsdasein (…) reicht dazu schon aus.«[34]

Unendliche Moderne

Demnach reichte es also, die ständische Ordnung sowie die ursprüngliche Klassengesellschaft hinter sich zu lassen und in den Raum der – normativen, nicht realen, versteht sich – Gleichheit einzutreten. Es genügte, die Scheidung möglich zu machen, um die vertikale und die horizontale Unendlichkeit, die Unendlichkeit der Bewegung in etwas hinein und die Unendlichkeit der Bewegung aus etwas heraus zu erzeugen.

Natürlich sind dies – die ständische, dann klassenmäßige

Hierarchie, die Heiligkeit der Ehe – nur die ersten, *absoluten* Hindernisse, die fallen. Die Geschichte der Unendlichkeit ist eine Geschichte des *Wegfalls* zahlreicher Hindernisse wie des Entstehens vielfältiger *Positivitäten*, von »kritischen Massen« in den Städten, von Bildern und Diskursen, von anderen, uneinholbaren Leben, die der Wahrnehmung unendlichen Möglichseins fortlaufend Nahrung geben.

Man ginge jedenfalls fehl, wenn man glaubte, erst diese oder jene »Anspruchsmentalität«, erst die Massenmedien oder das Internet hätten das Endliche unendlich überschritten, allein der Kapitalismus sei haftbar zu machen.

Die Negativität von Wert, Zeit, Innerem und Anderem

Es ist offensichtlich, dass der Mensch die Unendlichkeit des Möglichen als *Nichts des Wertes* erfährt und das Du, der persönliche, individuelle Andere, zur Verkörperung der Unendlichkeit, und damit zum (unschuldigen) Agenten der Entwertung wird.

Es ist offensichtlich, dass die Unendlichkeit jeden Zeithorizont, jede »Deadline« über den Haufen rennt, dass keine Arbeit, keine Entwicklung zu einem Termin, innerhalb einer Frist sich *tatsächlich* beenden lassen, auch die innere Rhythmisierung des Tuns unmöglich ist, wenn der Mensch unausgesetzt in etwas hinein, unausgesetzt aus etwas heraus fällt, wenn er zwischen diesem und jenem in der Schwebe ist. Er erfährt die Unendlichkeit des Möglichen als *Nichts der Zeit*, wie er im Nichts der Zeit das Mögliche als unendlich erfährt. (Man muss immer wieder daran erinnern, dass hier nicht von Kausalität die Rede ist, sondern von Erfahrungsweisen.) Es ist offensichtlich, dass der Mensch die Unendlichkeit des Möglichen als *Nichts des Inneren* erfährt, als Nichts *einer* Idee, die nicht annulliert, ersetzt wird durch andere Ideen, als ein Nichts der Konzentration wie als Nichts der Motivation, der Leidenschaft und Notwendigkeit, damit als Nichts des Denkens und Handelns, als die Unmöglichkeit der Arbeit wie Unmöglichkeit eines In-Beziehung-tretens-zu-Anderen, sogenannter sozialer Aktivität, die dazu dient, etwas »geschehen zu lassen« und nicht »auszuweichen«, zu »fliehen«.

Es ist offensichtlich, dass der Mensch die Unendlichkeit des Möglichen als ein Nichts eines Anderen erfährt, das Mögliche nur möglich ist, wo ich nicht auf etwas *gerichtet* bin, auf einen Menschen, ein Ding oder Ding-Ensemble, ein zeitliches Objekt des Sich-freuens-auf, des Noch-erfüllt-seins-von, ein geistiges Objekt – im Modus des Lesens, Denkens, Erinnerns, Vorstellens –, ein Element, das mich umgibt – das kalte Wasser, die bewegte Luft, die Berührung als Umarmung, die Musik, das Licht, die Dunkelheit usw. Nur in einem *Nichts des Anderen* ist das Mögliche unendlich.

Sechs

Das Nichts des Anderen
Wenn die Welt zum Bild wird

Rasende Aggressivität, für die es kein Ventil gibt ...
Besuche hinterlassen nichts. Eine halbe Stunde danach
kann man nur noch mechanisch rekonstruieren, ob der
Besuch heute oder vorige Woche war ... Einmal in der
Woche baden dagegen bedeutet: einen Moment auftauen,
erholen ... Das Gefühl, Zeit und Raum sind ineinander
verschachtelt ... Peter Milberg, der (...) in so einem
Ding saß (›leerstehende Krankenabteilung‹), hat nachher
seinem Richter vorgeworfen, der hätte ›versucht‹, ihn
umzubringen.

ULRIKE MEINHOF[1]

Seltsam. / alles, was sich bezog, so lose im Raume /
flattern zu sehen.

RILKE[2]

I am a passenger. I stay under glass.

IGGY POP[3]

Deprivation

Die Negative Moderne zeichnet sich erstens dadurch aus, dass
der Einzelne viel Zeit nicht mit anderen Menschen umgeht,
weder im Modus der Zusammenarbeit noch im Modus von
Dienstleistendem und Bedientem, von Behandelndem und
des Behandeltem, von Bedürftigem und Umsorgtem, noch im
Modus informellen Zusammenseins, noch in geregelten oder
ritualisierten Formen des Spiels, der Sexualität usw.
    Sie zeichnet sich dadurch aus, dass der Einzelne, bis auf we-

nige, auch jetzt unerlässliche Handgriffe, keine intensive körperliche Praxis hat, kaum mit Dingen oder Menschen hantiert, kaum in Elementen ist, weder in natürlichen –»Wind und Wetter« – noch in sozialen Elementen, die als Elemente auffällig werden, sondern in etwas, das still, leblos, geruchlos ist. Die Negative Moderne zeichnet sich dadurch aus, dass der Körper nur ausnahmsweise ein Anderes ist, der Mensch nur sehr selten gerichtet sein kann auf ein heftiges Atmen, eine Atemlosigkeit, auf einen arbeitenden Muskel, auf eine schmerzende Hand, ein Schwitzen, eine Hitze, seine Kraft oder Erschöpfung.

Sie zeichnet sich dadurch aus, dass der Mensch nicht gerichtet ist auf ein zeitliches Objekt des Kommenden und nicht auf ein Objekt des Gewesenen (das ihm »nachhängt«, ihn noch »ausfüllt«), nicht gerichtet auf ein intellektuelles Objekt, das er sich immerfort »ins Bewusstsein rufen kann«, auf das er sich »konzentrieren« kann, nicht auf eine Frage, die er beantworten, auf eine Konstruktion, die er bauen, einen Apparat, den er reparieren, eine Wohnung, die er einrichten wird.

Dieser Zustand umfassender Deprivation – sozial wie physisch – wird erst in der (Negativen) Moderne zu einer Gewöhnlichkeit. Er kann weder einseitig mit ökonomischen noch einseitig mit technischen, medialen Entwicklungen verbunden werden. Vielfältige Bedingungen machen die Entfernung und Abtrennung des Menschen von anderen Menschen, Institutionen, Dingen, Stoffen und Elementen möglich oder sogar notwendig. Es ist ein sittlich-materieller Komplex, der die Entfernung von den Anderen in eigene Räume, Wohnungen, fremde Städte und Länder erlaubt und ermöglicht. Die Isolation der Menschen in eigenen Räumen setzt ausreichend Wohnraum voraus, entsprechende städtebauliche Strategien und Ressourcen. Die funktionale Differenzierung ermöglicht und erzwingt Berufe jenseits eines körperlichen Engagements, das auch infolge des technischen »Fortschritts« im Privaten – für Alleinstehende – unwahrscheinlich wird. Unternehmen begünstigen und verlangen individuelle Heimarbeit, die Verbindung reduziert sich weitgehend auf die Computerverbindung, gelegentliche Telefongespräche. Universitäre Freiheit bedeutet: Die Studenten arbeiten selbständig, meist: allein zuhause. Künstlerische Freiheit bedeutet einsam-schöpferisches Handeln im eigenen Raum. Soziale, psychologische Freiheit bedeutet: Ich verlasse die Heimat, ich wohne allein, um – in der Fremde, im eigenen Raum – das »eigene Leben« zu leben, dort, wo ich nicht von den Verwandten und »alten« Freunden *be*drängt und ununterbrochen ins Ungewollte *ge*drängt werde. Jede Art von Migration und Flucht (nicht unbedingt die transnationale, sondern zuerst und vor allem die innerstaatliche, nicht unbedingt die durch Krieg und Not forcierte, sondern zuerst und vor allem die Migration und Flucht, bei welcher der Pull-Faktor der anziehenden Fremde und Großstadt ebenso wichtig ist wie der Push-Faktor der »furchtbaren Heimat«) birgt das Risiko, das der Übergang von einer ungewollten Fülle in eine gewollte Fülle scheitert, statt dessen zum Übergang von einer ungewollten Fülle in eine ungewollte Leere wird, in die soziale und die physische Deprivation. Ein »klassisches« Beispiel wäre Rilkes Malte Laurids Brigge in Paris.

Minuswerte

Wenn Hugo Riemann vorschlägt, das Nichts in der Musik – die Pause im Stück – nicht als einen Nullwert, sondern als

Minuswert zu begreifen[4], dann können wir ihm folgen und sagen: Wir erkennen hier eine Reihe sozialer Minuswerte.

Denn ich erfahre ja auch meine Wertlosigkeit nicht als einen Null-, sondern als Minuswert, das Nichts der Zeit als »Fehlen von Struktur«, das Nichts des Inneren und des Handelns als Fehlen von Konzentration und Tätigkeit, mein Möglichsein als Minuswirklichkeit (der Erfolglosigkeit usw.), wie ich eben die Pause in der Musik nicht als »keine Musik«, sondern als »Unterbrechung«, »Aufhören« und »Verstummen« erfahre.

Der Mensch, der ins Nichts des Anderen stürzt, kommt aus der Fülle seiner Kindheit, Schulzeit, Familienzeit, in der das Andere der Menschen wie der Dinge, der zeitlichen und der intellektuellen Objekte, des Körpers und der Elemente immerzu gegeben war. Auch eine unglückliche Kindheit ist gewöhnlich Positivität.

Darum erfährt der Mensch nun *diese ungeheure Pause als einen Minuswert*, als Pause, die sich in einer Weise streckt, dass sie das Dauernde wird, ihrerseits auf Unterbrechung durch einen Menschen, eine Praxis, eine Geistigkeit, eine Körperlichkeit, ein Element, eine Zukunft, das Andere einer Arbeit, eines Genusses oder wenigstens eines Schmerzes wartet – größte Sehnsucht nach *einer Unterbrechung der Unterbrechung.*

Die Negativität des Sozialen

In welcher Weise wird das Nichts anderer Menschen thematisch? Abgesehen von absoluten Wendungen (»Ich bin allein.« – »Ich habe niemanden.« usw.) zeigt das Nichts sich in der Weise, *wie* man zu einem Etwas gelangen will, in den Tätigkeiten des Kontaktaufnehmens, im Ausgehen, Essengehen, Ansprechen und Blickkontaktherstellen, im Teilnehmen, Sichbewerben, Sichvorstellen, Mailen, Posten und Simsen, Sichpräsentieren, Tanzen, Anrufen, Fragen, Umhilfebitten usw.

Entscheidend ist, dass hier keine Tätigkeit *innerhalb* einer Beziehung diese Beziehung fortschreibt, sondern einen Übergang von einem Nichts zu einem Etwas darstellt. Wobei das Etwas bald wieder übergeht ins Nichts dieses Etwas, das Sichnichtmehrmailen, Nichtmehrteilnehmen, Nichtzusammenarbeiten, was Bedingung dafür ist, dass die folgenden Vorstöße neuerdings »Versuche« sind, »sich zu präsentieren« und »einen Kontakt herzustellen«, etwas »anzubahnen«.

Stets ist es die Schwelle zwischen nichts und etwas. Stets ist da die *Drohung*, keine Auftraggeber, Kunden, Kollegen, Freunde, Partner, Kinder zu haben, stets die *Verlockung*, den begonnenen »Kontakt« oder die lange Beziehung ins Nichts abgleiten zu lassen, eventuell ohne eine bewusste Entscheidung diesbezüglich getroffen zu haben. Wie ich in den Kontakt »hineingefallen« bin, so »falle« ich womöglich wieder aus ihm »heraus«.

Die Bereiche sogenannter sozialer Aktivität – Berufsarbeit und Sport, der Bereich der Freundschaften, des Erotischen – sind hier Bereiche, in denen der Stürzende stets *an der Grenze* zur Beziehung überhaupt zu operieren gezwungen ist. Die »soziale Aktivität« soll überhaupt erst ein Soziales möglich machen, das heißt etwas, das zur *Institution* wird, eine gewisse Unabhängigkeit von den augenblicklichen Impulsen und Handlungen der Partizipierenden zu haben, zu dauern scheint.

Wir müssen aufpassen, diese Beobachtung nicht gleich im Klischee »moderner Unverbindlichkeit« zu ertränken (was

psychologisch gedeutet würde als »Bindungsunfähigkeit«).
Wir haben es wiederum mit einem Phänomen zu tun, dass
nicht als Phänomen der Wahlfreiheit zu beschreiben ist. Es ist
ein Fluss stillgleitender Substitutionen, keine Serie von Wah-
len. Jenseits von deklarierter Freundschaft, etablierter Beziehung *kippelt* das Soziale zwischen Nichts und Etwas, Attraktion und Abstoßung, Reinfallen und Rausfallen. Das Soziale
findet vor den Toren dessen statt, was das Soziale gewesen ist.
Es ist weder »Blutsbande« noch machtvolle Integration in eine
Institution, weder Vertrag noch Liebe, sondern eine Struktur
des Dazwischen, des Grenzgangs. Die Kräfte der Bindung
und die Kräfte der Auflösung und Zerstreuung halten sich die
Waage, halten den Menschen *auf* der Grenze.

Ich habe mich bereits in »Das Ende der Liebe« mit diesem
sozialen Kippeln beschäftigt, vor allem mit dem Aspekt, dass
bzw. *wie* das Mögliche stets dazu drängt, sich weiter treiben
oder fallen zu lassen – also mit dem Pull-Faktor der Bewegung.
Erwähnt, jedoch nicht ausgeführt ist dort der Push-Faktor.
Er besteht darin, dass *jede* intersubjektive Verbindung – sei
sie erotisch, beruflich oder anderen Charakters – immer wieder stärkste *aversive* Impulse erzeugt. Zum Beispiel Enttäuschung, Angst, Beschämung, Wut, den Eindruck fehlender
Wertschätzung, fehlenden Verständnisses, fehlender Verant-
wortungsübernahme, fehlender Kompetenz usw. Diese Impulse erreichen immer wieder Intensitäten, die den Wunsch,
ihnen zu entkommen, wecken. Salopp gesagt: Jede Beziehung
ist – zeitweise – unerträglich.

Daraus folgt, dass die Kräfte, die das Soziale ermöglichen
können, ebenfalls *die stärksten* sein müssen. Gegen den Eindruck der »Unerträglichkeit« hilft – wenn die Hoffnung erschöpft ist – nur noch die »Unmöglichkeit«, die jeweilige

Bindung zu kappen. Was aber, wenn der Einzelne sich bereits in einer Situation der Isolation befindet, wenn er aus der Isolation heraus das Soziale erst herstellen muss? Wie soll er die »Unerträglichkeit« einer Verbindung ertragen, welche »Unmöglichkeit« hilft ihm über diese hinweg? Da müsste die Angst vor – künftiger – Isolation größer sein als alles andere. Ist dies nicht der Fall, ist das Kippeln nicht zu überwinden. Menschen – das bedeutet hier: *psychischen* Systemen – ist es kaum möglich, die Linie zwischen Nichts und sozialem Etwas dauerhaft zu überschreiten, dazu sind sie »nicht gemacht«. Aus Integration wird sehr leicht soziale Negativität, doch der umgekehrte Weg ist, in dieser Struktur, unwahrscheinlich.[5]

Das Internet *wiederholt* auch hier physische Wirklichkeit. Es macht Latentes manifest, stellt es dar, beutet es aus. Die sogenannten sozialen Medien haben wesentlich nicht die Funktion, den existierenden Bindungen eine Ebene der Virtualität *hinzuzufügen*, sondern »neue Kontakte«, »neue Freunde« zu ermöglichen, an der Schwelle zwischen nichts und etwas zu operieren, diese Schwelle lockend, drohend zu thematisieren.

Soziale Medien lenken die Aufmerksamkeit nicht auf das Soziale, sondern aufs Nichts des Sozialen. Auf Kontakte, die ich nicht habe, Freunde, die ich nicht habe, Klicks und Likes, die ich nicht habe. Was die sogenannten sozialen Medien darstellen und ausbeuten, ist weniger die absolute »Einsamkeit« der Menschen als den – dem Internet *vorausgehenden* – Sturz ins Nichts anderer Menschen, von Gruppen und Institutionen, die ständige Gegenbewegung in Richtung auf ein Etwas, das Steigen und Stürzen, das Hin und Her zwischen Negativität und Positivität, Isolation und Integration.

Der Raum des Schmerzes

Der öffentliche Raum und »die Natur«, auf die sich zuvor nie die Last der gesamten Existenz legte, egal, ob sie tatsächlich nur Transitzone waren oder Orte von Spaziergängen, Spielen, Demonstrationen, Arbeit, werden zum absoluten Hier, *zum primären Daseinsraum*, wo sich bestimmt, wer und was man (nicht) ist.

Aus Hintergrund wird Vordergrund. Die Stadt springt mich an als Fremde, Ausschluss, Gemeinschaft, der ich nicht zugehöre. Jeder Park, jede U-Bahn-Station kommt zu nah, wird wahrgenommen wie ein Wohnzimmer, Schlafzimmer, das heißt, genauso intensiv, als Vordergrund, doch eben nicht als Vertrautes, sondern als Unvertrautes, Fremdes, Abstoßendes.

Jede Umgebung wird auf Heimattauglichkeit geprüft, mit Zugehörigkeiterserwartung befrachtet, dementsprechend als unheimlich, unheimatlich empfunden. Jedes Kind, das sich verirrt, die Eltern verloren hat, erfährt diese Verwandlung der Umwelt von freundlich-bedeutungslosem *Hintergrund* in bedrohlich-bedeutsamen *Vordergrund.*

Der öffentliche Raum wird zum Ort der Sehnsucht. Wenn eine Begegnung möglich ist, dann hier. Die totale Fremde, Menschenlosigkeit herrscht ja *in der Wohnung* (die kaum Zuhause zu nennen ist). Damit dreht sich das Verhältnis um: Draußen soll Nähe entstehen, nicht drinnen. Die Sehnsucht wird in einem fort enttäuscht, der öffentliche Raum und die Natur werden zu Räumen des Schmerzes, wo die Nähe anderer stärker vermisst wird als in der Wohnung. Die Öffentlichkeit ist der Raum der (vermissten) Intimität, die Privatsphäre der Raum der Anonymität.

Das Nichts des Körpers

In welcher Weise wird das Nichts körperlicher Praxis thematisch? Es versinkt weitgehend in der Gewöhnlichkeit. In der Moderne ist es gewöhnlich, eine Arbeit zu tun, eine Ausbildung zu durchlaufen bzw. auf eine Weise nach einer Arbeit oder einer Ausbildung zu suchen, die nicht mehr körperliche Praxis erfordert als das Sitzen und Bedienen eines Computers. Es ist gewöhnlich, fast nur noch in einer Weise mit *Dingen* zu tun haben, die widerstandslos ist: Ich putze mir mit der Zahnbürste die Zähne. Ich führe das Glas mit dem Kaffee zum Mund. Ich schreibe mit Hilfe der Tastatur usw. In den unauffälligen, widerstandslosen Bezügen bleibe ich stets in der Immanenz meiner Selbstheit. Erst im Widerstand – in der Schwere eines Dings, der Schwierigkeit einer Handlung, der Unhandlichkeit, der Unmöglichkeit – würde das Ding zu einem Anderen. Ohne diesen Widerstand lebt der Mensch inmitten allen materiellen Überflusses in einer dinglosen, in einer immateriellen Welt.

Es ist gewöhnlich, jeden Tag öffentliche Verkehrsmittel zu benutzen – und die Rede verschleiert das Verschwinden körperlicher Praxis, wenn man sagt: »Ich fahre Bus« oder »Ich fahre U-Bahn«, wie man sagt: »Ich fahre Auto« oder »Ich fahre Fahrrad«, anstatt zu sagen: »Ich werde gefahren.«

Gewiss ist auch U-Bahn-Fahren körperliche Praxis, die ein Einsteigen und Aussteigen, Stehen oder Sitzen erfordert. Gewiss ist auch die Arbeit am Computer, das Sitzen am Schreibtisch körperliche Praxis. Das heißt, wir haben es nicht mit einem Nichts körperlicher Praxis überhaupt zu tun, sondern mit einer Reihe besonderer Negativitäten: dem Nichts von Bewegungen, die den gesamten Körper involvieren, dem

Nichts verschiedener Positionen und Bewegungsformen, dem Nichts des Stehens, Kniens, Gehens, Rennens, Kletterns usw., dem Nichts starker Beschleunigung und Abbremsung des Körpers, der Schwer- und Fliehkräfte, wie man sie beim Schaukeln erfährt, beim Rad- oder Skifahren, im freien Fall, dem Nichts der Werkzeuge und widerständigen Materialien, des Steins, des Holzes, des menschlichen Körpers, genauer: körperlicher Menschen, die ich zu tragen, waschen, füttern habe, dem Nichts der Erde, des Wassers, dem Nichts der Fahrzeuge, der Geschwindigkeiten, dem Nichts physischer Kraftanstrengung und eines anspruchsvollen Gebrauchs der Sinne usw.

All dies wird, wie gesagt, kaum thematisch. Es wird aber erfahren *im Bruch*. Wenn ich »plötzlich rennen« muss, wenn ich einmal »etwas reparieren«, »einem Menschen helfen«, einmal »anpacken«, mich um ein Tier »kümmern« muss. Schon Putzen und Wäschemachen wird als ein Bruch erfahren, als plötzlicher Übergang aus meinem vielfachen Nichts körperlicher Praxis in ein Etwas, als das schwierige, emotionalisierende Überschreiten einer Schwelle, die grundlegende Veränderung meiner Art des In-der-Welt-Seins, als Rückkehr des Körpers, der Bewegung, des Hantierens, der Positionswechsel, der weichen und harten Materialien und Widerstände, der Gewichte und Volumina, des Flüssigen, Riechenden usw. Jede Tätigkeit im Haushalt wird zum *Ereignis*. Zur ungewohnten, meist unerwünschen Intensität und Präsenz.

Das Nichts der Objekte

Natürlich kann ich kaum in einen schlechthin objektlosen Zustand abgleiten, solange ich in einer Welt bin, solange ich

Bewusstsein und Wahrnehmung bin. Dennoch ist es nicht notwendig der Fall, dass ich in meinem eigenen Körper ein Objekt, also ein Anderes habe. Es ist möglich, dass ich nur »Leib« bin, mein Körpersein unauffällig bleibt, »ich selbst« *identisch* bin mit dieser Körperlichkeit, dem Atem, meiner Schwere, mit Sitzen oder Stehen usw.

Erst wenn mir zum Beispiel plötzlich, wie man sagt, *etwas* wehtut, der Kopf, der Zahn, die Hand, habe ich in meinem Körper bzw. in einem Körperteil ein Objekt, auf das ich gerichtet bin wie auf ein äußeres, von mir getrenntes Objekt.

Dies geschieht auf verschiedene Weise. Es geschieht erstens durch den Schmerz, weshalb selbstverletzendes Verhalten buchstäblich *etwas* erreicht, nämlich die Geburt eines Anderen aus dem eigenen Leib, weshalb die sogenannte »Selbstverletzung« gerade *nicht* das Selbst zum Ziel hat, sondern die Erzeugung eines Anderen ist, wo ein andersgeartetes Anderes, auf das ich mich beziehen könnte, fehlt.

Es geschieht zweitens durch die Erregung. Zum Beispiel durch die Selbstbefriedung, die das Selbst gerade dadurch befriedet, indem mein Leib zum Körper, also zu einem Anderen wird.

Es geschieht drittens durch Anstrengung, wodurch meine Muskeln, mein Herz, meine Lunge usw. aus dem Nichts ihrer funktionierenden Unauffälligkeit auftauchen und zum Anderen werden.

Im Denken von Leib und Körper geben die modernen philosophischen Diskurse meist dem Leib den Vorzug, also der Identität, während sie rügen, wenn der Mensch seinen Körper zum (»narzisstischen«) Objekt hat. Zweifellos gibt es destruktive Objektivierungen eigener Körperlichkeit, die mich aus dem Nichts des Anderen zu erlösen scheinen, indem ich – vor dem Spiegel, in der »Selbstbespiegelung« – mir zum Anderen werde).

Dennoch ist es eine Notwendigkeit, dass der Leib oder eine Zone meines Leibes mir auf irgendeine Weise zum Körper wird, zum Objekt.

Zeitliche Objekte

Bei Objekten des Geistes können wir die zeitlichen von den nicht-zeitlichen unterscheiden. Wenn ich an etwas denke, das sich in der Vergangenheit zugetragen hat, oder an etwas, das in einer – mehr oder weniger wahrscheinlichen, vielleicht auch jenseits aller Wahrscheinlichkeit erträumten – Zukunft liegt, ist mein Objekt ausdrücklich durch seine Zeitlichkeit bestimmt. Dagegen kann ein Gedanke oder eine Vorstellung, können Sätze und Bilder als zeitlose, rein logische, fantastische usw. Objekte gegeben sein. Meist werden wir es mit Mischformen zu tun haben. Ich denke etwas Zeitloses und zugleich denke ich daran, wo und wann ich das Gedachte umsetzen oder anderen Menschen mitteilen werde.

Wie erscheint das Nichts solcher geistigen Objekte? Ich habe das Gefühl, dass mir jeder Gedanke, jede Vorstellung entgleitet, dass ich nicht denken, mich nicht konzentrieren kann, dass ich müde, zerstreut, unruhig, gestresst bin, dass mein Kopf »leer« ist, ich »wirr« bin (siehe 4. Kapitel, das Nichts des Inneren).

Das Nichts zeitlicher Objekte erscheint als tyrannisches *Hier und Jetzt*. Ich komme von nichts her. Ich gehe auf nichts zu. Ich habe nicht in einer meditativen Übung die Herkunft und die Zukunft ausgeklammert, mich auf das Hier und Jetzt konzentriert, sondern das Nachglühen des Gewesenen und die Vorfreude auf das Kommende – im Englischen wird bekanntlich die Vorfreude durch das schlichte *looking forward to* schon bezeichnet – ist mir abhandengekommen. Auch hier haben die modernen Diskurse ein deutliches Vorurteil: Das Gewesene und das Kommende sind das Belastende, das Hier und Jetzt dagegen das Entlastende. Tatsächlich ist es häufig umgekehrt: An die Stelle einer angenehm rhythmisierten, sich vom Gewesenen ins Kommende dehnenden Zeitlichkeit tritt die Klaustrophobie im Hier und Jetzt.

Die Tatsache, dass die Stürzenden *auch* von traumatischer Vergangenheit und von drohender, unheilvoller Zukunft *bedrückt* sind, darf nicht darüber hinwegtäuschen, dass ihnen im gleichen Maß eine Vergangenheit – schon ein Neulich, ein Gestern, ein Eben – fehlt, von der auch ein Herkommen möglich ist – also Erlebnisse, die »aufladen« und »mit Energie versorgen«, wie zärtliche Begegnungen, intensive körperliche Erlebnisse, soziale Erfolge usw. –, dass ihnen im gleichen Maß eine Zukunft fehlt, auf die sie ruhig zugehen könnten. Wir haben diese Erfahrung im 2. Kapitel unter dem Stichwort der Emotionalität der Zeitstruktur analysiert.

Hier entdecken wir das zeitliche Problem als Problem einer Anderslosigkeit. Wie im Körper, wie in der Welt kann in der Zeit – also der Zeitlichkeit des Geistes, der Zeitlichkeit bzw. Entzeitlichung weltlicher Strukturen – ein Anderes mein Objekt sein oder nicht. Wie meine Leiblichkeit womöglich nirgends, durch nichts zum *Körperanderen* sich entfaltet, streckt sich mein Hier möglicherweise nirgends, durch nichts zum *Zeitanderen*.

Und die Objekte in der Welt? Hantiere ich nicht zwangsläufig mit Kleidungsstücken, Türklinken und Fenstergriffen, mit Zahnbürste und Klospülung, Besteck und Geschirr,

Kühlschrank und Herd? Natürlich. Noch der Insasse eines Gefängnisses bleibt ein Hantierender, geht nicht aller Objekte verlustig, noch in der sogenannten Isolationshaft muss man sich ankleiden und auf die Toilette gehen. Dennoch wird der Gefangene, wie der Stürzende überhaupt, *den Großteil seiner Zeit* mit nichts oder fast nichts hantieren, schon gar nicht mit anderen Menschen – so dass die Objekte in der Welt allein *in der Wahrnehmung* da sind, als *Bilder* vorüberziehen oder vor Augen stehen »wie in einem Film«.

Das Nichts der Elemente

Ein Element ist etwas, das mich *umgibt*. Nicht nur als ein Horizont, sondern bis an mich heran und – durch Sinne, Haut, Stoffwechsel – in mich hinein.

Während die Sonne, der Mond, eine Kerze, eine Lampe, also jede Licht*quelle*, als ein Objekt erscheint, auf das ich gerichtet bin bzw. von dem ich mich abwenden kann, ist das Licht selbst, das mich umgibt und in dem alles erscheint, ein Element.

Luft ist – wenn ich von ihr umgeben bin, so dass ich sie spüren kann – ein Element. Wasser ist Element: wenn ich bade, schwimme, tauche. Beide, Luft und Wasser, sind Elemente nicht nur in ihrer Stofflichkeit, Bewegtheit und Transparenz bzw. Trübe, sondern ebenso vermittels ihrer Temperatur. Geräusche, Lärm, Stimmen, Musik, Gerüche sind Elemente.

Mein Körper ist Element, sofern er »auf allen Seiten ist« – obwohl ich nicht sagen kann »von mir«. Der Körper ist Umgebendes ohne Umgebenes.

Eine Menschenmenge ist Element, sofern ich nicht primär Einzelne unterscheide, sondern mich umgeben fühle: *im Ge-*

dränge, beim Tanzen, beim Demonstrieren, in der Schulklasse, im (Großraum-)Büro usw. Dann bin ich »unter Leuten«.

Auch der *einzelne* Andere – Freund, Geliebte, Vater – kann zwar physikalisch, geografisch als Objekt gedacht werden (»drei Meter links von mir«, »sechshundert Kilometer südwestlich« usw.). Doch tatsächlich füllt der Andere die Wohnung, das Haus, meine Welt, bin ich von ihm umgeben, ist er mein Element. Ich sage: »*in* deiner Gegenwart«, ich sage: »solange er lebt …«, ohne eine räumliche Entfernung und Richtung anzugeben. Ich schaue dem Anderen nicht *aufs* Gesicht, sondern *ins* Gesicht, nicht auf die Augen (es sei denn, sie seien geschlossen), sondern in die Augen. Mein Blick geht ins Gesicht, in die Augen des Anderen hinein – so dass ich in ihm, also von ihm umgeben bin, er aufhört, Objekt zu sein.

Ja, der einzelne Andere umgibt mich genauso wie die Menschenmenge, und dies nicht allein, wenn ich ungeboren in seinem Leib bin, wenn er mich, solange ich Kleinkind bin, von allen Seiten umfängt. Ich brauche gar nicht zu wissen, ob er links oder rechts von mir, hinter oder vor mir, drei Meter oder sechshundert Kilometer entfernt von mir ist, um zu wissen, dass ich *in* Beziehung zu ihm lebe. Nichts, was in der Weise gegeben ist, dass ich *darin* bin, ist (nur) Objekt.

Während die Positive Moderne Elemente im Überfluss bietet: Menschenmassen, Lärm, Gestank, maschinelle Ummantelungen und Beleuchtungen, politische, städtische und industrielle Elemente, das Element des Krieges (als »Schlacht«), so ist die Negative Moderne durch einen Zustand gekennzeichnet, in dem sich kein Element bemerkbar macht, ich im »leeren Raum« zu existieren scheine, jedenfalls in einem Raum, in dem zwar Objekte auftauchen, doch nichts wirklich »an mich herankommt«, ich nie »in« etwas bin. (So gehört der Dronen-krieg, Dronenpilot zur Negativen Moderne.)

Die Wohnung schafft, wie die Gefängniszelle, einen Raum, in dem mich weder natürliche noch soziale Elemente errei-chen, mein Leib nicht beansprucht wird, kein Körper ist. So-gar der Ausblick kann ein Ausblick ins (annähernde) Nichts sein, wenn er – aus einer gewöhnlichen Wohnung oder einer Gefängniszelle – in einen leeren, unbelebten Hof geht, auf leere Wände prallt, in einem leeren Himmel sich verliert. Viele Stunden am Tag muss der Mensch, der sich – allein – in dem Raum befindet, in dem es »nichts zu sehen gibt«, aushalten, dass es »auch draußen nichts zu sehen gibt«. Womöglich gibt es im Hof auch nichts zu *hören*. Wenn doch, so handelt es sich um einzelne Geräusche und Rufe, die »die Stille durch-brechen«, die sich nie verdichten, so dass sie einen Hinter-grund bildeten, wie im »Rauschen« des Waldes, »Rauschen« der Stadt, die – in ihrer Abruptheit, Unverbundenheit – nicht als erlösend, sondern als störend empfunden werden.

Die Sensationen des Leibes sind von einer Qualität, die den Leib nicht mehr als Körper, sondern als *Psyche* thematisch werden lässt. So ist das Brennen im Bauch »meine Angst«. Statt zu sagen: »Mein Körper fühlt sich so oder so an«, sage ich: »Ich werde scheitern.«

Die Schlaflosigkeit

Der Zustand der Schlaflosigkeit ist zunächst nur ein besonde-rer Fall der Menschenlosigkeit, Objektlosigkeit, Körperlosig-keit und Elementlosigkeit. Doch an ihm lässt sich zugleich die Erfahrung in ihrer Allgemeinheit beschreiben.

Wenn ich schlaflos liege, interagiere ich mit keinem Menschen, hantiere mit keinem Ding, bin in keiner kontrollierten Bewegung und Kraftanstrengung. Ich höre wahrscheinlich keinen Fluss rauschen, sondern nur Geräusche, die in ihrem plötzlichen Anfang und Ende – ein Knacken, ein Hupen draußen – oder in ihrer Ärmlichkeit und Sterilität – das Geräusch der Heizung, der Elektrizität – oder in der gehörten Entfernung ihrer Quelle – »das Leben anderer Menschen ist weit weg, da draußen« – »Geräusche der Stille« sind.

Ich rieche so gut wie nichts, kein Licht umflutet mich, nichts Sichtbares beschäftigt meine Aufmerksamkeit. Die Luft ist nicht als Wind bemerkbar. Da sind nur die Matratze, das Kissen und die Decke, Kälte oder Wärme sowie die Berührungen meines Körpers *durch meinen Körper*: Meine Arme liegen »auf mir«, ich habe meine Hände »unter mich« geschoben usw.

In diesem Zustand weitgehender Reduktion aller Gegebenheiten und Bezüglichkeiten dehnt sich nun ein Ungeheures aus. Ein Ungeheures, das augenblicklich wieder schrumpft, vielleicht schwindet, wenn ich aufstehe, wenn ich mit etwas hantiere, meinen Körper bewege und anstrenge, wenn ich nach draußen trete, von Straßenlärm oder Vogelgezwitscher umgeben bin, im Sonnenlicht, in der Sonnenwärme stehe, im Wind, im Regen, im Schneegestöber, wenn ich mich durch Gerüche bewege, um mich das »Leben der Anderen« ist.

Was ist Fühlen? Es ist Gerichtetsein von *Gefühl* auf das, was gefühlt wird, und als solches ein Sinn, der erfasst, was kein anderer Sinn erfassen kann, nämlich das Gewesene und das Mögliche einerseits, das Innere der Anderen andererseits.

Daraus ist das Ungeheure, das in der Schlaflosigkeit sich ungeheuer dehnt. Ich *könnte* in eine finanzielle Katastrophe geraten. Ich könnte krank werden und sterben. Die Anderen könnten schlecht von mir denken, und ich würde gezwungen sein, ihre Wahrheit zu meiner zu machen, anzuerkennen, dass ich ein Ekel bin. Und was ist alles geschehen: Ich bin verstoßen und verlassen worden … Was habe ich nicht alles gesehen: die furchtbaren Nachrichtenbilder …

Aus alldem ist das, was sich ausdehnt, da ich ohne Objekte, Menschen, Elemente bin. Ich versuche vielleicht, mich ins Denken zu retten. Mich auf ein einziges geistiges Objekt oder zeitliches Objekt, das nächste Wochenende zum Beispiel, zu konzentrieren. Einige Minuten gelingt es. Doch so – denkend – schlafe ich nicht ein. Also lasse ich das geistige, das zeitliche Objekt wieder los. Und gerate wieder ins Ungeheure.

Ähnlich ist nun der Wachzustand des Stürzenden. Sobald ein Mensch keinen *starken* Bezug zu anderem hat – und sei es zum eigenen Körper –, fällt er in den Selbstbezug, in die Zustände. Er wird zum Opfer seines »Primärprozesses«.

Hier finden wir eine weitere soziale Voraussetzung von Psychologie und Psychotherapie: Der Mensch, der in einen Hiatus des Anderen stürzt, wird zum homo psychologicus und homo psychopaticus. Wie im Hiatus der Instinkte erst Handeln möglich wird, erfordert das Spektakel der Zustände den Hiatus des Anderen.

Cogito ergo sum

Was wir in der Schlaflosigkeit wahrnehmen, ist also noch kein unpersönliches, neutrales »Es gibt« (Levinas), es wird nicht erfahren »als eine Fülle des Leeren oder als das Murmeln der Stille«[6].

Was Levinas hier beschreibt, ist das, was bleibt, wenn im Dämmer der Schlaflosigkeit alle Personen, Dinge und auch »ich selbst« als Objekt ins Nichts entschwunden sind, was hinter jeder Negation intakt bleibt, ein Bewusstsein, das nicht mehr gerichtet sein soll, das nicht mehr Bewusstsein *von etwas* ist.

Es mag wohl sein, dass es dieses *Es-gibt* gibt. Doch auch wenn dem so ist, hätte Levinas ein Wesentliches zwischen dem alltäglichen In-der-Welt-Sein und dem Es-gibt übersprungen.

Wir bestimmen die »Schlaflosigkeit« ja rein negativ, als *ohne Schlaf sein*. Sie ist, in der Regel, das Verlangen nach Schlaf und zugleich die Ohnmacht des Nichtschlafenkönnens. Dies wäre ja schon im höchsten Maß eine positive Bestimmung des Zustands.

Doch lassen wir das Verlangen, die Not, die Ohnmacht und Verzweiflung einmal außer Acht und schauen nur auf das *Nochnichtschlafen*. Dann haben wir einen merkwürdigen Wachzustand, in dem wir buchstäblich wie im übertragenen Sinn unseren Körper »fallenlassen«, dann alle Dinge und anderen Menschen und »uns selbst«. Wir verzichten auf das Sehen, das Denken, auf jedes Objekt, ja sogar auf den Willen zu jedem Objekt, wir wollen nichts mehr sehen, denken oder handhaben, wir lassen alles fallen, wollen nichts mehr (als schlafen). Wir stehen uns selbst und allem anderen in höchstem Maß *ablehnend* gegenüber. Jedes Objekt wie unsere Selbstheit stören nur – man kann nicht mehr sagen »stören uns nur«, weil dieses »uns«, dieses »wir« gerade verschwinden soll. Wir lassen alles fallen, uns selbst fallen, weil wir den Schlaf begehren, den Schlaf suchen.

Doch der Schlaf entzieht sich. Er lässt auf sich warten. Wir haben nein zur Welt und nein zu uns selbst gesagt, in der Hoffnung auf ein Anderes. Doch das Andere stellt sich nicht ein. Wir sind noch wach. Wir? Ja, wir. Denn wir haben zwar uns selbst fallengelassen, aber wir sind noch da. Wir haben die Welt fallengelassen, aber die Welt ist noch da. Wir haben den Körper (ins Bett) fallengelassen, aber der Körper ist noch da. Das Denken ist noch da, die Sprache. Das Bewusstsein ist noch Bewusstsein von etwas, von etwas Ungeheurem.

Schlaflos ist der Sinn des Fühlens. Er füllt die Dunkelheit mit Bildern, die Stille mit Geschrei. Er stopft mich aus mit Angst und Beschämung. Er richtet das fallengelassene Selbst wieder auf als grausige Puppe. Er lässt die Welt nicht entgleiten, sondern macht das Zimmer, in dem ich versuche, zu schlafen, zu einer Welt, die mir zuwider ist, das zu warme, unbequeme Bett, in dem ich mich wälze und noch Körper bin als sich wälzender, in jeder Lage sich wieder bemerkbar machender, juckender, schwitzender, nicht verschwindender, weiterzuwälzender Körper. Das nah-ferne, durch Mauern und Fensterglas von mir getrennte Draußen wird zu einer Welt, die mir zuwider ist, mit der ich nichts anfangen kann, die keine heimliche ist, nicht für mich da ist, in der ich dem Geräusch der Elektrizität, einem Hupen ge-*horche*, die keine Welt ist ohne Sinn wie in Heideggers Angst, sondern eine Welt, die *fast nur noch Sinn* ist, nur noch mein »Wahnsinn«, nur noch mein Bedeuten, die sich dem Hantieren, der Anstrengung, der sinnlichen Wahrnehmung entzieht, nicht zuletzt dem Zusammensein und Agieren mit Anderen.

Es ist eine Welt, in der ich in die Nähe der Weltlosigkeit des Descartes'schen »Cogito ergo sum« gerate, in erster Linie in meinen Vorstellungen, durch meine Vorstellungen existiere wie Becketts »Unnamable«, der im Descartes'schen »Cogito« sein Modell hat.

Becketts Namenloser ist in einer »Finsternis«[7]. Er wollte sich »nur ausruhen«. Jetzt ist es ihm »unmöglich, jemals wieder etwas zu tun«[8]. Ein Selbst ist noch da. »Malone ist da.«[9]

Doch von »seiner sterblichen Lebhaftigkeit sind nur wenig Spuren geblieben«.[10] Der Namenlose rührt sich nicht mehr, sein Körper ist »außerstande, die geringste Bewegung auszuführen«[11].

Die Zeit ist ohne Rhythmus und Horizonte. »Es gibt keine Tage hier, aber ich benutze diesen Ausdruck.«[12] Eine Nacht wird auch nicht erreicht: »Hier ist nichts Nächtliches. Wenn dies Grau zunächst diesig, dann ganz undurchsichtig ist, so hat es nichtsdestoweniger eine gewisse Leuchtkraft.«[13]

Was ist zu sehen? Nichts als »(s)chwache Lichter …« Was ist zu hören? Nach »einer langen Periode unbefleckter Stille« ist »ein schwacher Schrei«[14] zu hören. »Es gibt hier Geräusche, von Zeit zu Zeit, das möge genügen.«[15]

Alles könnte, sollte aufhören. Doch es hört nicht auf. Das Ziel wäre, »zu einem Schluss zu kommen«[16]. Ja, »enden wäre wunderbar, wer ich auch sei, wo ich auch sei«[17]. Angenehm wäre es, die Augen zu schließen, »um mich vom Sehen auszuruhen und vom Nicht-sehen-Können, oder bloß um mir schlafen zu helfen«[18]. Doch der Namenlose ist »genötigt, zu sprechen«[19], weiter zu denken.

Er kann dem verselbständigten Selbstgespräch nicht entrinnen. Er weiß: »Ich kann nicht schweigen (…) der Diskurs muss weitergehen. Also ersinnt man Obskuritäten.«[20] In ihm spricht eine Stimme, »die nicht meine ist, aber nur meine sein kann«[21]. Die Stimme bricht immerzu hervor, erschüttert und zerreißt ihn. Er denkt pausenlos, obwohl man das »nicht denken nennen«[22] kann. Es ist ein automatischer Diskurs.

Der Namenlose ist vollkommen »fühllos«[23] und zugleich »tränengebadet«[24]. Das heißt, er ist zwar von Gefühl überwältigt, doch bar der Möglichkeit, Gefühl *auszudrücken*, mit einem Anderen über Gefühl zu sprechen, gemäß eines Gefühls *zu handeln*, weshalb er eben »fühllos« ist, in einem Zustand sogenannter Flucht oder Depression, in dem er, mangels emotionaler Aktivität, von Schmerz und Angst still überlaufen wird wie ein Fels von einem Rinnsaal.

Meine Haftung

Das also wäre auch der Wachzustand eines Stürzenden, der von keinem Anderen mehr absorbiert wird. Nur in Bezug auf die *Namenlosigkeit* müssten wir widersprechen. Denn dem Stürzenden ist ja nichts weniger vergönnt als Identitätslosigkeit. Er wird gewissermaßen in einem fort bei seinem und in seinen Namen gerufen – in Vornamen *und* Nachnamen. Er sieht sich privat wie öffentlich namhaft und haftbar gemacht, hat sich unmöglich benommen, hat seine Rechnungen nicht bezahlt usw. Was er in der Schlaflosigkeit und nun auch diesseits der Schlaflosigkeit, im Nichts seines Tages, erfährt, ist eine totale persönliche Haftung, ein Haften an seinem Namen, eine Unabkömmlichkeit von seinem Namen. Er ist an das Kreuz seines Namens geschlagen.

Es ist keine Auflösung *aller* Bezüge, kein Lösen aller Taue, das wäre ein Kitsch des Nichts, Sturz in einen absoluten Abgrund, der gar nicht schlimm wäre, weil da ja auch nichts mehr wäre, das leiden könnte, sich identifizierte, *jemand*, also namhaft wäre.

Nein, der Name bleibt, das Selbst bleibt. Das Nichts ist ein relatives, von diesem und jenem, das das, was übrigbleibt, *hervorhebt*.

Schlechte Objekte

Das Nichts des Anderen bedeutet nicht, dass das Andere als Seiendes aus der Welt verschwindet, nur, dass es *als anderes* verschwindet, das mich in sein Anders-als-ich-Sein hineinzieht.

Die Nachrichtenbilder, die uns nicht loslassen, sind ja nicht als *Nachrichtenbilder* schrecklich, sie sind es, indem sie uns zurückwerfen auf uns selbst, unsere Todesangst, unser »Nachempfinden« des Leides. Sie bringen uns zu uns selbst zurück und erlauben eben nicht, dass wir ein Bezug zu anderem sind, in einem Bezug zu anderem »aufgehen«. Auch der Schlaf wird ja erst möglich, wenn wir beginnen, Bilder zu sehen, die uns nicht auf uns selbst zurückwerfen, die ein Anderes bleiben.

So gibt es also *schlechte Objekte* – in der Welt oder nur in unserer Vorstellung –, die uns keine Beziehung zu einem Anderen erlauben, sondern uns auf uns zurückwerfen, wie ein Spiegel, den wir ja als ein Ding aus Holz und Glas auch nicht wahrnehmen, weil wir gezwungen sind, in ihm uns selbst zu sehen.

Und doch funktionieren die schlechten Objekte anders als ein Spiegel. Sie geben mir kein Bild meiner selbst, sondern *affizieren* mich auf eine Weise, die mich »selbstbezogen« sein lässt. Ich habe dann in erster Linie »mit mir zu tun«. Ich bin »mir eine Last«.

Ich nehme zum Beispiel die schöne Passantin nicht wahr, wie ich das Eis auf dem Meer wahrnehme. Im ersten Fall bin ich meine Sehnsucht, mein Verlangen, mein Schmerz, im zweiten vergesse ich mich angesichts des zugefrorenen Meeres.

Menschen, Menschenmassen, Dinge, Werke können nichts sein als ein Durchgang zur Selbstthematisierung, da sie uns auf unsere »Erfolglosigkeit« stoßen, in unsere Scham usw. Ich kann meinen Chef, meinen Auftraggeber usw. nur erleben als das, was ich bin, bzw. das, was ich nicht bin. Auch die Wahrnehmung eines Publikums ist nichts als Selbstwahrnehmung.

Es kann natürlich sein, dass das Objekt substanziell anderes ist als »ich selbst«. Wenn ich nachschaue, ob mir jemand eine Mail geschrieben hat, oder mich mit meinen Selbstrepräsentationen in »sozialen Medien« befasse, sind die Nachrichten, Kommentare, Bilder, Texte, der gesamte sogenannte Inhalt, nichts als »mein Wert« bzw. »meine Wertlosigkeit«.

Dann sind da Objekte, die zwar nichts über mich sagen, jedoch keine Absorption durch anderes erlauben, da ich mich in der Beziehung zu ihnen nicht halten kann. Ich sehe den Hundekot auf der Straße und wende mich ab »in meinem Ekel«. Ich sehe das Hässliche als Kulisse »meiner Heimatlosigkeit«. Hier gibt es eine Nähe zum Theorem der Entfremdung. Die entfremdete Arbeit erlaubt ja auch kein Aufgehen in der Arbeit, im Bezug zu einem (*meinem*) Werk, sondern stößt den Menschen zurück in sein Desinteresse, seine Langeweile, seine Nicht-Identifikation mit Machen und Gemachtem.

Der Stürzende stürzt in einer Welt der schlechten Objekte, die ihm keine Beziehung, kein Engagement, keine Arbeit, keine Kontemplation erlauben. Das Nichts des Anderen ist das Nichts des Anderen *als anderem*, als Unmöglichkeit des Absorbiertseins.

Screen Tests

In Filmkunst und Kunstfilm reflektiert sich das Nichts des Anderen in der Ästhetik des »Nothing happens«. Warhols »Screen Tests« kommen dadurch zustande, dass Warhol den zu Filmenden vor die Kamera setzt und *weggeht*. In »Sleep«, »Eat«, »Empire« erfährt der Zuschauer ein Nichts der Handlung sowie eine weitgehend entstrukturierte, also entrhythmisierte und horizontlose Zeit.

Antonionis »Die rote Wüste« ist ein Film, der der damaligen Mode gemäß zwar noch als existenzialistisch gedeutet wurde, als Thematisierung eines metaphysischen Nichts, der »Entfremdung des Individuums«, und doch fehlen Guiliana zuvorderst die konkreten Bezüge, natürliche und soziale Elemente (die Natur ist ein *soziales* Element, weil die Struktur des Sozialen darüber entscheidet, ob jemand Wind und Wetter, dem Wald oder beispielsweise dem Meer – man denke an die Flüchtlinge –, ausgesetzt ist oder nicht), dingliche, zeitliche, intellektuelle Objekte, ein auch außengeleiteter Denk- und Handlungsstrom. Guiliana ist wesentlich Zuschauerin.

Chantal Akermans »Jeanne Dielman« zeigt die soziale Negativität an ihrem bevorzugten Ort: Zuhause. Diesem Werk folgen unzählige andere und variieren seine Motive. Längst ist das Nichts zum verbreiteten, im künstlerischen Film vorherrschenden Motiv geworden, zeigt sich hier nicht nur der ästhetische Widerstand gegen Schwenk und Schnitt, Zoom und Fahrt, die Konfektionen der Industrie, sondern ein intuitives Erfassen der Erfahrungen der Negativen Moderne.

Mal geschieht es mehr auf der Ebene des Bildes, des Inhalts, mal mehr auf Ebene der Regie, der Form, so dass sogar Erfahrungen der Positiven Moderne, die getaktete, industrielle Arbeit, die Dichte der Großstadt, die Intensität der Technik, *auf eine Art* gefilmt werden, dass der Zuschauer in die Zwischenräume zwischen den Erscheinungen fällt, wo alles »langsam«, »ereignislos« und »breiig« wird, also Negative Moderne.

Obwohl die »Leere des Bildes« längst Mode ist, »Nothing

happens« eine Geste unverstandenen Verstandenhabens, gewinnt die Leere in der Erfahrung des Zuschauers ihre Wahrheit zurück, stellt sich unmittelbar die alltägliche Vertrautheit
her mit der Erfahrung »reiner Zeit«. Auch die Tatsache, dass
hier vieles, vielleicht »das Meiste« sich im Off ereignet, dem
Blick, oft auch dem Verstehen entzogen bleibt, also das Bild
mehr Negativität als Positivität bietet, muss mir vertraut erscheinen in einer Situation, die mir mit den Objekten auch das
Bewusstsein, die Verständlichkeit entzogen hat.

Die Sexualität

Sexualität wird infolge ihrer »Befreiung« für den, der ins
Nichts des Anderen stürzt – nicht nur anderer Menschen,
sondern ins Nichts sämtlicher Andersheiten –, zu einer Art
Sozialhilfesystem, das ihn, der an »sozialer und emotionaler
Verarmung« leidet, einer umfassenden Objekt- und Elementlosigkeit, mehr schlecht als recht dahinleben lässt (wie Lenz
»dahinlebt«).

Wie in amtlichen Sozialhilfesystemen *nicht* unter Wahrung
seiner Würde, vielmehr in einer auf Dauer gestellten Misere,
behaftet mit der Notwendigkeit regelmäßiger entwürdigender
Begegnungen, von denen oft wegwerfend oder im Scherz gesprochen wird, vergleichbar denen im Rahmen der Sozialbü-
rokratie, wo die »Bedürftigen« sich im Kampf um jede einzelne
Leistung aufreiben, auch wenn die Anbahnung der sexuellen
Begegnung sich nicht offen als ein Akt der Verzweiflung zeigt,
sondern aussieht wie ein »zufälliges Zusammentreffen«, auch
wenn es dafür jetzt die bedienungsfreundlichen, verspielten
Dienste vermeintlicher »Partnersuche« gibt.

Indes findet in der Sexualität kein Transfer von Habenden

zu Nichthabenden statt. Es ist ein Transfer von Habenichts zu
Habenichts, von Stürzendem zu Stürzendem. Jeder ist dem
Anderen eine soziale Hilfe. Die Bedürftigen versorgen sich
gegenseitig, leisten sich gegenseitig umfassende Hilfe zum
»Lebensunterhalt«.

Die befreite Sexualität hat damit eine andere Funktion als
zu Beginn ihrer sozialen Autonomisierung. Zu Beginn hatte
die Sexualität das *Außergewöhnliche* bereitzustellen. Nun ist
sie fürs *Gewöhnliche* zuständig, die Grundversorgung, den
Lebens-Unterhalt.

Sie gibt dem Objektlosen ein Objekt. Sie gibt dem Element-
losen das Element eines Geruchs, das Element einer menschlichen Gegenwart, in der er sich nun *befindet*, dem Körper-
losen seinen Körper (zurück), dem Zeitlosen eine Episode mit
Rhythmus und Horizont, was hier nicht zotig zu verstehen
ist, als vielmehr dahingehend, dass die sexuelle Begegnung tatsächlich Zeit strukturiert, sie eine Geschwindigkeit und ein
Telos hat, Vorher, Während und Nachher kennt.

Die Sexualität gibt dem Fühllosen ein Gefühl wie dem
Nicht-Aktiven eine Aktivität, dem Stürzenden im Nichts unendlichen Möglichseins eine vorübergehende, dünne Wirklichkeit, dem Gesellungslosen vorübergehend einen »Gefährten«.

Mitten im Sturz ins Nichts bietet die Sexualität Positivität.
In diesem *Bruch* gleicht sie Aufräumen und Putzen. Dennoch
bleibt der Schein des Außergewöhnlichen gewahrt, erscheint
die Sexualität nicht als das Sozialhilfesystem, das sie in Wahrheit nun ist.

Last und Entlastung

Es gibt viele Wege, auf denen ein Mensch im Nichts des Anderen versuchen kann, ein Anderes zurückzugewinnen. Da ist die Geselligkeit, der Sport usw. Stets geht es darum, *überhaupt* »etwas zu tun«, überhaupt einen Körper, überhaupt »etwas vor« zu haben, überhaupt in Beziehung, in Elementen zu sein.

Weitgehend entlastet von »Plackerei« und allem Anspruch der Nächsten – Angehörigen, Nachbarn, der Gemeinschaft –, habe ich die schwerste Last zu tragen: das Nichts. Also falle ich vornüber in die *Möglichkeiten der Wiederbelastung*: des Sports, des freiwilligen Lernens, zum Beispiel des Gesangsunterrichts, der Beziehung, um mich von der Last des Nichts zu entlasten.

Sofort empfinde ich dann aber die *neue Last* des Sports, des Lernens, der Beziehung, die Last der Unkörperlichkeit, die Last der Verpflichtung, die Last meines Ungenügens, die Last des eigenen und des fremden Anspruchs, die Last des plötzlichen Zeitdrucks. Also falle ich wieder hintenüber zurück ins Nichts usw.

Jede Beziehung zu einem Anderen – ob es Dingzusammenhänge sind, mein eigener Körper oder andere Menschen – in der Regel wird das alles sich verbinden zu einem Gewebe – ist notwendig eine Last, wie das Nichts notwendig eine Last ist, und da zwischen der Last des Anderen und der Last des Nichts *nichts steht*, gerät der Mensch in ein permanentes Fallen vornüber und hintenüber, in die Belastung der Belastung hinein und dann aus der Belastung der Belastung heraus, in die Belastung der Entlastung hinein.

Der eigene Raum

Während das Haus – *oikos, domus* – einst ein Ort größter Fülle war, der Interaktion, der gemeinsamen Arbeit, des Nebeneinanders und Beieinanders der Menschen, ist die Wohnung, das Zimmer in der Negativen Moderne wie gesagt der Ort, der es ermöglicht, dass alle Formen von Andersheit reduziert, teils sogar annulliert werden. Jeder Mensch, der allein wohnt, hat sich entschieden, nicht mit anderen Menschen zusammenzuwohnen, genauer: *eher* allein zu wohnen, als mit den ihm gegenwärtig *möglichen* Menschen zusammenzuwohnen (eher auf künftig mögliche zu warten).

Damit fällt zuhause der Andere als Objekt und Element weg. Er ist weder Objekt von Wahrnehmungen, noch ein Subjekt der Interaktion noch hintergründige »Gegenwart«, das Element des In-Gegenwart-eines-Anderen-Seins. Der Schutz »vor den Elementen«, den das Haus zu bieten seit jeher die Funktion hat, wird total im Schutz auch vor dem Sozialen als Positivität.

Die Wohnung, das Zimmer ist in der Negativen Moderne zudem der Ort, an dem der Mensch nicht bzw. kaum mehr hantiert. Der eigene Raum ermöglicht das »Herumstehen« und »Herumgehen«, das »Dasitzen« oder »Daliegen«, das Zeitung- und Bücherlesen, Fernsehen, Filmschauen, das Musikhören, Rauchen, Googeln, die Träumerei, den Schlaf am Tag, die Reduktion aller hantierenden Körperlichkeit. Man hat gerade kein Haus, keinen Garten, keinen Hof, weil es – auch – um die Vermeidung von Körperlichkeit geht. Die unausgesetzten Versuche, sich, über *spontan gewählte* Geselligkeit, den Sport, den Sex usw., wieder mit Objekten und Elementen zu versorgen, wieder einen Körper zu erlangen, also dem

Selbst ein Anderes zu verschaffen, setzen das gewollte, fortwährende Nichts des Anderen Zuhause voraus. »Nachhausegehen« bedeutet nun: Ich gehe ins Nichts.

Was fehlt

Das Andere »fehlt mir« nicht allein in der »Einsamkeit«. Die Einsamkeit ist nur das Fehlen, das die *Sehnsucht* anzeigt. Tatsächlich kann vieles fehlen, ohne dass ein Verlangen es meldet. Nicht nur, weil die Sehnsucht »unterdrückt« sein kann, sondern vor allem, weil ein Verlangen stets nach der Gegenwart des Anderen *als solcher* geht, man sich nicht nach etwas sehnt, das *in mir* oder *meiner Welt* fehlt, *weil* ein Anderer fehlt.

Ohne Zukunft und Vergangenheit

So fällt mit dem anderen Menschen auch *die Zeit* weg. Mit einem anderen Menschen zusammenzuleben, bedeutet, dass ein Mensch etwas in der Wohnung tut oder unterlässt in dem Wissen, dass der Andere ihn dafür loben, sich darüber freuen wird, dass er ihn dafür kritisieren und sich darüber ärgern, deswegen traurig sein wird. Durch den Anderen hat man als ein Handelnder oder Unterlassender in der Wohnung eine Zukunft.

Ist dort kein Anderer, lebt der Mensch in einem ewigen Jetzt des Handelns und Unterlassens. Wenn er aufräumt, Blumen in eine Vase stellt oder kocht, kann er im Moment mit sich zufrieden sein. Doch er hat keine Zukunft, die ein anderes wäre als die – schal werdende – Wiederholung von Augenblickszufriedenheit.

Ebenso wenig wie eine Zukunft habe der Mensch eine *Vergangenheit*. Er kommt nicht je her von der jüngsten – schmerzhaften oder beglückenden – Begegnung mit einem Anderen (zuhause).

Doch hat man nicht notwendig eine Vergangenheit? Kann ich nicht sagen: »Gestern Abend habe ich dieses gedacht« oder »Heute Morgen habe ich jenes gefühlt« oder »Vor drei Stunden habe ich das Bild aufgehängt« oder »Eben sah ich, wie eine Taube auf dem Fensterbrett landete und nach einigen Sekunden wieder aufflog«?

Gewiss. Dennoch macht alle Datierung alleinigen Erlebens den Eindruck von Beliebigkeit und Bedeutungslosigkeit. Es will dem Menschen scheinen, als könne die Ordnung der Dinge in der Zeit jeden Moment verrutschen, könne alles durcheinanderwirbeln, als könne alles »lange her« oder noch immer »jetzt« sein.

Denn Zeit ist wesentlich *intersubjektive* Ordnung der Dinge. Wir sind uns einig, dass wir uns »heute Morgen ge-stritten« haben, über den Streit von heute Morgen »am Abend sprechen müssen«, wie der Streit, die Interaktion, erst *den Morgen macht*, erst die Vergangenheit des »heute Morgen« konstituiert.

So entsteht, mittels des Anderen, meine Zukunft, meine Vergangenheit. Wie Levinas drehen wir das Verhältnis um, be-stimmen nicht den Anderen durch seine Zeitlichkeit, sondern die Zeitlichkeit durch den Anderen – und sei es das Fehlen des Anderen.[25]

In dieser Zeitlichkeit ist die »Motivation«, das Bewegtsein von etwas her und auf etwas hin, fundiert. Ich kann durchs Schmerzliche oder Beglückende vergangener Begegnungen, das Drohende und Ersehnte künftiger Begegnungen nur darum »motiviert« werden, weil vermittels des Anderen Zuhause Zeitlichkeit überhaupt erst entsteht.

Ohne Gegenwart

Das bedeutet jedoch nicht, dass ich ohne einen Anderen stets *in der Gegenwart* sei – als sei Zeitlichkeit nur das Gewesene und das Mögliche. Die Gegenwart im Sinne eines In-der-Gegenwart-»Gegenwärtigseins« ist nicht die gewöhnliche Zeitlichkeit des Menschen, wenn er sich gerade nicht zurückversetzt, nichts vorwegnimmt. Nein, die Gegenwart ist selbst eine Ausnahme, Seltenheit, bedarf der *praktischen* Konstitution.

Diese Konstitution des Jetzt ereignet sich zum Beispiel – und wohl am häufigsten – im Zusammensein mit anderen Menschen. Allein bin ich gewöhnlich in Erinnerungen, in Befürchtungen und Hoffnungen. Es geschieht ja nichts »im Jetzt«, damit ein Jetzt *erst erzeugend*. Kein Anderer sagt etwas, kommt auf mich zu, berührt mich, tut etwas, dem ich entsprechen muss durch ein Jetzt-Hören, Jetzt-Sehen, Jetzt-Fühlen.

Der Andere als ein Sagen und als ein Körper-im-Raum, ein Berühren, gibt mir erst mein Jetzt, und ich gebe ihm das Seine, durch mein Sagen und meinen Körper. Nur ein *soziales* Anderes kann mein Bewusstsein fortwährend in ein Jetzt einholen und es davon abhalten, sich in Gestalt von Erinnerungen und Erwartungen ein *zeitliches* Anderes zu suchen.

Ausschließlich im Zusammensein mit Anderen kann der Mensch *mühelos* in der Gegenwart sein, so dass die Gegenwart dem Zusammensein eigentlich zugehört. Im Alleinsein wird sie dagegen stets *angestrengt* gesucht und beschworen.

Damit verbindet sich noch keine Wertung. Denn das sozial konstituierte Jetzt kann ebenso im Modus des Gesprächs, der befriedigenden Arbeit oder der Zärtlichkeit gegeben sein, wie im Modus der Gewalt, von Folter und Mord. Bedeutsam ist an dieser Stelle nur, dass dem Menschen, der allein zuhause ist, auch die Gegenwart fehlt, nichts ein Jetzt erzeugt.

Aber hat er nicht doch eine Zukunft und eine Vergangenheit, wenn er ununterbrochen in Erinnerungen, in Befürchtungen und Hoffnungen umhergeht? Ja, doch nur auf eine *abstrakte* Weise. Denn es ist ein Gewesenes und ein möglicherweise Kommendes, das wie im Traum da ist, als Fantasie, ohne unmittelbaren Zusammenhang mit der Aktivität des Tages. Es setzt meinem alltäglichen Handeln keine Zwecke (wie der »Streit heute Morgen«, der nach Versöhnung verlangt, oder mein Wissen, dass der Andere »abends kommen und sich über die aufgeräumte Wohnung freuen wird«). Insofern lebe ich im Nichts von Zukunft, Vergangenheit und Gegenwart bzw. in einer schlechten Zukunft, schlechten Vergangenheit und schlechten Gegenwart ohne *konkretes* Künftiges, Gewesenes und Gegenwärtiges.

Ohne Dauer

Der Andere ist mein Zeuge. Ohne Andere bleibt das, was ich »mein Leben« nenne, unbezeugt. Die Frage ist: Gibt es – mindestens – einen Anderen, der weiß, »worum ich seit zwanzig Jahren kämpfe«, weil er *dabei* war; einen Anderen, der weiß, »was ich durchgemacht habe«, weil er es *mit mir* und *auch selbst* durchgemacht hat; der mein Glück und Unglück ermessen kann aus eigener Erfahrung, der weiß, wovon ich spreche, der mein Leben nicht größtenteils vom Hörensagen kennt – wie der Freund, dem ich regelmäßig berichte –, sondern der es kennt, weil dieses Leben *auch sein Leben* ist?

Der Stürzende lebt ohne Zeugen und damit nicht nur ohne *Bestätigung* des Geschehenen und aktuell Geschehen*den*, sondern oft auch ohne *Wahrnehmung* desselben. Denn der Zeuge sieht nicht selten mehr als derjenige, dessen Leben er bezeugt, kann *als Einziger* Glück und Unglück ermessen. Erst durch das Zeugnis des Zeugen erfährt und ermisst der Mensch, wer er ist, hört er auf, sich selbst nur vom eigenen Hörensagen zu kennen, nur aus den Verstellungen seines Selbstgesprächs.

Das ist vielleicht das stärkste Argument gegen das Ersetzen unbefristeten Zusammen- und Familienlebens durch wechselnde sexuelle und erotische Begegnungen einerseits, stabile Freundschaften andererseits. Denn ein Freund kann niemals mein Zeuge sein. Es ist ja gerade die Definition von Freundschaft, dass, bei aller *emotionalen* Verbundenheit, »mein Leben« und »sein Leben« nicht das gleiche Leben sind.

Vom Zeugen empfange ich mein Früher, mein Nochimmer, mein Jetztendlich. Der Mensch, der im Nichts des anderen Menschen als Zeuge ist, erfährt keine soziale Konstitution von Dauer.

Ohne Sofortigkeit

Durch den Anderen konstituiert sich zuvorderst die Sofortigkeit. »Könntest Du bitte kurz kommen?« – »Könntest Du mir bitte helfen?« – »Könntest Du bitte damit aufhören!« – »Könntest Du bitte endlich anfangen zu …« – Oft ist es nur das Rufen des Namens.

Die Sofortigkeit setzt mich in Bewegung. Ich komme ihr nach. Ich werde – »Jetzt! Sofort!« – beschleunigt. Oder ich sträube mich. Ich widersetze mich. Ich bleibe sitzen. Doch auch wenn ich mich nicht bewege, lässt die Sofortigkeit mich nicht unbewegt. Im Gegenteil. Sie regt mich auf. Sie »bringt mich auf die Palme«.

Es ist möglich, dass der ganze Tag nichts ist als solche Sofortigkeit. Es ist möglich, dass ein Tag *ohne Sofortigkeit gar kein Tag ist.*

Der Stürzende ist zuhause wie im öffentlichen Raum ohne Sofortigkeit. (Oder fast ohne. Wir erinnern uns: Die Milch kocht über. Tee läuft in die Tastatur.) Tage und Wochen fast ohne Sofortigkeit. Geist ohne Sofortigkeit. Leib ohne Sofortigkeit. Ohne den stets zeitlichen An-Spruch eines Anderen. Ohne ein Nachkommen, Zuvorkommen, Sich-Beeilen, Sich-Widersetzen, Sich-Aufregen, ohne Helfen und Weigerung.

Was wird aus mir, stürzend ins Nichts der Sofortigkeit? Ich tue sehr lange etwas. Ich tue sehr lange nichts. Ich ändere meine Richtung nicht. Ich verfalle meiner Richtung und meiner Geschwindigkeit (also meiner Raserei oder meiner Langsamkeit). Ich stürze in mein Inneres. Mein Blick wird leer oder übervoll.

Das Nichts der Wahrheit

Der Isolierte hat ein schwieriges Verhältnis zur Wahrheit. Einerseits wird er in keinem Glauben und Meinen, keinem Räsonnement und Ressentiment je unterbrochen, wird sich das, was er sich zugutehält, ununterbrochen, auf immer zugutehalten, sich das, was er sich vorwirft, unausgesetzt, auf immer vorwerfen, sich falsch lieben und falsch hassen, ohne Abbruch und Widerspruch. Stets ist da ein *Überschuss* an Wahrheit.

Andererseits mangelt es ihm an Wahrheit. Die Erfahrung von Wahrheit ist notwendig Erfahrung einer Wahrnehmung, die durch andere bestätigt wird. Den Satz: »Dort steht ein Bus« wahr zu nennen, ist nichts anderes als die anonyme Form des Satzes: »Ich sehe den Bus auch.« Andernfalls würde man nur von »Wahrnehmungen« sprechen, wie es Menschen tun, die einen halluzinogenen Rausch erleben. »Ich sehe rosa Kringel auf der Tapete.« – »Ich sehe einen Totenkopf.« – Die Bezeichnung solcher Sätze als wahr oder unwahr wäre sinnlos.

So lebt der Isolierte einerseits mit einem Überschuss an Wahrheit, da ihm nicht widersprochen wird, und zugleich mit einem Mangel an Wahrheit, im Nichts der Wahrheit, weil keine seiner Wahrnehmungen von anderen bestätigt wird. Die Monomanie der Überzeugungen geht einher mit der größten Unsicherheit, mit der unausgesetzten Frage: »Ist es so?«

Das Nichts des Gefühls

Es ist nicht der Fall, dass ein Mensch zunächst Gefühle »hätte« und sie sodann »ausdrückte« oder im Gegenteil »für sich behielte«. Es ist auch nicht der Fall, dass er zuerst Gefühle hätte und dann »nach ihnen handelte« – wie es der Satz vorspiegelt: »Ich habe die Tür geknallt, *weil* ich wütend war« –, oder eben nicht nach ihnen handelte, »die Gefühle nicht ausagierte«.

Gegen diese innerpsychische Bestimmung des Gefühls möchte ich eine soziogenetische setzen: *Gefühl ist das subjektive Erleben kommunikativen Handelns.* Traurigkeit ist das Erleben eines Bittens um Trost. Wut ist das Erleben eines Protests oder eines Hilferufs (»Ich kann das nicht allein!«). Freude ist das Erleben einer Aufforderung zur Gemeinsamkeit bzw. der Bereitschaft, einer solchen Aufforderung anderer nachzukommen usw. Gefühle sind entsprechend nicht »im« Menschen, sondern zwischen Menschen.

Demgemäß lässt das Gefühl nach, wenn die Kommunikation geglückt, die Botschaft verstanden scheint, wenn das Geforderte geschieht. Umgekehrt reduziert sich das Kommunizieren und damit das Fühlen immer mehr, wenn kein Anderer in Reichweite ist, wenn Kommunikation und also Gefühl »keinen Sinn machen«. Es kommt zu einer Verflachung im Bereich jener Gefühle, die die Psychologie *mobilisierend* nennt (nach dem Modell, dass man zuerst ein Gefühl hat und dann handelt), bzw. jener Gefühle, die subjektives Erleben einer Mobilität, eines kommunikativen Handelns sind.

Im Nichts intersubjektiven Gefühls breiten sich *Zustände* aus. Angst- und Beschämungszustände, Selbsthass und Verlustschmerz. Ein »kaltes Rasen«, ein Druck auf den Augen, eine lähmende Müdigkeit, der Wunsch, sich zu verkriechen und unsichtbar zu sein, eine schmerzende Schädeldecke, die permanente Fahnenflucht des Geistes in Erregungsfantasien, Gewaltfantasien.

Der Isolierte ist nun kein »emotionaler Mensch« mehr, wie man sagt, und doch bzw. infolgedessen ist sein Zustand »extrem«. Lebendiger Ausdruck und Kommunikation lassen sich kaum an seine Befindlichkeit anschließen. Deren Sinn ist kein sozialer.

Man ist gewohnt, zu denken, dass aus Gefühl Beziehung entsteht – aus Mitleid, Zuneigung, Verehrung, Liebe, Hass. Tatsächlich entsteht aus Beziehung Gefühl. Je intensiver die Verstrickung, desto intensiver die Emotionalität. In der Beziehungslosigkeit aber wachsen die Zustände. Sie füllen den Leerraum.

Passivität und Aktivität müssen zusammengedacht werden – nicht nur, weil jede Aktivität Passivität ist, in Motivationen, Wahrnehmungen, Gefühlen fundiert ist, sondern auch, weil jede Passivität Aktivität *ist*, und sei es negative Aktivität, ein Ausbleiben des Ausdrucks, der Kommunikation und des Handelns.

Ein Beispiel. Umgangssprachlich verwenden wir das Wort *Traurigkeit* für 1) »traurig« Trauer ausdrückend, Trauer kommunizierend und Trauerhandlungen ausführend, 2) für »traurig« keine Trauer ausdrückend, aber Trauer kommunizierend und Trauerhandlungen ausführend, 3) für »traurig« keine Trauer ausdrückend, keine Trauer (sprachlich) kommunizierend, aber Trauerhandlungen (körperlich) ausführend, 4) für »traurig« keine Trauer ausdrückend, keine Trauer kommunizierend und auch keine Trauerhandlungen ausführend, 5) für »traurig« Trauer ausdrückend, aber keine Trauer kommunizierend und keine Trauerhandlungen ausführend (z. B. allein im Zimmer weinend), 6) für »traurig« Trauer ausdrückend, aber keine Trauer kommunizierend, jedoch Trauerhandlungen ausführend, 7) für »traurig« Trauer ausdrückend, Trauer kommunizierend, aber Trauerhandlungen ausführend sowie 8) für »traurig« keine Trauer ausdrückend, aber Trauer kommunizierend, jedoch keine Trauerhandlungen ausführend. Das Wort »traurig« wird also für die genannten acht Fälle verwendet: 1–1-1, 0–1-1, 0–0-1, 0–0-0, 1–0-0, 1–0-1, 1–1-0, 0–1-0.

Tatsächlich handelt es sich um acht differente emotionale Erfahrungen, die nach acht verschiedenen Bezeichnungen verlangten. Natürlich könnte, müsste man unendlich weiter unterscheiden.

Kommunikation, körperliches Handeln setzen ein Anderes voraus (und der Ausdruck häufig auch), eine andere Person, mehrere andere Personen, Dinge, Elemente, die Vehikel und Stoff von Bezeugungen und Ritualen sind, zeitliche Objekte des *Zurückdenkens an ... Nocherfülltseins von ... des Handelns hin auf ...* Ohne Anderes sind die meisten der genannten emotionalen Erfahrungen unmöglich. Das wird vergessen, wenn man Gefühle für psychische Ereignisse hält.

In der Welt des Stürzenden fehlt also die »Ausrüstung« für die meisten Möglichkeiten des Gefühls. Dadurch entstehen ungeheure Spielräume für Zustände, die notwendig gefüllt werden, denn der Mensch ist *notwendig ein Affizierter*, ein Erleidender im grammatischen Sinn. Die Passivität ist stets eine überlaufende, auch und gerade in einem Raum, einer Zelle, in der nichts ist. Die Augen sehen am meisten, wenn sie nichts zu sehen haben. Die Ohren hören am meisten in endloser Stille. Der Leib spürt am meisten, wenn er nichts zu spüren kriegt.

Die Welt als Bild

Wenn Welt nicht vorrangig erfahren wird über körperliche, praktische und fokussierte Aktivität und Passivität, wie sie im Hantieren mit Dingen, im Interagieren mit Menschen, im Sein in Elementen möglich ist, wie wird Welt dann erfahren? Und was wird anders erfahren, was *nicht* Welt ist, sondern Inneres?

Wir müssen uns mit zwei zunächst äußerst gewöhnlich anmutenden Erfahrungen beschäftigen. Die eine Erfahrung ist *die Welt als Bild*. Wir sehen – und hören und riechen zugleich, bekommen ein akustisches und ein Geruchsbild –, doch wir haben keine taktile, aktive, handelnde, persönlich bezogene Erfahrung des Gesehenen, Gehörten, Gerochenen. Der Eindruck, den wir über die Fernsinne bekommen, bleibt von uns getrennt, ohne Kontakt und Bezug. Wir nehmen wahr, doch »wie unter einer Glasglocke«.

In welchen Situationen ist das gewöhnlich der Fall? Erstens natürlich, wenn der Mensch tatsächlich »unter Glas« ist, im Auto, im Zug, wenn er durch ein Fenster die Stadt oder die Ortschaften »vorbeiziehen« sieht. Zweitens als ein Passant oder sitzend in einem Café, wenn die anderen Menschen, die Autos, die umgebende Architektur, sämtliche Zeichen ohne konkreten Bezug bleiben, der Mensch »nichts mit ihnen zu schaffen hat«.

Auf die gleiche Weise erfahre ich als Passagier das Innere eines U-Bahn-Waggons, als wartender Passagier das Geschehen auf dem Bahnsteig. Was ich sehe, höre und rieche, geht mich an. Denn es sind ja Menschen, es ist das mitmenschliche Leben. Da ist die Schönheit, die meine Sehnsucht auf sich zieht. Da ist das Erregende, das mir einen befristeten Schutz vor meinem Schmerz verspricht, eine Empfindlichkeit als Taubheit. Da ist die Liebe, die Aggression, die Ohnmacht, das Elend der Anderen, das Hilfesuchen, die Freude, das Unerklärliche. Da ist das Ekelhafte, das ich sehe – die Spucke auf dem Bahnsteig –, und das ich rieche – Urin, Alkohol, Essen, Kot –, das ich höre – das Rülpsen, Husten, Ausspucken usw. Da ist die Krankheit, das Alter, der sichtlich kommende Tod.

Das alles geht mich an und zugleich »geht es mich gar nichts an«. Es zerrt an mir, es bewegt mich, es bringt mich auf, und zugleich gehe ich weiter, bleibe ich sitzen, »als sei nichts geschehen«.

Schon die Tatsache, dass ich beginne, diese Dinge – obzwar ohne Absicht – bewusst wahrzunehmen, sie zu beobachten, auf sie zu lauschen, *noch einmal* zu schnuppern, noch einmal hinzusehen, um mich zu vergewissern, dass ich beginne, über diese Dinge nachzudenken, sie zu analysieren und zu bewerten, schon diese gesamte Aufmerksamkeit empfinde ich als sinnlos und unpassend, als Zerstreutheit, Mangel an Konzentration auf meine eigenen Gedanken, mein aktuelles Vorhaben.

Das Eigene ist mir offenbar abhandengekommen. Ich bin nichts als ein Gefäß, in das das Menschliche, das für mich alles ist und zugleich nichts sein soll, ununterbrochen geschüttet wird.

Baudelaire, Hamsun, Rilke, Bove ... Diese Erfahrung ist als Erfahrung der »Großstadt« vielfach beschrieben worden, auch als Erfahrung der Untätigkeit, genauer: einer über die Maßen *aktiven* Wahrnehmung bei gleichzeitiger *praktischer Inaktivität*. Einer starken Bezogenheit in Wahrnehmung, Geist, Gefühl bei gleichzeitiger physischer und sozialer Nichtbezogenheit. Die Erfahrung wiederholt sich in der *beiläufigen* Aufnahme von Nachrichten, Unterhaltung, Werbung, Kunst. Auch hier die Schönheit, das Erregende, die verstörende Brutalität, die Krankheit, der Tod.

Maßgeblich ist nicht, ob etwas, das wahrgenommen wird, ein »Bild« ist im Sinne von Abbildung, oder ob es real und original ist. Maßgeblich ist, ob die Welt für mich Bild ist, also *reiner Eindruck*, oder aber *Handlungszusammenhang*. Ob ich selbst handelnd wahrnehme und die Dinge also im Verhältnis zu meinem Handeln entweder bedeutsam oder bedeutungslos sind, oder ob ich körperlich und sozial, in Bezug auf andere Menschen, passiv bleibe, alles zugleich bedeutsam wie bedeutungslos ist.

Die Welt als Bild ist nicht die Folge eines übermäßigen

Mediengebrauchs oder einer Medienausgesetztheit, nicht die Folge bloßer »Reizüberflutung in der Zivilisation«. Sie ist fundiert in einem Mangel, in einer Negativität praktischer, körperlicher und sozialer Bezüge, in dessen Folge mir alles als Bild begegnet.

Abhandenheit: Heidegger

Mit einer gewissen Ironie könnte man von der *Abhandenheit* der Dinge sprechen. Aus Heideggers Zuhandenheit haben sie sich zurückgezogen in eine buchstäblich un-begreifliche Abhandenheit.

Der vorrangige Weltzugang ist hier kein praktischer mehr. Der Vorrang der unbewussten, körperlichen Praxis vor aller Anschauung und Reflexion, den Heidegger in *seiner* historischen Welt entdeckt hatte (und der in der Geschichte der einer logozentrischen Philosophie so bedeutsam war), wird zurückverkehrt in den Vorrang der Anschauung und Reflexion vor der unbewussten, körperlichen Praxis.

Der Stürzende ist primär Zuschauer, Hörer und Riecher. Er erfährt die Welt vorrangig nicht als Zeugzusammenhang, sondern als etwas, das sich »vor meinen Augen abspielt«, den Stürzenden trifft und prägt wie eine Münze, als eine ungeheure Kraft, die der menschlichen Kraftlosigkeit, als ungeheure Bewegung, die der eigenen Bewegungslosigkeit begegnet.

Studenten, Künstler, Arbeitslose, der Selbständige in seinen täglichen arbeitslosen Perioden, in denen er in Ideenlosigkeit, Energielosigkeit, Auftragslosigkeit und Antwortlosigkeit stürzt, der Familienlose, Kinderlose, Bedürftigenlose, Gemeinschafts- und Verpflichtungslose, der Rentner, die Witwe – sie alle machen die Erfahrung der Abhandenheit, des

Passantendaseins in einer Welt, die (nichts als) ein Bild und also buchstäblich unbegreiflich geworden ist.

Auch die meisten *Dinge* sind ja erst zuhanden in einer Beziehung, weil ich buchstäblich *Dinge* für andere oder mit anderen Menschen tue, weil ich mit Kleidern und Geschirr, Werkzeugen und Spielsachen, Medikamenten und Möbeln, Salben, Lebensmitteln, Armaturen, Bettzeug usw. hantiere als Teil einer Beziehung. Oder das, womit ich hantiere, was ich trage, an was ich mich anlehne, *ist* selbst menschlich, menschlicher Leib. Ich trage ein Kind. Ich wasche meinen Vater usw.

Der fehlende Genuss: Levinas

Levinas behauptet, jeder zweckdienlichen Tätigkeit, die mich auf eine Zukunft verweist – wenn der Nagel in der Wand versenkt, das Kind angezogen, die Arbeit getan sein wird –, sei der Genuss vorgeordnet.

Der Genuss ist die Erfahrung der Tätigkeit und desjenigen, um dessentwillen und mit dessen Hilfe ich tätig bin, selbst. Diese Tätigkeit ist nicht nur ein Weg um des Lebens willen, nicht nur ein Mittleres.

»Das Leben ist nicht nackter Seinswille, ontologische *Sorge* um dieses Leben. Die Beziehung des Lebens zu den Bedingungen des Lebens wird Nahrung und Inhalt für dieses Leben. Das Leben ist *Liebe des Lebens*, Beziehung zu Inhalten, die nicht mein Sein sind, sondern teurer als mein Sein: denken, essen, schlafen, lesen, arbeiten, sich an der Sonne wärmen.«[26]

Levinas könnte leicht missverstanden werden. Denn es handelt sich um einen Genuss, der noch »unterhalb« dessen liegt, was wir gemeinhin als Genuss bezeichnen, wenn wir sagen: »Ich habe es sehr genossen, dass ...« Dies wäre nur die geglückte, glückliche, nicht-depressive Sonderform des Genusses.

Levinas sagt: »Genau diese Weise des Aktes, sich von seiner Aktivität selbst zu ernähren, ist der Genuss.«[27] *Sich von seiner Aktivität selbst ernähren*, das bedeutete zunächst Leben als Überleben vermittels Aktivität. Levinas setzt den Genuss als etwas selbstverständliches, »existenziales« voraus.

Doch das ist er nicht. Es ist, wie wir gesehen haben, möglich, dass ich mangels Aktivität »verhungere«. Es ist möglich, dass die Welt mir zum Bild wird, in der Wohnung, auf der Straße, in einer Zelle, unter Tausend Menschen. Wenn ich sitze, liege, stehe, gehe. Es ist möglich, dass der Genuss entfällt. Niemals *restlos* natürlich, doch als die vorrangige Seinsweise.

Die fehlende Praxis: Marx

Auch Marx sagt: »Das gesellschaftliche Leben ist wesentlich *praktisch*.« (Achte Feuerbachthese)[28] Marx verurteilt einen Materialismus, »der die Sinnlichkeit nicht als praktische Tätigkeit begreift« (Neunte Feuerbachthese).

Doch in der Negativen Moderne haben wir eben eine Sinnlichkeit, die *nicht* praktische Tätigkeit ist, die sich gerade darum als Sinnlichkeit *steigert*, weil sie keine praktische Tätigkeit ist.

Hier erkennen wir von neuem, dass alle Passivität eine Passivität im Medium von – hier: fehlender – Aktivität ist, dass die Wahrnehmung, das Fühlen eines Handelnden *anders* sind als die Wahrnehmung, das Fühlen eines Nichthandelnden, Nichtbezogenen.

Wenn der Mensch keine Praxis hat, so fehlt ihm nicht nur die Möglichkeit, die Wahrheit seiner Theorien »zu beweisen«, wie Marx sagt (Zweite Feuerbachthese)[29]. Der Mensch muss zuerst und vor allem mit einer *anderen* Wahrheit leben, eben der Wahrheit einer untätigen, nicht-gegenständlichen Sinnlichkeit, und wenn es plötzlich eine Praxis gäbe, der Mensch zurückfände in tätige Bezüge und Beziehungen, würde nicht zuerst eine Wahrheit »bewiesen«, sondern die gesamte *Empirie* änderte sich.

Praxis ist notwendig umwälzende Praxis, nicht erst, wenn sie, wie Marx sagt, die Umstände umwälzt, sondern sie ist es bereits *als Praxis selbst*, als Rückkehr von Genuss und Zuhandenheit, Rückkehr aus dem Nichts der Beziehungen in die Interaktion und Bindung.

Weltlose Selbstwahrnehmung

Die zweite gewöhnliche Wahrnehmungsweise, die im Nichts praktischer Aktivität »sich ausbreitet«, ist die weltlose Selbstwahrnehmung. Wir haben diese Selbstwahrnehmung bereits in den Abschnitten über die Schlaflosigkeit und die Haftung beschrieben.

Das Selbst, das haftbar und namhaft ist, ist das, was da ist, wenn sonst nichts ist. Ich liege, sitze, stehe oder gehe in Beschämung, Angst, Sehnsucht usw. Nichts Weltliches absorbiert mich, reißt mich von mir selbst los und in etwas hinein, in dem ich zu einer *weltlichen Selbstwahrnehmung* käme: Ich im Gespräch mit anderen, ich gehend durch den Wald usw.

Nichts ist da, das einen Bezug erlaubte, der stark genug wäre, um mich aus meiner weltlosen Selbstwahrnehmung herauszureißen oder zumindest den Griff zu lockern, die Leine zu verlängern. In der Schlaflosigkeit, bei geschlossenen Augen, scheint dieser Zustand fast ein natürlicher, adäquater zu sein. Doch wenn man »auf« ist und sich durch die Wohnung bewegt, gar durch die Stadt, kommt es zu einer *Derealisierung dieser Außenwelt.* Das Äußere – beispielsweise die Menschen in einem U-Bahn-Waggon, die um mich sind, ihre Gespräche, ihre Gerüche, die Nachrichten, die ich auf einem Bildschirm lese, die Fotos und Filme dazu, das Dunkel des Tunnels, die vorübergleitenden Häuser und Straßen –, das alles scheint nun Teil meines Innenlebens, meiner weltlosen Selbstwahrnehmung zu sein.

Nichts davon zieht mich hinein in ein Engagement, verwickelt mich in eine Beziehung, ist Gegenstand einer Arbeit ... Alles erscheint ausschließlich im Innenraum meiner Beschämung, Angst, Sehnsucht. Die Außenwelt ist Innenwelt als Außenwelt. Es entsteht das *Unterwassergefühl.*

Das Unterwassergefühl

Das Unterwassergefühl stellt sich ein, wenn die Dinge in der Außenwelt und die Welt *als solche* eben den Charakter des Äußeren, des Weltlichen verlieren und als Inneres erscheinen.

Natürlich handelt es um keine solipsistische Psychose. Es müsste heißen: *gewissermaßen* als Inneres. Ich *weiß* ja noch, dass das Äußere außen ist, Objektives in der Welt. Doch ist es so überlaufen, getränkt von der Soße der Empfindung, dass alles, das nicht Ich ist – Gegenstände, Substanzen, Menschen, die gesamte Umgebung –, als Teil meines Zustands erscheint. Alles, was ich wahrnehme, ist Teil eines expressionistischen Alptraums, verwundet mich unmittelbar, gibt alle Distanz und Selbständigkeit auf, fällt in mich hinein: Die Hässlichkeit und Unheimlichkeit der Stadt ist nun eine Hässlichkeit und Unheimlichkeit, die als Äußeres mein Inneres ist. Die Schönheit, das Erregende greift in mich hinein und greift in mir um sich. Das Schreckliche der Nachrichten spielt sich *in mir* ab usw.

Die alltägliche Unterstellung, das die Dinge *an sich* sind, bevor sie *für mich* sind, ist mir nicht mehr möglich, das An-sich ist implodiert. Wie der Tauchende unter Wasser mache ich die Erfahrung, dass ich von Dingen und Elementen getrennt bin – durch meine Ausrüstung bzw. die Tatsache, dass ich nicht in diese Welt, dieses Element gehöre, das Nichts möglicher praktischer Bezüge –, dass nichts in der mich umgebenden Welt für mich da ist, ich es nur anschauen kann in untätiger Sinnlichkeit, und eben dadurch, dass es mich nichts angeht, diese Welt Bild ist, verlieren die Dinge ihre Dinghaftigkeit, Äußerlichkeit, die Welt ihre Weltlichkeit, fällt alles hinein in mein Innenleben, wird beherrscht von meiner Empfindung, ist gerade das Fremdeste (der »anonymen Großstadt«) nichts als ein Marionettentheater meines Gefühls.

Ich werde überflutet, geflutet von dem, was mich umgibt, weil es *schon in meinem Inneren* ist, sich mangels praktischer Beziehung als Äußeres nicht stabilisieren lässt. So geht die *praktische* Trennung von der Welt einher mit der Aufhebung jeder Trennung *in meiner Empfindung*, dem Fall der Außenwelt in die Innenwelt, dem Unterwassergefühl.

Der Gedanke Fichtes, der der alltäglichen Erfahrung so merkwürdig und verstiegen anmuten muss, dass nämlich das Ich alle Objekte als äußere Realität erst *setzen* müsse, indem es sie als innere Realität aufhebe, bekäme hier eine unerwartete Entsprechung in der Erfahrung. Tatsächlich muss ich die Objekte – durch einen *praktischen*, nicht einen rein denkerischen Akt – erst als äußere Realitäten setzen, das Weltliche wird erst weltlich, verliert erst den Bildcharakter durch körperliches Begreifen, Hantieren, Befühlen, Drücken, Wühlen usw. Erst das, was ich handelnd in die Hand nehme, erst der Mensch, mit dem ich körperlich interagiere, durch Stimme, Gesicht, Hände, Schrift, verliert den Ich- und Bildcharakter, seine Innerlichkeit. Ohne Praxis keine Andersheit, bleibt alles im Selben stecken. Insofern erzeugt gerade die *Beziehung*, die Levinas noch als Einholung ins Selbe versteht, erst Andersheit.

Jenseits der Bedeutung

Dieses Kapitel mag weitgehend den Eindruck einer reinen, unsoziologischen Phänomenologie machen, eines kruden Physikalismus, der sich nur dafür interessiert, was physisch da ist und was physisch fehlt, was Gegenstand von Praxis wird und was nicht usw. Als gäbe es keine Diskurse, sinnhaften Bezüge, Konnotationen, Konstruktionen, keine Bilder und Normen, als habe der Sozialkonstruktivismus nicht stattgefunden.

Tatsächlich ist hier ja nicht von Bedeutung, was etwas bedeutet. *Wie* ein anderer Mensch, ein Ding, ein Element bzw. deren Fehlen verstanden werden, wie sich aus den Bezügen und Interaktionen bzw. deren Abwesenheit das *Unsichtbare* konstituiert: Selbstbilder, Identitäten usw. Gewiss, wir haben festgestellt, dass die Zeitlichkeit eine Funktion der Beziehung zum anderen Menschen ist. Davon abgesehen jedoch, konnte möglicherweise der Eindruck entstehen, hier werde eine vortheoretische, fast literarische Inventur geliefert.

Die Frage nach dem Was ist in der Soziologie unüblich geworden. Soziologie ist meist »Kulturtheorie«, fragt nach Bedeutung. Latours Rehabilitierung der Dinge wäre hier nur ein erster Schritt zu einer Soziologie, Sozialphilosophie, die die

Welt wieder – *auch* – physikalisch, praktisch begreift, in ihrem *Dass*-es-da-ist, Dass-es-fehlt, in ihrem Gehalt für Augen und Ohren, Geruchs- und Geschmackssinn, in ihren »Bedeutungen« für die Haut, für die tätigen oder untätigen Hände, in ihren Konsequenzen für die Körperlichkeit des Individuums – und dessen Bewusstsein nur *infolge* dieser Körperlichkeit.

Anknüpfen ließe sich an Marx' Materialismus, Heideggers Primat der Praxis (auch wenn die Hände ins Leere greifen), Merleau-Pontys Phänomenologie des Körpers, an Latour. Was wie vortheoretische Beschreibung aussehen mag, ist tatsächlich die theoretische Konsequenz aus einer sozialen Situation, in der das Leid nicht allein aus dem Wie, einem Bedeuten entspringt, sondern auch aus Gegebenheit bzw. Abhandenheit.

Sieben

Kritik und Katastrophe

... das ist auf lastende und düstere Art Gesetz für diese ganze Welt von Kreaturen. Keine hat ihre feste Stelle, ihren festen, nicht eintauschbaren Umriß; keine, die nicht im Steigen oder Fallen begriffen ist; keine, die nicht mit ihrem Feinde oder Nachbarn tauscht; keine welche nicht ihre Zeit vollbracht und dennoch unreif, keine welche nicht tief erschöpft und dennoch erst am Anfang einer langen Dauer wäre. Von Ordnungen und Hierarchien zu sprechen, ist hier nicht möglich.

WALTER BENJAMIN[1]

Comment dire le vide?

DELPHINE HORVILLEUR[2]

Dezember 2014. Ein heller Morgen. Noch kein Schnee in Stockholm. Wir telefonieren, erzählen, vereinbaren, Texte zu schicken.

Man schickt eine Mail mit Gedanken zu dem, was der Andere gesagt hat, dann eine mit Eigenem. Der Andere wird der Erste sein, der es lesen wird. Man wünscht frohe Weihnachten und einen guten Rutsch. Man verreist, nach Deutschland – Bonn, Berlin –, ist über Silvester bei Freunden in Skåne, in einem Haus mit Aussicht aufs leuchtende, unvermittelt im Nebel verschwundene, erst bleierne, dann stürmische, weiß schäumende, donnernde Meer, man träumt, dass eine Riesenwelle nachts das Haus flutet, der Tsunami ist zehn Jahre her, im schwedischen Fernsehen und Radio werden in einem fort die Überlebenden interviewt, unsere Gastgeberin hat damals ihre beste Freundin verloren, meine Frau um ein Haar ihre Schwester und deren Mann, man hilft den Kindern, Raketen anzuzünden, spielt mit ihnen Verstecken im Garten, spaziert im eisigen Wind, der im Mikrofon des Telefons, mit dem man kleine Filme macht, ein ohrenbetäubendes Rauschen und Knattern ist – und immerzu fragt man sich, *was der Andere antworten wird*, ist nervös wegen diesem oder jenem, wartet, lebt in diesem Warten, diesem Sichfragen – ja, Schreiben ist ein Wechsel aus Worten und Warten, das »Worten« ist ein Tun wie das »Warten« eine stumme Schrift –, fürchtet sich, freut sich, kommt zurück nachhause, nimmt die Arbeit wieder auf, das Schreiben.

Man hat längst begonnen, beim Denken an den Anderen zu denken, ihn beim Schreiben als Leser zu denken, man freut sich auf das kommende Jahr auch, weil man sich auf die Diskussion, die Begegnung mit dem Anderen freut, er hat gesagt, vielleicht können wir uns ja in München treffen, man sagt, vielleicht auch in den Schären, ich lade dich ein, man schaut am Abend, auf dem Computer, auf dem man das geschrieben hat, auf das der Andere antworten wird, die Nachrichten, und da ist das Gesicht des Anderen und dazu das Wort: gestorben.

Gestorben am Neujahrstag, *wie aus dem Kreis der Familie verlautet ...* – Am Neujahrstag, dem Tag der stürmischen See. Plötzlich scheint es, als sei es dort geschehen, in Skåne, und das ist vielleicht nicht so seltsam, auch andere Orte können Orte des Todes sein, weil man weiß, dass ein Anderer starb, während man dort war, weil der Ort das einzige Bild ist und bleiben wird.

Der Andere, der uns unausgesetzt, auf gute, wunderbare wie auf unheimliche Weise, bevorsteht, ist mit einem Schlag

hinter uns gerutscht. Wird zum Gegenstand der Frage: Wie
war es mit …? Deren Sinn allein ist die Betäubung.

Da das Weinen wie immer zu schnell aufhört, die Dritten
fehlen, mit denen zusammen ein Trauern, also Handeln, ein
Ritual möglich wäre – das *Weinenkönnenwollen* ist in unserer
Welt so endemisch, von so großer Bedeutung, weil man mit
seinem Schmerz meist allein ist, kein ritualhafter Ausdruck
möglich ist, kein Handeln – in dessen Verlauf man im übrigen »automatisch« weinen würde, flüchtet man sich ins Erinnern, bei Prominenz des Toten aus dem Erinnern heraus ins
Googeln der Erinnerungen Dritter. Man verbannt den Anderen an den schäbigen, unwürdigen Ort des Gewesenen, trifft
ihn im billigen Hotel der Reminiszenz, nur um nicht empfinden zu müssen, dass einem jetzt *das Nichts des Anderen*
bevorsteht, der Andere noch immer wesentlich Zukunft ist,
ja, solange wir selbst leben, Zukunft bleiben wird, doch Zukunft eines fortwährenden Ausbleibens, Nichthörens, Nicht-
daseins, Nichtantwortens.

Wo das Gefühl sich weder mit Ausdruck, Kommunikation,
noch mit Handeln verbinden kann, da bleibt nur das katatonische Element der Überwältigung. Der Atem geht flach, der
Blick brennt sich an einem beliebigen Punkt fest, irgendwo
im Bücherregal. Die rechte Hand, vor einer halben Stunde
auf dem Oberschenkel abgelegt, wird dort schwer wie ein
Gegenstand. Der altbekannte Zustand – in dem man weder
Alltägliches besorgen kann, es unmöglich scheint, einzukau-
fen, zu putzen usw., noch denken kann, lesen, sich konzentrieren. Dem Studenten verschwamm einst das AGIL-Schema
vor Augen. An diesem Tag aber tritt der Zustand immerhin
zusammen mit seinem Grund auf. Man kann sich selbst und
anderen sagen: »Es geht um …«

Dieses Buch ist Ulrich Beck zugeeignet.

Er sollte der erste Leser sein.

Ulrich gehörte, in der internen Alterspyramide der Soziologie, bekanntlich nicht einmal zu den »Senioren«, schon dank des zwanzig Jahre älteren Zygmunt Baumans. Vielleicht auch daher die so starke Empfindung der Vorzeitigkeit dieses Todes. Der Eindruck: »Vor den Vätern sterben die Söhne.«

Das wiederum ist ja Normalität. Jeder von uns hat seine eigene Reihe der Vorzeitigkeit. Luhmann und Bourdieu 71, Deleuze 70, Adorno 66, Beuys 64, Foucault 57, Bernhard 57, Sebald 57, Merleau-Ponty 53, Schlingensief 49 usw. Was zugleich belegt, dass man die statistische sogenannte Lebenserwartung zur persönlichen Erwartung gemacht hat, aber auch, gewiss, Folge eigener Erfahrung sein kann mit »Vorzeitigkeit«.

Widerspruch

Wir hatten verabredet, dass ich die einzelnen Kapitel des Buches, die je »einen Sturz« behandeln würden, im Abstand weniger Wochen schicken würde. Die erste Fassung sollte Grundlage einer Vorlesung sein, und ich hatte nur wenige Monate Zeit, um sie fertigzustellen. Ulrich sagte: »Ich lese gerne rohe Texte.«

Alles, was man mit Ulrich und Ulrich mit anderen austauschte, war roher Text. Denk- und Sprachversuch nicht im Sinne des Essays, der dem Schreibenden ein Moratorium der Überprüfung zugesteht, vorübergehende Immunität gegen die Zumutung des Belegs, Konzentration auf die eigene Intuition, Unabhängigkeit, vielleicht sogar Selbstherrlichkeit, sondern im Gegenteil der Versuch *als gewollte Abhängigkeit*,

Offenheit für das Urteil der Anderen, als permanente Überprüfung von Grund auf.

Eine Wortkunst als Selbstimmunisierung war Ulrich fremd. Er machte sich selbst angreifbar, wie er andere großzügig erhob – was ja wiederum eine Form ist, sich angreifbar zu machen.

Es kam vor, dass ich mir vorwarf, in der Form meiner Kritik unsensibel gewesen zu sein. Im undurchschauten Drang, dem Anderen, Berühmten, die eigene Würdigkeit zu beweisen. Im Unwissen auch, dass auch die »Großen« so verletzlich bleiben wie die »Kleinen«. (Einen anderen Verehrten hatte ich einmal die Gelegenheit, zu rezensieren, und dass ich Kritik äußerte, war nicht falsch, das war auch im Geist des Kritisierten, doch wiederum verriet *die Form* jenen Überschuss.)

So mag schon mancher Liebesbrief zur Beleidigung geworden sein, weil man sich einem Denkenden nicht durch Affirmation empfehlen kann und glaubt, ein Großer vertrage alles.

Wenn ein Manuskript schon beim Verleger war, konnte Ulrich sagen: »Ich würde es dir eigentlich gerne schicken. Aber ich möchte der Kritik dann auch Rechnung tragen, notfalls alles umarbeiten – und das schaffe ich jetzt nicht mehr. Jedenfalls erscheint es mir im Moment so. Ich warte erst mal ab, was der Verleger sagt.«

Die Bereitschaft, wenn nötig alles umzustoßen, war echt. Er rief andere an, um ihre Meinung zu hören, und zugleich nahm er erst einmal, instinktiv, zu allen anderen Positionen die Gegenposition ein. Das scheint nur ein Widerspruch zu sein – tatsächlich ist es Zeichen desselben antithetischen Denkens. Die Lust, anderen zu widersprechen, und die Lust, sich selbst zu widersprechen, sind ein und dieselbe.

Wenn er berichtete, was die Anderen dachten, wo er ihnen

widersprach und wo sie ihm, mitunter »heftig«, »wütend«, widersprachen – denn er schickte ihnen seine Manuskripte –, dann mochte die Soziologie als großer Freundeskreis erscheinen. Er berichtete, was Zygmunt Bauman dachte, was Bruno Latour dachte, auch Richard Sennett und Anthony Giddens gehörten selbstverständlich zum Zirkel der Diskutanten – und natürlich die Toten, Foucault, Bourdieu, Luhmann usw. –, und ich war glücklich, dass er sich auch mit mir besprechen wollte, an meiner Kritik interessiert war, anrief, Geschriebenes schickte, man damit, indirekt, mit allen Anderen im Gespräch schien.

Eine Illusion, gewiss. Doch eine wichtige, da zu dem Zeitpunkt, da unsere Gespräche begannen, die Soziologie, die Philosophie, die analytische und diagnostische Beschreibung, wie immer man diese Tätigkeit benennen will, in eine unerreichbare Ferne gerückt schien. Ich hatte begonnen, mein Ziel zu vergessen, mangels Hoffnung nicht mehr ernst zu nehmen. Doch plötzlich ist da ein Anderer, der einen ernst nimmt, stellvertretend gewissermaßen, unbesehen fehlender Titel, Posten, Publikationen. Das alles interessierte ihn nicht, war nicht unter seiner Würde.

Gewiss: eine Seltenheit.

Der Mann, der den Fahrstuhleffekt erfunden hatte, war selbst ein Fahrstuhl. Er sauste lautlos hoch und runter und öffnete seine Türen.

Metamorphose

Als ich am Montag, den 15. Dezember 2014 um zehn Uhr zuerst die deutsche, dann die Münchner Vorwahl wählte, wusste ich nicht, woran Ulrich gerade arbeitete.

Zuletzt diskutiert hatten wir über seinen Text »Der eigene Gott«. Zuletzt getroffen hatten wir uns zur Präsentation des Buches »Fernliebe« in Berlin, das er zusammen mit seiner Frau Elisabeth Beck-Gernsheim geschrieben hatte.

Nun ging es Ulrich, zu meiner Freude, nicht um regionale Themen wie Gott oder Liebe – oder Deutschland oder Europa –, sondern endlich wieder um alles, die Grundlagen. An diesem Montagmorgen im Dezember berichtete er mir von einem auf mehrere Bände angelegten Versuch, eine neue soziologische Theorie zu entwerfen.

Den ersten Band hatte Ulrich bereits abgeschlossen. Es sollte eine Theorie sein, die »ohne Bezugsrahmen« auskam, die nicht sozialen Wandel *innerhalb* von Nationen, Klassen, Familien usw. beschrieb, sondern diese Kategorien selbst zum Verschwinden brachte. Eine Theorie, die keine Stabilisierung mehr kennt, keine Ordnungen und Hierarchien, die alle schweren Begriffshüllen, alle Kategorien des Bleibenden verlässt, die leichter und leichter wird, nicht mehr sinkt und untergeht, sondern schwimmt und schaukelt im Fluss der Zeit. Eine Theorie des Vergehens und Neuwerdens, der Metamorphose des Sozialen.

Latour habe diese Wende bereits vollzogen, sagte Ulrich. Sollte es, so dachte ich später, der Fall sein, dass Ulrichs Theorie der Metamorphose Latours Akteur-Netzwerk-Theorie einiges zu verdanken hatte – tatsächlich fand sich ja Vieles dem Worte nach auch bei Latour, die Verabschiedung »fester Bezugsrahmen« und aller »hypostasierenden Begriffe des Sozialen« –, so wäre hier nur eine Balance hergestellt worden. Denn es war ja Ulrich gewesen, der – im Jahr 1986 – die Trennung von »Natur« und »Gesellschaft« als modernen Herrschaftsdiskurs bezeichnet hatte. Es war Ulrich gewesen, der das erste

Quasi-Objekt, das Zwitterwesen der »Atom-Wolke«[3], entdeckt hatte – mithin den Ausgangspunkt des »mittleren« bis »späten« Latour. Jedes große Denken ist das Bemerken und das Entfalten eines großen Gedankens, den man nicht selbst gehabt hat.

Abgesehen von Latours Theorie, so Ulrich weiter, seien alle Theorien *Theorien der Stabilisierung*. Bourdieus Kapital- und Habitustheorie, Foucaults Diskurs- und Machttheorie, Luhmanns Systemtheorie.

Marx beschreibe zwar eine Bewegung, doch wisse er ja bereits, wo die Bewegung hinführe. Natürlich könne es jetzt nicht darum gehen, zu einer neuen Geschichtsphilosophie, neuer *zeitlicher* Stabilisierung Zuflucht zu nehmen. Außerdem geschehe bei Marx sozialer Wandel ja stets innerhalb bzw. mit Hilfe von festen Kategorien, von Klasse bis Kapitalismus.

»Und woran sitzt Du im Moment?«

Drei Mal stellte ich, anstatt auf Ulrichs Frage zu antworten, Fragen zu seiner Theorie der Metamorphose bzw. machte, aufs Geratewohl hin, Einwände, die die Funktion von Fragen hatten, ihn zu weiteren Ausführungen provozieren sollten.

Musste nicht der Begriff der Metamorphose zum Missverständnis einer zeitlichen Stabilisierung führen, eines feststehenden Telos, wie bei Hegel und Marx? Denn eine Metamorphose in der Natur hat ja ein festes Ziel.

Hatte Foucault nicht geschrieben: »Die Genealogie kann darum nicht umhin, sich zu bescheiden: sie hat die Einmaligkeit der Ereignisse unter Verzicht auf eine monotone Finalität ausfindig zu machen; sie muss den Ereignissen dort auflauern, wo man sie am wenigsten erwartet und wo sie keine Geschichte zu haben scheinen – in den Gefühlen, der Liebe, dem Gewissen, den Instinkten …«[4]

Hatte Foucault nicht dazu aufgefordert, die »Umwälzungen« und »Verkleidungen« für das zu nehmen, was sie seien, ihnen kein Wesen, keine erste Identität, keinen Ursprung anzudichten, an den Orten der Geschichte »tausend verlorene Ereignisse wimmeln«[5] zu lassen? Hatten die Diskurse bei Foucault nicht zeitweilig die Funktion gehabt, Macht zu zersetzen, Stabilisierungen zu unterlaufen?

Denn darum schien es mir Ulrich mit seinem Begriff der Metamorphose zu gehen: Die Illusion der Kontinuität aufzugeben, die Brüche, die Sprünge zu etwas *ganz Anderem* greifbar zu machen – wie der Falter etwas ganz Anderes ist als die Raupe. Wie kann eine Theorie das bewerkstelligen?

Dem am nächsten schien mir – in der Philosophie, nicht in der Soziologie – noch Levinas' Begriff des *Es-gibt* (siehe 6. Kapitel) zu kommen, wenn Levinas seinerseits versucht, Vergleiche anzustellen: »Wenn man jedoch den Begriff des *Es-gibt* mit einem der größten Themen der klassischen Philosophie vergleichen müßte, würde ich an Heraklit denken. Nicht an den Mythos vom Fluss, in dem man nicht zweimal baden kann, sondern an seine Version im Kratylos, an den Mythos von einem Fluss, in dem man nicht einmal ein einziges Mal baden kann; von dem nicht einmal die Beständigkeit der Einheit, der Form jedes Seienden, sich bilden kann; in dem das letzte Element von Beständigkeit verschwindet, in bezug auf das sich das Werden versteht.«[6]

Besser hätte man Ulrichs Projekt kaum fassen können. Wie sieht eine Soziologie aus, aus der diese letzten begrifflichen Elemente der Beständigkeit – Klasse, Familie, Staat usw. – verschwunden sind, eine Soziologie als Fluss, in dem man nicht ein einziges Mal baden kann, in dem sich gar keine Einheiten – die man wortreich als »im Wandel« beschreiben kann – mehr bilden? Und wie erfährt das Individuum eine solche »Gesellschaft«, die sich ihm als eben solche entzieht? Wie wird das Individuum im Nichts solcher Einheiten fühlen und handeln?[7] (Hier schloss sich möglicherweise meine Fragestellung an.)

Abhängigkeit und Bewegung

Den ersten Begriff, den Ulrich gefunden bzw. aktualisiert hatte – doch eine Begriffsaktualisierung ist ja stets eine Begriffsschöpfung, wenn sie mit dem Begriff Neues verbindet –, war *Individualisierung*. Der Begriff beschreibt ja nur gesellschaftliche Beziehungen, die ein permanentes Entscheiden und, damit einhergehend, eine permanente Reflexion des Einzelnen erzwingen. Der Begriff beschreibt eher einen Prozess, eine Verflüssigung als einen »Aufbau der Gesellschaft«.

Die Pointe des Individualisierungsbegriffs liegt darin, dass jede neue Struktur der Ermöglichung zu einer neuen Machtstruktur wird. »Freiheit« erfahre ich im Wechsel zwischen zwei Abhängigkeiten. Die Freiheit ist gar keine Freiheit nur in Anführungszeichen, was suggerierte, dass wir verladen und betrogen werden um die wahre Freiheit. Nein, Befreiung funktioniert stets, solange man im »Kontext« von Welt, Leib und Psyche operiert, als ein – historischer wie je individueller – Wechsel von einer Abhängigkeit in eine andere Abhängigkeit.

Ulrichs Beobachtungen sind bekannt: Wenn der Sozialstaat uns unabhängig von den alten Schicksalsgemeinschaften macht, *so werden wir abhängig vom Sozialstaat* bzw. von den Konjunkturen des Arbeitsmarkts, von Unternehmen. Wenn Wissen uns stets neue Wege des Denkens und Lebens, des Handelns und Behandeltwerdens weist, so sind wir nun abhängig vom Wissen. Die Medien, die »meinen Horizontal erweitern«, *sind* jetzt mein Horizont. Wenn soziale Bewegungen und Subkulturen mir ein neues Zuhause geben, mir die Freiheit versprechen, werde ich abhängig sein von diesen Bewegungen und Subkulturen – einer Jugendclique, einer revolutionären Gruppe, einer Sekte, einem Ashram, dem Kunstbetrieb, dem Literaturbetrieb.

Es sind also nicht allein »böse« Mächte wie das »Kapital«, an die Freiheit immerzu verlorengeht, sondern ebenso »gute«. Es gibt keine Lösung des Dilemmas. Immer nur dieses Vor oder Zurück. Gehe ich weg von A, so werde ich mich an B ketten. Verlasse ich B, kette ich mich an C.

Das Wesentliche dieser Theorie sind also nicht die Pole alter und neuer Abhängigkeit, sondern die *Bewegung* zwischen den immer neuen Polen. Der Mensch, der die Bewegungen »vollzieht«, ist ebenso wenig das Zentrum der Theorie. Es unterliegt nicht dessen individueller Willkür, aus welcher Abhängigkeit heraus, in welche hinein er sich begibt bzw. er gerät.

Während zu den je neuen Abhängigkeiten »der Trend geht«, die neuen Abhängigkeiten vielfach unausweichliche sind – die Medien, das Wissen, der Arbeitsmarkt, die globale Wirtschaft –, fallen die alten Abhängigkeiten vielfach weg, sind nicht einmal mehr Option. Nein, das »Zentrum« der Theorie der Individualisierung ist die Bewegung selbst.

Diese Bewegung ist die *Verschiebung* von Abhängigkeiten und die *Vermittlung* der Abhängigkeiten in den Medien persönlicher Entscheidung und Reflexivität. Individualisierung ist kein geschichtlicher Vorgang – »erst waren die Menschen gebunden an Herkunft, an ihre Familie, Klasse, dann wurden sie individualisiert« –, nichts, was einmal abgeschlossen werden kann, sondern eben die fortlaufende, nie endende Verschiebung und Vermittlung von Abhängigkeiten.

In dieser Bewegung bekommt alles – der Lebenslauf, die »Probleme« des Lebens – den Anschein des Selbstgemachten, wird Verdienst oder Versäumnis, Schuld. Die Abhängigkeit, die nun eine vermittelte ist, sich in Entscheidungen und Reflexionen bricht, *sieht aus wie Unabhängigkeit.*

Im Übrigen sind es ja die Institutionen, die uns sagen: Reflektiere! Du musst dich entscheiden! Du musst dein Leben ändern! Auch der Anstoß zum Wechsel von einer Abhängigkeit in die nächste, zur »Befreiung«, ist, so Ulrich, abhängig von Institutionen. Die Entscheidungssituationen wie die Situationen der Reflexion sind institutionalisierte.

Wenn wir für einen Moment versuchen, uns Ulrich aus den gesellschaftsbeschreibenden Disziplinen wegzudenken und damit aus dem eigenen Verständnis der Welt, in der wir leben, wenn wir also in einer »phänomenologischen Reduktion« Ulrich ausklammern und – sagen wir, bis Ende der neunziger Jahre – nur die Anderen zulassen, so haben wir zwar Theorien, die soziale Hierarchien geschmeidiger und vielfältiger beschreiben als die Marx'sche Klassenanalyse, wir haben Theorien, die »Macht« von personaler Herrschaft und vom bewussten Subjekt lösen, wir bekommen ein Bild vom neuen, flexiblen Kapitalismus usw. Doch eine Beschreibung unserer *Grundsituation*, in der Freiheit und (neue) Abhängigkeit miteinander verbunden sind, meine Abhängigkeiten *als meine Freiheiten* erscheinen, dieser Situation, die nicht nur danach ruft, die Kategorien der Hierarchie und der Macht etwas subtiler zu gestalten und die Kapitalismusanalyse auf den neuesten Stand zu bringen, sondern nach einer neuen, anderen Kategorie verlangt, die den Einzelmenschen in den Blick rückt, ohne ihn als Sartre'sches Subjekt wieder auszugraben, die auf das Ich schaut, ohne die (neuen) sozialen Mächte auszublenden, hätten wir ohne Ulrich nicht gehabt.

Das Verständnis unserer Welt wäre seltsam taub geblieben, ohne Mitte. Voller zutreffender Beobachtungen zwar, jedoch ohne Begriff unserer Subjektivität. Auch die Foucault'schen Diskurse, verankert im Unbewussten, werden ja längst erfahren *im Medium persönlicher Bewusstheiten und Entscheidungen.*

»Liquid Modernity« von Bauman erschien im Jahr 2000. Zurecht sagt Bauman darin, dass wir Ulrich Beck – und Elisabeth Beck-Gernsheim – diese Einsicht ins Neue verdanken.[8] Ohne Ulrich keine Bauman'sche »flüssige Moderne« wie ohne ihn keine Latour'sche Nicht-Moderne. Jetzt war das theoretische 19. Jahrhundert wirklich zu Ende.

Es war wie eine soziologische Fundierung des Satzes von Max Frisch: »Es ist nicht die Zeit für Ich-Geschichten – und doch vollzieht sich das menschliche Leben oder verfehlt sich am einzelnen Ich …«[9] Ja, alles vollzieht sich bei Ulrich am Ich, doch ohne dass er Ich-Geschichten erzählen würde. Nichts wäre ihm fremder als ein methodischer Voluntarismus, Individua*lismus.*

Dialektik der Freiheit

Selbst habe ich, wie viele Soziologen, Sozialphilosophen aus der politischen Linken herkommend, vermutlich erst durch Durkheims »Der Selbstmord« und Ulrichs »Risikogesellschaft«, zu meinem Thema, der Dialektik der Freiheit, gefunden.

Sonst wäre ich wahrscheinlich in Postmarxismus, kritischer

Theorie, Poststrukturalismus, Technikkritik usw. gefangen, mir selbst, im Denken und also im Leben, fremd geblieben.

Wie Ulrich beschreibt Durkheim die Freiheit und das zugehörige Ich als ein *Strukturalist*. Auch Durkheim fragt: »Wie geht es zu, dass das Individuum, obgleich es immer autonomer wird, immer mehr von der Gesellschaft abhängt?«[10]

Wenn Ulrich schreibt: »Heute, an der Wende ins 21. Jahrhundert, hat Modernisierung *ihr Gegenteil aufgezehrt, verloren*, und trifft nun *auf sich selbst*«[11], so könnte man »Freiheit« für Modernisierung einsetzen. Ja, dieses Gegenteil, dem die Freiheit bei Musil und Sartre sich noch gegenübersieht, die bewaffnete Herrschaft, die personale Autorität, das homogene Kollektiv, die zweifellose Moral und die verkörperte Routine, ist weit zurückgedrängt. Eben darum wird die Freiheit jetzt selbst zu einer Struktur.

Dennoch, mir ging es nicht um die *Institutionen* oder den *Markt*, die nun Macht über das individualisierte Individuum haben, die es, wenn auch vermittelt über Reflexion und Entscheidung, wiederum mit Faktizität konfrontieren, die aber selbst *nicht Freiheit ist*. Das gesamte Theorem des Wechsels von Abhängigkeiten verleitet dazu, an der Stelle der alten Gemeinschafen und Herrschaftsinstitutionen lediglich moderne Gemeinschaften, Institutionen oder den Markt einzusetzen.

Dort trennte sich mein Weg von dem der »Risikogesellschaft«. Und ich bemerkte, dass im »Selbstmord« zwar eine große Beobachtung gemacht worden war, was die soziale Tatsache der Unendlichkeit betraf, doch stand ebenso fest, dass Durkheim nicht wusste – und mit seiner Methode nicht wissen konnte –, *wie es ist*, der Unendlichkeit ausgesetzt zu sein. Seine Vermutung, dass Menschen, deren Leistungen und Erfolge von der Unendlichkeit des Möglichen annulliert werden, vor allem mit der Empfindung der »Sinnlosigkeit« konfrontiert sind, dass die Menschen die erotische Unendlichkeit als »unstillbaren Hunger der Begierde« erleben, schien mir eher religiös fundierten Deutungen und der Hobbes'schen Idee vom wölfisch-gierigen Ich zu entsprechen als der – erfahrenen – Wirklichkeit.

Auch Ulrich beschreibt und analysiert ja stets nur im Vorübergehen, *wie es ist.* Sein Interesse zielt, wie das Interesse Durkheims, auf die institutionellen Strukturen, die sich nicht erst – wie die Strukturen der Wertverleihung, die Strukturen der Zeitstrukturierung usw. – in der Erfahrung aufweisen lassen.

Die Erfahrung

Obwohl dies so war, Ulrich stets auf objektive Strukturen hinauswollte – vermutlich schon wegen seines von Anfang an großen politischen, politikwissenschaftlichen Interesses –, war er doch der Einzige innerhalb der Soziologie, der es plötzlich hatte denkbar scheinen lassen, *von der Erfahrung auszugehen.*

Als wir uns zum ersten Mal begegneten, vor fünfzehn Jahren, hatte Ulrich mir von seiner größten wissenschaftlichen Krise erzählt.

Er war gerade Professor geworden, endlich, doch nun fühlte er sich, so sagte er, blockiert vom herrschenden Wissenschaftsverständnis. Dieses ließ als Quelle des Wissens ausschließlich das Erheben quantitativer Daten und die qualitative Analyse von Fremderfahrung zu, nicht aber die, wie Ulrich sagte, »Primärerfahrung des Forschenden« selbst.

Dabei war ein Soziologe doch ein Forscher, der »in seinen eigenen Gegenstand gesperrt« war. Der Psychologe kann ja immerhin noch behaupten, es gehe um die Psyche eines *Anderen*, die er von außen, in ihren Äußerungen observiere.

Ulrich notierte seine Gedanken. Der befreiende Satz lautete: »Die Primärerfahrung, an der der Gesellschaftswissenschaftler teilhat, wird nicht als Quelle ideologischer Befangenheiten angesehen, sondern umgekehrt: sie gilt selbstverständlich als ein systematisch nutzbarer Zugriff auf die Wirklichkeit.« So entstand, wenig später, »Risikogesellschaft«.

Dennoch steht dieser Satz nicht im Buch, verschwand, als Notiz unter tausend Notizen, im Privaten der ungebundenen Gedankensammlungen. Ulrich wusste, warum.

Er wusste, dass nichts so sicher ausschließt von wissenschaftlicher Wertverleihung und Debatte wie das Wort *Erfahrung*.

Sicherlich, das Sein zum Tode wurde nicht in Interviews entdeckt. Heidegger ging von seiner Erfahrung mit Endlichkeit aus wie Wittgenstein von seiner Erfahrung mit der Sprache.

Doch das war »nur« Philosophie – und im Übrigen hatten ja auch Philosophen in Heideggers Analysen nichts als das Ausgießen subjektiver Befindlichkeit gesehen (ausgerechnet bei dem Denker, der als erster die Befindlichkeit analysiert und *als Struktur* beschrieben hatte). Ein ähnliches Verwechseln von Ebenen unterlief vielen Kritikern der »Risikogesellschaft«.

Das Denken der Differenz

Warum erscheint die Erfahrung als Quelle der Erkenntnis als illegitim? Ich würde behaupten: weil sie dem Paradigma der Differenz zuwiderläuft.

Da sind erstens die Denker der Vertikalen, die eine Welt der

Hierarchien, der Klassen, von Oben und Unten – und tausend Zwischenstufen – beschreiben. Und da sind zweitens die Denker der Horizontalen, die eine Welt von Einschluss und Ausschluss, Drinnen und Draußen, von Mitte und Rand (Grenze), System und Umwelt, ein Nebeneinander der Teilsysteme und der Dispositive beschreiben.

Während Anthropologen und Ethnologen *den Menschen* bzw. die »Indianer«, die »Ureinwohner« usw. beschrieben haben, also keine oder kaum Unterschiede zwischen den Individuen machten – bzw. von Individuen gar nicht zu sprechen brauchten –, sind alle Anthropologen der Gegenwart, alle Ethnologen der Moderne – also die Soziologen und Sozialphilosophen –, fasziniert vom Unterschied. Sie glauben an die Differenz, wie die Anthropologen und Ethnologen an die Gleichheit glaubten.

Sowohl die Denker der Senkrechten wie die Denker der Waagerechten sind besessen vom Gedanken der Differenzierung, vom Unterschiedemachen, von Grenzen. Sie sind in einem fort damit beschäftigt, das Soziale als Unterschiedenes und Unterscheidendes zu beschreiben, als Klassen, Systeme, Diskurse, Praktiken, Habitus usw. Auch Levinas geht es ja um die Differenz (den *Anderen*). Derrida sowieso. Und selbst Ulrich teilte die Faszination insofern, als die Begriffe der »Individualisierung« und der »Risikogesellschaft« eben die *Aufweichung* der großen Unterschiede beschreiben (Klassen, Norden und Süden, Geschlechter), eine Verlagerung des Unterscheidens in den Einzelnen hinein – weshalb man Ulrich, will man im Bild des kartesischen Koordinatensystems bleiben, auf der dritten Achse, der Applikate, eintragen kann.

Gewiss sind die »Differenzierungen der modernen Gesellschaft« und das Unterlaufen dieser Differenzierungen ein unerschöpfliches Thema. Doch besteht die Gefahr, dass diese Unerschöpflichkeit der Differenzierungsmöglichkeiten und Entdifferenzierungsmöglichkeiten die Aufmerksamkeit ganz in ihren Bann schlägt, dass sie alles verdeckt, das sich unterscheidet vom Unterscheidenden und Unterschiedenen.

Es ist banal, dass man nicht sprechen kann, ohne Unterschiede zu machen. Doch das heißt nicht, dass man sich dem *Denken der Differenz* ergeben muss. Noch meinen wir, die Soziologie als Wissenschaft preiszugeben, wenn wir die Differenzierung – ohne sie zu leugnen – einklammern, systematisch ignorieren. Dennoch erscheint es möglich, dass wir nur in der Leere der verschwundenen Differenz, verschwundenen Hierarchie und Absonderung weiterdenken können.

Jenseits der Differenz

Wir spüren die Erschöpfung dieses Denkens der Differenz – ohne die Wahrheit des erschöpften Denkens zu bestreiten. So wenig wie wir es widerlegen können, sind wir bereit, seine Konsequenzen zu übernehmen.

Wie Levinas die Phänomenologie nicht widerlegen kann, *einen Sprung* zum (ganz) Anderen machen muss, weil er die Konsequenz der Phänomenologie ablehnt, dass der Andere als »mir gegeben«, »mein Phänomen« gefasst werden muss, wie Adorno die positivistische Wissenschaft nicht widerlegen kann, doch die Konsequenz der Methode nicht übernehmen will, die alles Gegebene verdoppelt, und also einen Sprung in dessen Negation machen muss, so sind wir nicht bereit, uns unseren Gegenstand vom Denken der Differenz zerschneiden zu lassen, machen wir einen Sprung ins Jenseits der Differenz – ohne zu wissen, wo wir landen werden.

Warum wurde Heideggers Daseinsanalyse nie ins Konkret-Historische gewendet, aufs Ganze *eines* Lebens, einer sozialen Ordnung gerichtet? Warum erfolgte die Wende ins Historische *unter Abkehr von der Phänomenologie*, die sich zur Analyse der Erfahrung hätte entwickeln können, so dass mit Foucaults unbestrittenem Theoriegewinn ein ebenso unleugbarer Theorieverlust einhergeht?

Was immer die einzelnen Gründe sind: Eine Wissenschaft der Erfahrung war unmöglich, weil stets sofort der Einwand gekommen wäre: »Du bist nicht repräsentativ. Du kannst nicht für alle sprechen. Wir leben in einer Gesellschaft. In einer Welt der Unterschiede.« Es ist das Denken der Differenz, das die Erfahrung mit einem Tabu belegt.

Und stimmt es etwa nicht? Die Erfahrung der Frauen ist eine andere als die Erfahrung der Männer. Die Erfahrung der Jungen ist eine andere als die der Älteren usw. Und umgekehrt: Muss ich nicht beschreiben, wie jemand zur »Frau« oder zum »Mann« wird, als jung oder alt, krank oder gesund, vernünftig oder wahnsinnig kategorisiert wird – die Konstruktion der Unterschiede? Das alles ist unbestritten.

Ich weigere mich nur, die Konsequenzen dieses Fragens zu übernehmen. Zwischen den Existenzialen der Fundamentalontologie und den auf die feinsten Unterschiede schauenden Elaboraten von Sozialstatistik und Sozialkonstruktivismus scheint es viel Platz zu geben, in dem ein Sehen, ein Denken sich umtun kann.

Denkerische Intuition

Denken beginnt mit Intuition. Ich spüre: Ich werde in anderer Leute Kleider gezwängt. Die Verzweiflung Kierkegaards –

sie passt mir nicht. Die Angst Heideggers. Die Sinnlosigkeit Durkheims. Die Reflexion Luhmanns. Die Erschöpfung Ehrenbergs. Sie sind nicht maßgeschneidert. Sondern – entweder – Ererbtes, auf mich Überkommenes. Von einst dem Leben entsprach, ist nun toter Begriff (Ulrich sprach von »Zombiebegriffen«). Oder: Es war von Anfang an nur ein Entwurf am Reißbrett des Sozialforschers.

Die – traumatische – Moderne kann niemals aus zweiter Hand angeschafft werden. Ich kann mich selbst nicht bei Nietzsche, Kafka, Beckett nachschlagen. Dennoch ist es das, was unausgesetzt geschieht. Erkenntnis wird gebraucht gehandelt. Die Moderne hat ihre literarischen, philosophischen und soziologischen Heiligen Bücher. Sicherlich, man findet Passendes. Auch ich meide ja nicht prinzipiell das Zitat. Doch so gut wie immer verführt das Passende dazu, die Unmengen von Nichtpassendem nicht zu sehen, die wir uns einhandeln. Schon sind wir auf dem Irrweg. Die Tatsache, dass alle dort gehen, beruhigt uns zu Unrecht. Nichts hält uns jetzt zurück – wenn nicht die Stimme der Erfahrung, der Intuition, eine in- und auswendige Hellhörigkeit. Sie ist es, die Ulrichs Weg zur »Risikogesellschaft« möglich gemacht hat.

Alle meine Freiheitsanalysen bisher, die Negative Moderne als Komplex und der Sturz ins Nichts als Situation, sind – in ihrem »Wie es ist« – etwas, das sich in die Kleider anderer Leute nicht zwängen, das fast jedes Zitat zur Falschaussage werden lässt. *Alle* soziologischen, philosophischen und literarischen Klassiker der Moderne erweisen sich als »unpassend«. Keines dieser Werke beschreibt das Soziale, wie es sich in unserer Erfahrung jetzt zeigt.

»Und woran sitzt Du im Moment?«

Das ist eine Frage, die einen ins Stammeln geraten lässt. Vergeblich sucht man nach Formeln. Nichts, was man denkt, was man gedacht hat, steht einem ja *zur Verfügung als Gedachtes.* Den Weinkeller der Erkenntnisse gibt es nicht, in den man nur hinabsteigen müsste, um, Sekunden später, mit ein paar guten Flaschen wieder zum Vorschein zu kommen, die es bloß zu entkorken gälte. Derrida hat sich ja einmal darüber beschwert, dass US-Amerikaner ihn in einem fort in dieser Weise überfielen: »Could you please elaborate on the notion of …«

Woher diese Unmöglichkeit, jemandem auf Kommando bzw. auf freundliche Bitte ein Glas von den eigenen Überlegungen einzuschenken?

Es liegt nicht daran, wie man meinen könnte, dass diese Überlegungen so kompliziert wären. Es liegt auch nicht an der schlichten Tatsache, dass man *so viel* schreibt, sich unmöglich alles merken könnte.

Es liegt daran, so meine ich, dass ein wahrhaftiges Denken nie wiedergibt, zusammenfasst, formuliert, sondern erst – wie ein altmodisches Modem – mühsam *eine Verbindung herstellen muss* zum Zu-Denkenden. Bei jeder Frage aufs Neue. Egal, wie oft einem die Frage schon gestellt worden ist. Mit einem Wort: Man muss die Verbindung herstellen zur Erfahrung, zur Intuition, und erst wenn der in Frage stehende Gegenstand sich mir neu gebildet hat, gibt es etwas zu denken, die Möglichkeit einer Antwort. Niemand hat eine ständige Verbindung. Sogar der Schriftsteller ist ja wochen- und monatelang ein Unverbundener, bis ihm die Einwahl glückt.

Im Übrigen stellt man nie zwei Mal die Verbindung zum *selben* Gegenstand her. Vielmehr geht der ständigen Bewegung des Denkens die unausgesetzte Bewegung und Verwandlung des Gegenstands, auf den das Denken zugreift, voraus. Diese Veränderung ist bereits das Denken. – die Metamorphose.

Nachdem ich versucht hatte, Ulrich zu beschreiben, was ich unter *Negative Moderne* verstand, sagte er: »Dann versuchen wir ja in gewisser Weise das Gleiche – wenn auch in verschiedenen Bereichen. Auch Du hast keinen Bezugsrahmen.«

Das Nichts der Methode

Doch ich muss den Satz »Denken beginnt mit Intuition« zurücknehmen. Denn die Intuition braucht eine *Richtung*, in die sie spüren kann. Wie Phänomenologie und Lebensphilosophie, so ist alle Erfahrungswissenschaft ursprünglich leer. Sie wiederholt nur die menschliche »Offenständigkeit«.

Wie bestimmt sich also, was ich in den Blick nehme? Was ist mein Gegenstand? Zu sagen: »das Leben«, wäre genauso unbefriedigend, wie zu sagen: »die Situation«. Auch »das Leid« ist noch viel zu allgemein. Man denke an Foucaults Antwort: »das Wissen«, an Marx' Antwort: »die Produktionsweise, die Produktionsverhältnisse«. Damit ließ sich arbeiten.

Muss ich nicht auch darum zugeben, wie viel ich Ulrich verdanke? Dass er meiner Intuition die Richtung gewiesen hat? Und muss ich nicht zugeben, dass ich auch darum den Sturz in die Wertlosigkeit untersucht habe, weil Axel Honneth und die breite Diskussion um das Problem der »Anerkennung« meine Aufmerksamkeit gelenkt hat? Dass ich auch darum den Sturz in die entstrukturierte Zeit untersucht habe, weil das Buch »Die Arbeitslosen von Marienthal« mir das Problem bewusst gemacht hat? Dass ich ohne Kierkegaard und Durkheim das Problem der Unendlichkeit vielleicht nicht erkannt hätte? Dass ich »Das Ende der Liebe« nur schreiben konnte, weil das Internet – das für meine Analysen der Unendlichkeit irrelevant war – mir das Problem der Unendlichkeit möglicher

Partner in einer Weise vor Augen geführt hat, in der es in der Offline-Wirklichkeit sich nie manifestiert und vergegenständlicht hätte (wie das Wertverleihungsfernsehen mit seinen demütigenden Juroren, seinem die Kandidaten immerzu »rauswählenden« Publikum mich aufmerksam machte auf das Du als letzte Instanz einer ewig vorläufigen, sich annullierenden Wertverleihung)? Dass Ehrenberg mich aufmerksam gemacht hat auf den Zusammenhang von Freiheit und Handlungsunfähigkeit – auch wenn ich seine Analyse nicht teilen kann, sondern widersprechen muss?

Muss ich nicht zugeben, dass ich eine Unzahl von Beobachtungen nur mache, weil Heideggers oder Levinas' Analysen mich zum Widerspruch reizen? Dass ich fast immer ein Nachsprechender als Widersprechender bin, meine Methode meist eine nachträgliche, nachdenkende ist, anstatt, wie das Teleskop, sich seine Gestirne selbst zu suchen?

Ja, das muss ich.

Ich sehe ja auch, dass beispielsweise Heidegger seine Gegenstände vielfach Kierkegaard, Husserl, Dilthey, Nietzsche, Scheler usw. verdankt, auch seine Aufmerksamkeit *gelenkt* ist, er nicht auf seiner Hütte sitzend und auf langen Gängen unmittelbar das Sein erschaut. Zu merkwürdig wäre seine »Auswahl«, sein Ausschnitt, die Besonderheit des Betrachteten einerseits, die Besonderheit, Unmenge und Ungeheuerlichkeit des Nicht-Betrachteten, Ungesehenen und Unausgelegten andererseits.

Was also tun? Ist das ein Mangel der Methode? Kann man nichts tun, als seinem Vorverständnis nachzugehen, alles genau zu beschreiben, bis hin zum Widerspruch – aus Erfahrung?

Vielleicht. Es ist jedenfalls Tatsache wie Makel der Phänomenologie, dass keiner, der in ihr etwas erreicht hat, unmittelbar von »den Phänomenen« ausgehen konnte, wie die Lebensphilosophie nie unmittelbar vom »Leben« ausgehen konnte, dass alle nur zu Ergebnissen gelangten, kommend von einer ungeheuren, auch nicht-phänomenologischen bzw. nicht-lebensphilosophischen »Vorbildung«.

Kein Phänomen, kein Leben hätte sich je, unter den Augen eines bloß Aufmerksamen, selbst entborgen. Alle Unmittelbarkeit ist Ideologie.

Immer erkennt der Schauende, der Denkende lediglich im *Nach*prüfen und *Wider*sprechen, muss »aus dem Ausland« einer Theorie, einer anderen Erfahrung sich nähern, um auf die eigene Erfahrung mit fremdem Blick *zurückzukommen*. So gewinnt Husserls Forderung neuen Sinn. Wir gehen tatsächlich *zurück* zu den Sachen selbst – nie haben wir sie *vor* Augen. Erfahrungswissenschaft ist Rückkehr und Rückschau.

Während ich also auf der Ebene der *Beschreibung* nicht notwendig andere Menschen brauche, die ich beobachten oder interviewen könnte, da brauche ich sie auf der Ebene des *Beschreibens* sehr wohl. Ich brauche nicht andere Forschungsobjekte, wohl aber andere Forscher. Während ich auf der ersten Ebene *Enthaltsamkeit* übe, die Anderen nur brauche, um zu wissen, dass ich nicht in einer Psychose lebe, bin ich auf der zweiten Ebene ein Süchtiger, der *nie genug* bekommt: Je mehr fremdes Denken, desto besser. Mein Denken, das notwendig auf einer exzentrischen Position zum Leben »agiert«, braucht immerfort andere Forschende, um sein Außerhalb zu konstituieren.

Die Lösung

Die existierende Soziologie und Sozialphilosophie wird so zu einer *unendlichen Provokation* im Buchstabensinn. Sie ruft das Denken hervor – und ist niemals das, »worauf« ich mich »berufe«.

Wie laut zum Beispiel ist der provozierende Ruf aller Lösungsvorschläge und guten Ratschläge. Sei es der Optimismus, der Chancen im Ganzen sieht, sei es der Pessimismus, der dem Kitsch des Widerstands verfällt. (Was nicht umgekehrt heißt, aller Widerstandsgeist sei Kitsch.) Im Gegensatz dazu, auch in Opposition zu Ulrichs Optimismus, meine ich, dass man sich aufs Beschreiben beschränken sollte. Die Praxis hat ihre eigene Logik. Theorie hilft nicht. Sie geht der Praxis nicht voraus, legt ihr nicht den Grund. Sie ist selbst eine Praxis, die allem Leben zuwiderläuft.

Jean Améry hat beobachtet, dass Verbrecher und Gläubige in Auschwitz die größten Überlebenschancen hatten. Menschen, deren Denken unmittelbar auf Lebensbewältigung gerichtet war. Die Intellektuellen gingen unter. Die Spur der Wahrheit führt ins Nichts.[12]

Das gilt nicht nur für den Alltag in Auschwitz, sondern für jeden Alltag. Der Mechaniker, der auch ein Denker ist, verzweifelt, wenn die Reparatur, obwohl korrekt ausgeführt, das Auto nicht zum Laufen bringt, wenn fortwährend neue Probleme entstehen, wenn das Objekt der eigenen Mühen opak, unverständlich ist, wenn die Arbeit, die zwei Stunden dauern sollte, sich ins Endlose dehnt, ein Tag, zwei Tage …

Der Mechaniker dagegen, der kein Denker ist, sagt: »Shit happens. Auch morgen ist ein Tag«, und verzweifelt nicht.

Man verwechsele das Gesagte nicht wiederum mit einem

Ratschlag – mit dem beliebten: »Denke nicht so viel.« Zum einen ist hier ja ausschließlich vom *theoretischen* Denken die Rede, nicht vom praktischen – auch die Verbrecher und die Gläubigen müssen ja, wie Schachspieler, in einem fort den nächsten Schritt bedenken; mit Hilfe allerdings von erbaulichen Gewissheiten und buchstäblichen Faustregeln. Zum anderen ignorierte ein solcher guter Rat eben den institutionellen Kontext, der jetzt in einem fort zum Denken, Reflektieren, Intellektualisieren *zwingt*, wie Ulrich wusste.

Heute kaufen die Menschen unausgesetzt theoretische Bücher in praktischer Absicht. Ununterbrochen *die Frage nach der Lösung*. Die Menschen wollen eine Lösung, bevor sie dem Problem überhaupt ins Auge geblickt haben. Doch alle künstlerischen wie denkerischen Werke sind vor allem eins: Verzicht auf Lösung. Jedes Wort, jeder Pinselstrich ist zuerst und vor allem Lösungsenthaltsamkeit. Die große Lebensflucht im Namen des Jenseits, die Nietzsche beklagte, geschieht heute im Namen der Lösung. Die Lösung hat die Erlösung ersetzt.

Die Religion hat allerdings nicht nur diese flüchtige Seite, sondern auch eine verharrende, am Ort bleibende, Orte schaffende. Darum kann Schlingensief der Angst eine Kirche bauen. Kafka notiert: »Das Bild der Unzufriedenheit, das eine Straße darstellt, da jeder von dem Platz, auf dem er sich befindet, die Füße hebt, um wegzukommen.«[13] So ist die Sprache der Lösung. Jedes Wort ein Passant, der die Füße hebt, um *wegzukommen*. Vorwärtsstürzende Sätze.

Aber natürlich will man weg. Das Leiden hinter sich lassen. Dies ist kein wohlfeiler Appell zum Ertragen – und damit ein Schritt in die Praxis. Es ist die Forderung, dem Problem seine Zeit, seinen Raum zu lassen. Die Wörter, Sätze nicht stürzen zu lassen. Denn auch wenn der Autor erst im letzten Kapitel die Tür zur Lösung öffnet, entsteht bereits im ersten Kapitel eine Unruhe, ein Gedränge, ein Aufstehen und Sichanziehen und Schlangestehen der Wörter, die wissen, die Tür zur Lösung ist geöffnet, gleich geht's los.

Glaubensbekenntnis

Ich muss mich hier selbst unterbrechen. Geht es mir noch um Ulrich? Bei Gérard Genette kann man nachlesen, dass Théophile Gautier die erste Zueignung Baudelaires in den »Blumen des Bösen« abgelehnt hat mit der Begründung: »Eine Zueignung darf kein Glaubensbekenntnis sein.«[14] In anderen Worten: Sie darf sich nicht mehr um ihren Autor als um ihren Adressaten drehen. Dem würde ich zustimmen.

Zugleich aber behaupte ich: »Die Zueignung für einen wirklich Wichtigen *muss* ein Glaubensbekenntnis sein.«

Wenn ich hier nicht ausschließlich von Ulrich und seinem Einfluss spreche, dann deshalb, weil der wahrhaft große Einfluss sich nicht in einzelnen, aufzuzählenden Positionen, Befunden und Standpunkten manifestiert, sondern – diesen weit vorgelagert, ein Anstoßen, eine Weichenstellung ist.

Foucault zitiert in seinen Werken nicht dauernd Althusser, Nietzsche, Heidegger, Freud, Lévi-Strauss, Marc Bloch usw., mit einem Wort: die Anstößigen, die Weichensteller. Mit solchen kann man in allen oder fast allen Einzelheiten, allen Analysen über Kreuz liegen. In den Büchern des Anderen wird nicht ununterbrochen geblättert. Sie mögen verstauben. Sie sind nicht Fundgrube autoritativer Zitate, die jede selbstgeschriebene Passage stützen müssen. Man gehört nicht »zur Schule von …« Nicht weil der Einfluss zu gering, sondern weil er zu groß ist, über jeden Standpunkt hinausweist, von Anfang an und bis in die Gegenwart *Bewegung ist*.

Ulrichs Anstöße heißen: Freiheit ... Erfahrung ... Widerspruch ...

Kritik als Affirmation

Eine subtilere Form, die Füße zu heben, um wegzukommen, ist die Kritik – die »Gesellschaftskritik«. Anstelle einer am Ort bleibenden Erfahrung, Intuition, einer Theorie der Gesellschaft wird die Gesellschaft kritisiert, zum Beispiel der »Kapitalismus«.

Was bedeutet es, zu kritisieren? Ein »vehementer Kritiker der Gesellschaft« zu sein? Und was bedeutet es, die *Gesellschaft* zu kritisieren?

Es bedeutet, die Analyse des Gegebenen in der Weise, wie es ist, zu überspringen und eine Wirklichkeit zu konstruieren mittels der Differenz zu einem Ideal, das selbst nicht analysiert wird.

Die Wirklichkeit wird als zu Veränderndes gezeigt, nicht als das zu Beschreibende, zu Verstehende – selbst wenn der Kritiker sagt, derzeit sehe er keine Veränderungsmöglichkeit, eher die Entwicklung zum Schlechteren usw. Schon der Begriff der Gesellschaft hat die Konnotation, das zu Verändernde zu sein – anders als der Begriff Welt etwa –, und der Kritiker verstärkt die Konnotation, indem er das unterscheidende Demonstrativpronomen gebraucht, immerzu sagt: *diese* Gesellschaft.

Dass sein Ideal im Schatten der Analyse bleibt, ist zum einen ein Problem, weil sich im Ideal seine *soziale Position* ausdrückt – sein bildungsbürgerlicher Abscheu vor dem Mas-

senkonsum, vor der Oberflächlichkeit der Jugendkultur usw.
Der Kritiker opfert die Intuition dem Ressentiment. Intuition
nutzt die eigene Verletzlichkeit durch das Soziale, arbeitet mit
der eigenen Schwäche. Ressentiment versucht, die Verletzlichkeit zu überdecken, sie will nicht Schwäche, sondern Stärke
sein.

Der Kritiker sieht sich selbstredend auf der richtigen Seite.
Nicht auf der Seite des Konsums – womit ausschließlich Konsum*stile* anderer Schichten und Altersgruppen gemeint sind,
nicht der eigene – sondern auf der Seite der Kunst. Er sieht
sich nicht auf der Seite des Narzissmus', sondern auf der Seite
der Liebe, des Verbundenseins mit dem Anderen – Fromms
Die Kunst des Liebens exponiert diese beiden Werte gleich
im Titel. Er konstruiert sich als Idealfigur in einer Kultur, die
einerseits den Künstler, das Schöpferische, andererseits den
Sicheinfühlenden, das Alterozentrierte am höchsten schätzt.
Sein Wert steigt in dem Maß, in dem er den »Skripten der wün-
schenswerten Persönlichkeit« (Illouz) scheinbar entspricht.

Das Problem ist aber nicht nur, dass der Kritiker seine soziologische Kritik nicht selbst soziologisch reflektiert und
kritisiert. Es fehlt die Grundeinsicht, dass das Ideal zum Kern
dessen gehört, *was als Gesellschaft zu begreifen wäre.* Das
Ideal steht ja nicht der Wirklichkeit gegenüber und entgegen, wie der Begriff Ideal glauben machen will, sondern ist
geradezu – was in Zeiten der Diskursanalyse eigentlich banal
ist – der Ort, wo, wer gräbt, am meisten Wirklichkeit findet.
Was man der Wirklichkeit entgegenhält, woran man sie misst,
das *ist* die Wirklichkeit, die uns treibt. Die größte Kraft.

Wenn ich sage, diese Gesellschaft sei materialistisch und
konsumistisch, so befinde ich mich in einem Kraftfeld der
Materialismus- und Konsumkritik, unter dem Zwang zur

Materialismus- und Konsumverweigerung, zum »Geistigen«, »Kulturellen«, »Spirituellen«, »Natürlichen«, zu Bildung und »innerer Entwicklung«, zu Leistungen in der Arena des Postmaterialismus, zu Kreativität, Kunstproduktion, dann nehme ich eine vertikale Unendlichkeit wahr, Unendlichkeit möglicher Selbstüberschreitung als Lebensvertiefung.

Wenn ich sage, diese Gesellschaft sei auf Egozentrik und Narzissmus programmiert, so befinde ich mich in einem Kraftfeld der Egozentrik- und Narzissmuskritik, bin ich gezwungen zu Alterozentrik, Empathie, zum Anderen, jedenfalls zur Wertschätzung und Zurschaustellung dieser Kategorien im gesellschaftlichen Diskurs, nehme ich eine relationale Unendlichkeit wahr, Unendlichkeit möglicher Hinwendung und Verbindung mit dem Anderen.

Wenn man sich also interessiert für seine Beschämung, sollte man sein Ideal untersuchen, seine Selbst-Kritik. Sie ist der Ort, wo Gesellschaft sich in Individualität übersetzt, in Ich-Geschichte.

Unbändiger Hass

Interessanterweise sind es ausgerechnet Diskursanalytiker – genauer: Philosophen, welche den *Begriff Diskurs* in der Tradition Foucaults verwenden, doch ohne konkrete Diskursanalysen durchzuführen –, die auf dem Hintergrund unreflektierter, für ihr eigenes Milieu typischer Ideale und Aversionen eine Gesellschaftskritik formulieren.

Ein Beispiel ist Agamben. Agamben empfindet »unbändigen Hass«[15] auf – natürlich – das Fernsehen und das Mobiltelefon, auf »Gadgets« und jeden technischen »Firlefanz«[16]. Diese Dinge seien Teil von Gebilden, »deren Ziel es ist, das

Verhalten, die Gesten und die Gedanken der Menschen zu verwalten, zu regieren, zu kontrollieren und in eine vorgeblich nützliche Richtung zu lenken«.

Dispositive seien, so zitiert Agamben Foucault, Diskurse, Institutionen, Architekturen, Reglementierungen, Gesetze, staatliche Maßnahmen, wissenschaftliche Aussagen, also »alles Erdenkliche« bzw. »das Netz«[17], das alles Erdenkliche verbindet, um »zu einem historisch gegebenen Zeitpunkt« einer »dringenden Anforderung nachzukommen«. Der Zeitpunkt ist natürlich »das äußerste Entwicklungsstadium des Kapitalismus«[18].

Ist der Kapitalismus das Dispositiv der Dispositive? Das Netz der Netze? Welcher dringenden Anforderung hat der Kapitalismus nachzukommen? Er erscheint jedenfalls als Letztbegriff hinter dem Letztbegriff des Dispositivs, wie üblich in der Kulturkritik, die die Diskurs»maschinen«, die »gigantische Anhäufung und Wucherung«[19] von Dispositiven, wie Agamben schreibt, angeschlossen an die große kapitalistische »Maschine« denkt.

Nachdem Agamben erkannt hat, dass ein Dispositiv alles Erdenkliche ist, kommt er zu dem überraschenden Schluss, dass »es keinen einzigen Augenblick im Leben eines Individuums mehr zu geben« scheint, »der nicht von irgendeinem Dispositiv geformt, kontaminiert oder kontrolliert wäre«[20]. Tatsächlich, in einer Gesellschaft ist alles Gesellschaft.

Und dann kommt die Aufforderung zur Praxis als leere Geste: »Nun stellt sich die Frage, wie wir gegen eine solche Situation angehen können, welche Strategie wir in unserem täglichen Nahkampf mit den Dispositiven verfolgen müssen.«[21]

Weniger fernsehen? Mal offline leben? Mehr klassische Musik hören? Mehr lesen?

Doch *was* lesen, das nicht Teil der wuchernden Dispositive ist? Und wie begegne ich einem Dispositiv »im Nahkampf«? Wenn ich aus dem Gebrauch des Fernsehens und des Mobiltelefons herausfalle, in was (und auf was) falle ich dann hinein? Was machen die Kein-Fernsehen-Dispositive und die Kein-Mobiltelefon-Dispositive mit mir? Wie heißen die Dispositive, die sich an keinen Apparat knüpfen lassen? Bin ich in einer Agamben-Welt der technischen Askese, der Hochkultur, der Ablehnung alles »Niedrigen«, des fortwährenden Philosophie- und Kunstkonsums mehr Subjekt?

Geht es mir besser, das heißt, wird mein Leid geringer, wenn ich versuche, (m)einem (Agamben-)Massstab zu genügen? Welche Strategie muss ich in meinem täglichen Nahkampf mit Agamben bzw. mit derartiger Kulturkritik und Handlungsaufforderung verfolgen? Zu was verpflichtet mich mein »kritisches Bewusstsein«? Wo bringt es mich in den Sog von Unendlichkeit? Und von welchen Verpflichtungen macht es mich frei? Wo erlaubt es mir eine Position der Bequemlichkeit und vor allem – Überlegenheit? Wo bin ich, in meinem unbändigen Hass, *der Unkritischste*? Was affirmiert dieser Hass?

Ist es nicht so, dass das »Glücksverlangen«, das Agamben zufolge »am Ursprung jedes Dispositivs«[22] steht – man müsste sagen: *in der Freiheit* –, auch am Ursprung jedes Hasses und Selbsthasses steht, dass auch meinem Hass, meiner Kritik eine Gier innewohnt, eine Gier, *etwas zu sein*, dass meine Kritik die Formulierung und zugleich Camouflierung dieser Gier ist, dass der freie Mensch, die vielfältigen Idealspannungen, in denen er steht, aufnimmt und weitergibt *als Kritik*?

So ist es. Die Ordnung der strukturellen Freiheit zeichnet sich dadurch aus, dass die herrschenden Diskurse *Gesellschaftskritik sind*, politische, psychologische, philosophische, soziologische Kritik.

Damit steht jeder unmittelbare Impuls unter Reproduktionsverdacht. Die Wahrscheinlichkeit ist groß, dass er die *herrschende Kritik* wiederholt. Das zu Durchschauende ist nicht mehr, wie noch zu Zeiten der »Kritischen Theorie«, die wissenschaftlich verbrämte, in der Werbung offensichtliche Affirmation. Die Normen dieser Gesellschaftsordnung werden als Kritik geäußert, ja, sie sind Kritik.

Es handelt sich nicht um das alte Argument, dass alle Kritik nun »integriert« und daher stumpf geworden sei, sondern darum, dass in einer Kultur, in der die Imperative gelten »Du sollst reflektieren« und »Du sollst dein Leben ändern«, die Kritik und der, ihr auf dem Fuße folgende gute Rat zum Kern der herrschenden Subjektivierungsform gehören. Kritik ist das, was meine unendliche, nicht mehr objektiv begrenzte Entwicklung vorantreibt. Kritik ist das Werkzeug meines Bewusstseins, das sich von allen Mustern und Mechanismen befreien will. Kritik ist der Treibstoff aller Selbstüberschreitung.

Der freie Mensch sucht Orientierung, Entscheidungshilfe, Halt auf dem Markt der Kritik – nicht zuvorderst die Kritik zu seiner Orientierung missbrauchend (das auch), sondern primär, weil die Kritik selbst orientieren will, weil sie sich an den Einzelmenschen als Selbsttechniker wendet, an ein Individuum, dessen Orientierung *notwendig kritisch* ist, dessen Identität, wie Luhmann zurecht gesagt hat, selbst *Differenz ist*, die Differenz zwischen »Anspruch und Wirklichkeit«.

Der freie Mensch trifft auf vermeintliche Analysen, die bloß das donnernde Vorspiel sind zur Hinführung zum besseren, tieferen Leben. Diese Kritik gehört objektiv zur Beck'schen »Kontrollstruktur von Individuallagen«[23]. Als Freiheitsstruktur können wir also die Gesellschaftsordnung bezeichnen, in der Affirmation die Form der Kritik hat. Die herrschenden Normen werden dem Menschen eingehämmert als große Abrechnung mit den Verhältnissen im alten Stil der Kritischen Theorie.

Wir sprechen hier selbstverständlich nicht nur von Büchern und Zeitungsartikeln, sondern auch von Film, Kunst, Musik. Der Kritiker – redend, schreibend, singend oder Regie führend – ist die dominante Figur, ist Autorität, Vorbild, Idol, Popstar. Wo Kritik zum herrschenden Diskurs gehört, ist dem Kritiker die Zustimmung zur Ablehnung gewiss, wird eine Kritik vermutlich nicht geäußert, um der *Ablehnung*, sondern um der *Zustimmung* willen, ist das Ziel die totale Ablehnungszustimmung. Damit tritt die Praxis der Kritik an die Stelle begrifflicher Praxis.

»Und woran sitzt Du im Moment?«

Asymmetrie und Konzentration

Manchmal, wenn Ulrich und ich uns trafen, fanden wir nicht zueinander. Ich erinnere mich an das letzte Mal – es war wohl 2013 oder 2014 –, als wir uns in München sahen. Wir saßen in einer Konditorei, die Ulrich vorgeschlagen hatte, und ich fühlte, dass es im Augenblick keine Brücke gab zwischen seinem Kosmopolitismus und dem Mikrokosmos des Stürzenden, zwischen den Chancen der Gesellschaft und dem Verharren in der Erfahrung des freien Menschen. Er blickte aufs

»Große«, ich aufs »Kleine«. Er konzentrierte sich aufs Helle, ich mich auf die Dunkelheit.

Dieses Wort – *konzentrieren* – ist wichtig. Es war ja nicht so, dass Ulrich die Dunkelheit nicht sah. Er ging stets von ihr aus und bildete Kontraste. Er suchte das politische Glück im Unglück.

Und meine Dunkelheit war ja nicht jene Dunkelheit der Kulturkritik, die alles, wie man sagt, schwarzmalt, sondern eben die eines Forschenden, *der sich auf die Dunkelheit konzentriert.* Ich sah das Glück, das überall seine Wurzeln durchs Gemäuer trieb. Die Helligkeit der Moderne. Aber sie interessierte mich – theoretisch – nicht. Und ich wollte keine Differenzierung, die nur der Entwarnung diente, der dumpfen, einschläfernden Gewissheit jeder Talkshow, wo verschiedene Erfahrungen *wie Argumente aufeinander losgehen* und sich gegenseitig ausstreichen, zunichtemachen. »Da haben Sie es. Es kann auch anders sein.« Ja, selbstredend.

Egoistisch wünschte ich, Ulrich hätte den Gedanken der »Primärerfahrung« zur Methode entwickelt. Hätte erforscht, *wie es ist.* Sich ins Unglück gebohrt. Seinen Anstößen, Weichenstellungen *selbst* Folge geleistet. Doch das tat er nicht. Er lief auf keinem Gleis.

Ebenso selbstsüchtig war der Wunsch, Ulrich möge, anstatt allen neuen Entwicklungen auf der Spur zu bleiben, eine neue Theorie des Sozialen entwerfen. Ich wollte nicht nur Anstoß, sondern Überschneidung – wenn schon nicht in der Erfahrung, dann in der Abstraktion. Doch Ulrich wollte sich weder aufs Unglück – das ja nicht seines war, soweit ich sehen konnte – noch auf die Theoriebildung konzentrieren. Er war ein Forscher, der die Nachrichten verfolgte. Ich tat das nur privat, wenn überhaupt. Jeder löffelte seinen Kuchen. »Sie haben guten Kuchen hier«, sagte Ulrich. Ich nickte. Ich suchte eine wissenschaftliche Vaterfigur. Er fragte nach den Kindern, wollte wissen, wie es sei, Kinder zu haben. Nachdem wir uns verabschiedet hatten, warf ich mir vor, ihm, dem Kinderlosen, rücksichtslos das Glück beschrieben zu haben.

Im Jahr 2002, noch zu Beginn unserer Bekanntschaft, hatte er gefragt, ob ich mir vorstellen könne, ein paar Bücher zusammen zu schreiben. Wir saßen in der Kantine des *Berliner Ensemble*, und ich fand die Idee einigermaßen verrückt – und in dieser Verrücktheit fast berauschend. Ich lehnte auch deshalb ab, weil mein einziges Ziel damals die Literatur, der Roman war, und ich glaubte, die Sprache der Wissenschaft meiden zu müssen. Abgesehen von der extremen Asymmetrie zwischen ihm und mir, die aus mir, wie ich dachte – und er vermutlich auch – einen bloßen Formulierer gemacht hätte.

Ulrich schien mir einerseits zu stark, andererseits zu schwach. Ich wollte lieber einen unerbittlichen Adorno (»geduldig / festhalten den Schmerz der Negation«, wie es bei Enzensberger hieß), einen Luhmann'schen Abstraktionskünstler, der die Soziologie zur Philosophie veredelt, einen Foucault, dem es gelingt, das Leid rest- und rückstandslos in ein neues Sprachspiel umzugießen, einen Levinas, der stets bei seinem Thema bleibt, einen Feind des Journalismus und der Politik, einen Humorlosen, einen Lehrer, einen Abgeschiedenen, einen Hüttenhocker, einen Klassiker, der sich auch klassisch benimmt. Doch er konnte und wollte nicht. Flog von Debatte zu Debatte. Er war mir nicht deutsch – oder nicht französisch oder nicht jüdisch – genug. Was auch immer. Söhne werden stets enttäuscht. Ich war ein Enttäuschter. Er verstieß gegen alles, was mir heilig war. Er wollte kein Vorbild nach meinem Bilde sein. Und also wollte ich nicht, dass man mich mit ihm verband. Dass seine Stärke – als öffentliche Figur – mich an seine Schwäche band, seine Politik, sein Abgehen von Intuition und Theorie.

Ein Jahrzehnt später, an jenem Morgen im Dezember, als wir telefonierten, sah ich zum ersten Mal die Möglichkeit eines Dialogs. Treffpunkt Abstraktion. Als ich Anfang Januar zurück nach Stockholm kam, las ich die Aufsteller von *Aftonbladet*: »Zehn Gründe, sich auf 2015 zu freuen.« Ulrich, die Möglichkeit dieses Dialogs, war für mich einer dieser Gründe. »Endlich!«, dachte ich.

Der Zug, den Ulrich vor vielen Jahren mit aufs Gleis – genauer: *zurück* auf sein Gleis – gewuchtet hatte, lief nun seinen ersten Bahnhof an. So kam es mir jedenfalls vor. (»Das Ende der Liebe« hatte sich noch in einem Zwischenreich bewegt, war unentschieden zwischen Wissenschaft und Literatur, hatte sich selbst nicht in den – philosophischen, soziologischen – Dialog begeben.) Und da, am Bahnsteig, sollte, so dachte ich mir, natürlich Ulrich warten – wie bei allen Spielzeugeisenbahnen, deren Schienen einen Kreis beschreiben. Und er wartete ja auch. Er wollte lesen.

Wir würden diskutieren. Streiten.

Endlich! –

Dieses Wort bekam plötzlich eine andere Bedeutung.

Sturz ins Nichts

Wer beim Sein zum Tode an sich selber denkt, wer Epikurs schönen Satz über den Tod glaubt: »Solange wir da sind, ist *er* nicht da, und wenn er da ist, sind *wir* nicht mehr«, der hat entweder noch keinen Menschen verloren oder er hat diese Verluste nicht realisiert. Der Tod, der uns zuerst betrifft und zu denken gibt, ist der Tod der Anderen. Ihre Sterblichkeit ist es, nicht unsere.

Meine Frau war überrascht von der anhaltenden Bestürzung, und immerzu fragte ich mich selbst, ob ich eigentlich befugt war ... Wir waren ja nicht verwandt, nicht beste Freunde, auch nicht Kollegen im Alltag, es konnten doch Monate, Jahre zwischen zwei Kontakten vergehen in diesen fünfzehn Jahren unserer – ja, was eigentlich? Freundschaftlichen Bekanntschaft, würde ich sagen, probeweise.

Aber natürlich hat die Bedeutung, das Insherzschließen eines Menschen keinen direkten Zusammenhang mit der Häufigkeit der Begegnungen und Kontakte. Und groß ist das Gewicht der Wenigen, mit denen man sich »beruflich« bespricht, vor allem, wenn man schreibt, seine Tage, fast alle Tage im Jahr, allein verbringt, es nicht vor Kollegen wimmelt, da nur zwei oder drei sind ...

Der Tod eines anderen Menschen ist gewissermaßen der ursprüngliche Sturz ins Nichts. Und zugleich seltsamer Sonderfall. Denn es ist offenbar, *wer* und *was wie* verschwunden ist. Der Andere schenkt mir das Ereignis seines Todes – jedenfalls dann, wenn er seinen Tod nicht verschleiert, mir seinen Tod nicht entzieht (denn das gibt es ja auch: Ein Mensch ist fort, unvermittelt, Hundestaffeln durchkämmen Waldstücke, man weiß *nichts*). So aber kann ich sagen, *warum* mein Wert durch den Anderen nicht mehr bestätigt und gehoben, warum meine Zeit nicht mehr durch ihn rhythmisiert und befristet wird, warum mein Inneres nicht mehr mit Fragen und Motiven gefüttert, mein Denken und Handeln nicht mehr angestoßen wird, mein Mögliches sich reduziert (und auch mein Faktisches – um die Grenze, die der Andere meinem Möglichen setzte), warum ich plötzlich objektlos und elementlos bin.

Andernfalls – gewöhnlich – meldet sich das Nichts ja nur an mir selbst, schenkt mir keiner ein erhellendes Ereignis. Ich bemerke nicht, bin mir nicht einmal bewusst, dass ich stürze.

Davor bewahrt der Tod mich als buchstäblicher Sonder*fall*. Die Strukturen der Negativen Moderne besitzen nicht diese Höflichkeit. Sie lassen den Stürzenden im Dunkeln, im Nichts der Verständlichkeit seiner Situation. Insofern muss man ihnen beibringen, hinzufügen, was der Tod aus sich selbst vermag.

Katastrophen

Ich denke an die außergewöhnliche Zueignung, die Levinas »Jenseits des Seins« vorangestellt hat. »Dem Gedenken der nächsten Angehörigen unter den sechs Millionen der von den Nationalsozialisten Ermordeten ...« Der Tod der Anderen als Denkanstoß. Vielleicht gar nicht als Ursache, aber als etwas, das das Denken immer wieder *einholt*, wohin dieses Denken sich auch bewegt.

Shoah: Es gibt eine Beschämung angesichts der Tatsache, dieses Anstoßende, Einholende im *Öffentlichen* zu wissen. Als sei man nicht, wie andere Leute, in einem Haus, in einer Wohnung aufgewachsen, sondern auf einem Bahnhof, auf öffentlichen Plätzen, in den Hallen und an den Rampen der »Geschichte«. Als sei man einer von Kafkas Romanhelden, die allesamt im Öffentlichen hausen müssen, keine sozial konstituierte Privatheit kennen, keine Familienvertrautheit, keine Freundschaft, keine Liebe und Elternschaft.

Es gibt aber auch die Beschämung angesichts der Tatsache, das Anstoßende, Einholende im Privaten zu wissen. Als sei das Private weniger Allgemeines als das Öffentliche, als seien wir im Privaten noch gar nicht Mensch, unterhalb aller Relevanz. Als wögen die privaten Tode leichter.

Mein Leben, das Leben aller, die von »Geschichte« in deren kruder Form der »Großereignisse« unmittelbar verschont geblieben sind, ist ein solches Privatleben. Jedenfalls, was dieses Anstoßende, Einholende angeht. Stoff für transparente Romane, für Autobiografisches, ja – aber Soziologie? Philosophie? »Das ist doch alles individuell«, ruft die Differenz. »Klasse, Geschlecht, Kohorte, die Kontingenz des eigenen Lebens: *Bitte sorgfältig ausfüllen.*«

Auch Ulrich war ja zuerst – und damit komme ich zur vierten anstößigen Kategorie – ein Denker der *Katastrophe*. Sein Buch heißt »Risikogesellschaft«, nicht »Chancengesellschaft«, und durchgehend wird das Schlimme, mit dem gerechnet werden muss, als Schlimmes beschrieben, das längst und zigfach eingetreten ist – ob es sich um ökologische oder um Arbeitsmarkts-, Lebenslaufs-, Liebes- oder Familienkatastrophen handelt. Die ganze Sonnigkeit, die Ulrich mit seiner Art verbreitete und die ihm zu mancher Hoffnung verhalf, änderte nichts an der Düsterkeit seines gesellschaftlichen Prospekts. Es steht fest, dass die Zweite Moderne, die Ulrich beschreibt, nicht besser ist als die Erste, bloß Resultat einer Metamorphose der Probleme.

Bedeutender als solche Unterscheidungen aber war für mich, dass die Katastrophen überhaupt in diesen *Raum* gestellt wurden – den Raum der Moderne. Musste man also jeden Satz mit »Heute« beginnen? Mit »Jetzt« oder »In Zukunft«? Im Gegenteil. Die Moderne war weit und geräumig. Nicht die scharfe Klinge zwischen Augenblick und Augenblick, mit der Soziologen und Philosophen dem eiligen Leser die Diagnosen in hauchdünne Scheiben zu schneiden hatten.

Das wusste man schon seit Enzensbergers »Museum der modernen Poesie«. Moderne ist Geschichte, Klassik, Kontinuität. Man muss Historiker sein, nicht Reporter. Es ist sogar möglich, wie Foucault ohne alle Gegenwart auszukommen, gar kein Jetzt zu kennen, auch den Zweiten Weltkrieg nicht, den Holocaust, nur lange Linien zu beschreiben – auch wenn man dann blind dafür ist, dass die eigene Analyse, die jede »Wahrheit« – ein »Geschlecht«, eine Identität – zu einer von unendlich vielen Möglichkeiten *macht*, selbst Symptom und Agens eines Übergangs zum Neuen ist, das sich dieser Analyse entzieht.

Auch »Risikogesellschaft« war für mich ein raumschaffendes Buch allein durch dieses Wort: Moderne. Die Konsequenz war gerade nicht, die nächste Periodisierungsaxt zu ergreifen, sondern die langen Linien zu sehen – zum Beispiel von Durkheims Unendlichkeitsanalyse von 1897 bis heute. So war es auch möglich, diesen Block einmal längs zu durchteilen, die Katastrophen der Negativen Moderne von den Katastrophen der Positiven Moderne zu unterscheiden, die Wertinstabilisierung auf den ehrwürdigen Gleichheitsgedanken zurückzuführen – und nicht nur auf *Facebook* –, die Zeitverbreiung bis zum Schwarzen Freitag 1929 zu verfolgen usw.

Ulrich begreift – wie Luhmann, möglicherweise sogar im Anschluss an Luhmann – Katastrophen als Problem von Reflexion und Entscheidung. Wann immer eine Katastrophe eintritt, finde ich rückblickend mindestens eine eigene Entscheidung, eine Handlung, ohne die die Katastrophe nicht eingetreten wäre, der Unfall, die Kündigung, die Trennung, die schwere Krankheit ausgeblieben wäre. Also sage ich: »Ich bin ein Risiko eingegangen. Ein zu großes. Es ist meine Schuld.« Risiko ist primär eine Kategorie der Erinnerung. Erst im zweiten Schritt denke ich darüber nach, wie ich »weitere Katastrophen« verhindern, das »Risiko« minimieren kann.

Insofern kann man unterscheiden zwischen Freiheitstheorien, die prospektiv ausgerichtet sind – Theorien der Wahlfreiheit, die beobachten, was geschieht, wenn man sich für *das Beste* entscheiden will –, und Theorien des Risikos, die retrospektiv ausgerichtet sind, die beobachten, was geschieht, wenn *das Schlechteste* eingetreten ist.

Meine Intuition sagte dagegen: Die Katastrophe der Freiheit muss mit ganz anderen Begriffen beschrieben werden. Es geht weniger um das Subjekt, sein Entscheiden und Reflektieren – und die damit verbundene Last –, also um das, was *unmittelbar* mit einer Freiheitssituation verbunden ist.

Die eigentliche Katastrophe der Freiheit besteht in den *weitreichenden* Konsequenzen dieser Situation. Diese Konsequenzen zeigen sich in der – jeder Subjektivität vorgelagerten – Passivität. Es sind, wie beschrieben, der Sturz in die Wertlosigkeit und die entstrukturierte Zeit, die Kopplung von Denken und Handeln ans – meist negative – Innenleben – und damit die Unmöglichkeit der gewünschten Aktivität –, die Unendlichkeit des Möglichen als Nichts des Wirklichen sowie das Nichts des Anderen, der Objekte und Elemente, die soziale und körperliche Deprivation.

Auch dies ist nur die – zweite – begriffliche Annäherung an das, was der Intuition gegeben ist. Weitere Annäherungen müssen folgen. Bücher jagen der Intuition nach – und sind doch immer nur Klappentexte, Waschzettel, Vor- und Nachworte zum Gemeinten. Wie viele Werke wachsen auf die Weise, sind nie endende Annäherung ans von Anfang an Gespürte. Das ist der Roman des Denkens. Jedes Buch muss ein Arbeitsbuch sein, Festhalten, Einfangen von Bewegung.

Man tritt an zum Theoriensturm. Reißt alle fertigen Bilder der Wirklichkeit von den Wänden, ruft alle Großen beim Vornamen, macht sie zu Menschen, lässt keinen ihrer Sätze gelten. Das ist das Mindeste, um die Bewegung des Denkens in Gang zu bringen – prometheische Chuzpe als heuristisches Mittel. Bald schon, man sei unbesorgt, wird die Bewegung sich gegen sich selber richten. (Ja, sie hat es längst. Das bezeugt das nächste Buch.)

Ermutigung

Was die Intuition jedoch zuallererst braucht, im Nebel stochernd, sich selbst nicht trauend, ist Ermutigung. Sie ist es, die die Reihe vollständig macht: Freiheit … Erfahrung, Intuition … Produktive Kritik, Widerspruch gegen alles Gedachte … Katastrophe … Moderne … Ermutigung …

Auch die Ermutigung ist ein Denkanstoß. Ohne sie ist alles nichts. Jede Begegnung mit Ulrich, jede Diskussion mit ihm, jede Mail war eine ermutigende, erhebende. Das war seine Art. Ein wichtiger Mensch, wie man sagt, in meinem Leben. Die Metapher des Fahrstuhls noch im Ohr, höre ich auf Youtube, wie Levinas von seinem Freund Blanchot sagt: »Il m'a beaucoup élevé.« Das sollten wir von jedem Anderen sagen können, der uns begegnet. Statt dessen oft der Sturz ins Nichts. Ein Dach über dem Kopf, ja, aber kein Boden unter den Füßen.

Dass Ulrichs Tod mich diese Worte hat schreiben lassen, es wirkt, angesichts der Tatsache, dass *sein* Schreiben über Katastrophen mehrmals mit realen Katastrophen zusammenfiel, wie ein makabrer Scherz des Gestorbenen. – Risikogesellschaft? Und dann ausgerechnet Tschernobyl, der Supergau in einem

Atomkraftwerk. – Negative Moderne, Sturz ins Nichts, ein Schreiben, angestoßen vom Tod? Und dann ausgerechnet der Tod desjenigen, der der erste Leser und Kritiker sein sollte, mit dem ich Zeiten vereinbart hatte, für den ich schrieb –

Ein solcher Scherz wäre dir zuzutrauen.

Du würdest lächeln.

»Jede Katastrophe ist eine Chance.«

Ich würde das Gesicht verziehen und sagen: »Jeder Chance geht eine Katastrophe voraus. Die Furie des Verschwindens. Und jede Chance bleibt Teil der Katastrophe. Ich interessiere mich nicht für Chancen, sondern nur für Zwänge und Leiden. Für Unmöglichkeiten. Und ich glaube, dass wir wach kaum aktiver sind als im Schlaf, im Leben kaum aktiver als im Tod, dass wir unausgesetzt Empfangende, Bewegte, Verwandelte sind, auch die Chance ein Ungeheuerliches ist, ein Wind, der uns treibt, stürzen lässt, rückwärts-vorwärts, wie den Engel der Geschichte, dass die Frage nach der Praxis immer zu früh kommt ...«

Nein, wir würden uns nicht einig werden.

Doch Du gehörst ja zu den Menschen, die man ehrt durch Widerspruch.

Sven Hillenkamp
Stockholm, 20. September 2015

372

Anmerkungen

Eins: Freiheit und Erfahrung

1 Soziologische Aufklärung 6, Wiesbaden 2008, S. 126–128
2 Haben oder Sein, München 1990
3 Die Theorie des Romans, Darmstadt und Neuwied 1971, S. 16
4 Sein und Zeit, Tübingen 2006, S. 102ff
5 Totalität und Unendlichkeit, Freiburg/ München 2008, S. 152ff
6 Vgl. Der Selbstmord, Frankfurt am Main 1983, S. 282
7 Vgl Leviathan, Stuttgart 2014, S. 115–116
8 Der Begriff Zeit, Tübingen 1995, S. 19
9 Die Zeit und der Andere, Hamburg 2003, S. 42
10 Herman Melville
11 Albert Camus
12 Georges Perec
13 Knut Hamsun
14 Emmanuel Bove
15 Rainer Maria Rilke
16 Robert Musil
17 Jean-Paul Sartre
18 Alain Ehrenberg: Das erschöpfte Selbst, Frankfurt am Main/New York 2004
19 Die Krankheit zum Tode, Reclam 1997, S. 39
20 Sozialer Sinn, Kritik der theoretischen Vernunft, Frankfurt am Main 2014, S. 50ff
21 Jenseits von Schuld und Sühne. Bewältigungsversuche eines Überwältigten, Stuttgart 1977
22 Michel Foucault, Schriften. Dits et Ecrits. Band 1, Frankfurt am Main 2001, S. 28
23 Zitiert nach Gérard Genette, Paratexte, Frankfurt am Main 2001, S. 201

Zwei: Das Nichts des Wertes oder
Vom Status zur Bestätigung

1 Isolation, Album Closer
2 Vom Leben des Geistes, München 1998, S. 31
3 Das Sein und das Nichts, Hamburg 1997, S. 638
4 Kampf um Anerkennung, Frankfurt am Main 1994
5 Über den nervösen Charakter, Frankfurt am Main 1972, S. 20–37
6 im Gespräch mit Barbara Bleisch, in: Sternstunde Philosophie, SRF, 22. Jan .2012
7 Hegel, Kommentar zur Phänomenologie des Geistes, Frankfurt am Main 1996, S. 26
8 Emmanuel Levinas: Jenseits des Seins, Freiburg, München 1998, S. 164
9 Über die Demokratie in Amerika, München 1976 S. 627
10 Warum Liebe wehtut, Frankfurt am Main 2011, S. 205–280
11 Ich und Du, Stuttgart 1995, S. 34
12 Jenseits des Seins, S. 120–121
13 S. 120
14 Risikogesellschaft, Frankfurt am Main 1986, S. 206–210
15 Haben oder Sein, S. 89.
16 Ich und Du, S. 17
17 Sein und Zeit, S. 116
18 Vita activa, München 1981, S. 225
19 S. 219
20 Cartesianische Meditationen, Hamburg 1995, S. 111
21 Sein und Zeit, S. 124–125
22 Dialektik der Aufklärung, Frankfurt am Main 1994, S. 130
23 Über die Demokratie in Amerika, S. 752–753
24 Beispielhaft: Thomas Bedorf, Joachim Fischer, Gesa Lindemann (Hg.), Theorie des Dritten, München 2010
25 Tom Lampert: Ein einziges Leben. Geschichten aus der NS-Zeit, München 2003, S. 61ff
26 Der Mensch in der Revolte, Hamburg 2006, S. 296

Drei: Das Nichts der Zeit oder
Jenseits von Uhr und Kalender

1 Die Aufzeichnungen des Malte Laurids Brigge, Frankfurt a.M. 1982, S. 55
2 Der Namenlose, in: Drei Romane, Suhrkamp 2005, S. 399
3 Vorlesungen zur inneren Phänomenologie des inneren Zeitbewußtseins, Tübingen 2000, S. 390ff
4 Überwachen und Strafen, Frankfurt am Main 1992, S. 193
5 Christian Geyer: Niklas Luhmann. Die Knappheit der Zeit und die Vordringlichkeit des Befristeten, Kulturverlag Kadmos Berlin 2013, S. 11
6 Die Arbeitslosen von Marienthal, Frankfurt am Main 1975
7 S. 83
8 S. 84
9 S. 86
10 Ebenda
11 Das Zeit-Bild, Frankfurt am Main 1997
12 Der Begriff Zeit, S. 19
13 Ebenda
14 Ebenda
15 Die Arbeitslosen von Marienthal, S. 86
16 S. 86–87
17 S. 88
18 Diane Wood Middlebrook, Zwischen Therapie und Tod. Das Leben der Dichterin Anne Sexton, Zürich 1993, S. 68–69
19 Ariel, Frankfurt am Main 2008, S.
20 Essais, Frankfurt am Main 1998, S. 19
21 S. 20
22 Ebenda
23 Identität und Lebenszyklus, Frankfurt am Main 1973, S. 137–138
24 Verstörung, In: Die Romane, Frankfurt am Main 2008, S. 303
25 Andere Räume, in: Karlheinz Barck, Peter Gente, Heidi Paris (Hg), Aisthesis. Wahrnehmung heute oder Perspektiven einer anderen Ästhetik, Leipzig 1992, S. 43
26 Vgl. Marc Augé, Nicht-Orte, München 2011
27 S. 110
28 Zeit und Freiheit, Hamburg 2012
29 S. 85
30 Die Zeit und der Andere, S. 51
31 Christian Geyer (Hg.): Niklas Luhmann. Die Knappheit der Zeit und die Vordringlichkeit des Befristeten, Berlin 2013, S. 67

32 S. 70

33 Rhythmus beim frühen Nietzsche, Berlin 2008, S. 175, zitiert nach Geyer

34 Philosophie II, Existenzerhellung, Berlin, Heidelberg, New York 1973, S. 203

Vier: Das Nichts der Aktivität oder *Die Herrschaft der Gefühle*

1 Die Theorie des Romans, S. 22

2 Das Schloss, in: Franz Kafka. Die Romane, Frankfurt am Main 1969, S. 492

3 Lieben gestern. Notizen zu einer Geschichte des Fühlens, München 1989, S. 9

4 Masse und Macht, Frankfurt am Main 1980, S. 13

5 *La Fatigue d'être soi. Dépression et société*, deutsche Übersetzung: Das erschöpfte Selbst, Frankfurt am Main 2004

6 Der philosophische Diskurs der Moderne, Frankfurt am Main 1988, S. 80–81

7 Ebenda

8 Vgl. Fragmente einer Sprache der Liebe, Frankfurt am Main 1984, S. 236

9 Nuancen und Details, Frankfurt am Main 1975, S. 61

10 Idee der Prosa, Frankfurt am Main 2003, S. 53

11 Vgl. Man schreibt als ein glücklicher Mensch, in: Heureka! Sieben Gespräche und eine Rede, Neumarkt 2006

Fünf: Das Nichts des Möglichseins oder *Drei Unendlichkeiten*

1 Über die Demokratie in Amerika, S. 518

2 ebenso

3 Die Theorie des Romans, S. 25–26

4 Maximen und Reflexionen, München 2006, S. 210

5 Die Krankheit zum Tode, Stuttgart 1997, S. 13

6 S. 22

7 S. 80

8 S. 35

9 S. 32

10 Ebenda

11 S. 39

12 S. 40

13 S. 45–46

14 S. 35

15 S. 20–21

16 S. 21

17 Vgl. Sven Hillenkamp: Das Ende der Liebe, Stuttgart 2009, S. 158–159

18 Die Krankheit zum Tode, S. 93

19 Maximen und Reflexionen, S. 38

20 S. 220–221

21 Der Selbstmord, S. 281–282

22 S. 292

23 Der flexible Mensch, Berlin 1998

24 Über die Demokratie in Amerika, S. 627

25 Ebenda

26 Der Selbstmord, S. 283–285

27 S. 288–289

28 S. 280–282

29 S. 286

30 Leviathan, S. 115

31 S. 114

32 Der Selbstmord, S. 312

33 Ebenda

34 Ebenda

Sechs: Das Nichts des Anderen oder
Wenn die Welt zum Bild wird

1 Ein Brief aus dem toten Trakt: Ausgewählte Dokumente der Zeitgeschichte: Bundesrepublik Deutschland (BRD) / Rote Armee Fraktion (RAF), Köln 1990, S. 41

2 Duineser Elegien, Baden-Baden 1974, S. 13

3 The Passenger, Album Lust for Life

4 System der musikalischen Rhythmik und Metrik, Leipzig 1903, angeführt in: Markus Wirtz: Geschichten des Nichts, München 2006, S. ...

5 Vor Drucklegung des Buches sagt mir Eva Illouz, dass ihr nächstes Buch sich mit »negative relations« beschäftigen wird, dem Nichtzustandekommen von Bindungen, dem Sozialen als Nichts des Sozialen. So wird das Phänomen sich vermutlich weiter erhellen. S.H.

6 Die Zeit und der Andere, S. 22–23

7 Der Namenlose, S. 398

8 S. 397

9 S. 398

10 Ebenda

11 S. 410
12 S. 399
13 S. 409
14 S. 403
15 Ebenda
16 S. 401
17 S. 412
18 S. 410
19 S. 398
20 S. 400–401
21 S. 418–419
22 S. 418
23 Vgl. S. 418
24 S. 415
25 Vgl. Die Zeit und der Andere, S. 54
26 Totalität und Unendlichkeit, S. 155
27 S. 154
28 Karl Marx, Friedrich Engels: Ausgewählte Werke in 6 Bänden, Berlin 1989, Bd. 1, S. 200
29 S. 196

Sieben: Kritik und Katastrophe

1 Franz Kafka. Zur zehnten Wiederkehr seines Todestages, in: Hermann Schweppenhäuser (Hg), Benjamin über Kafka, Frankfurt am Main 1981, S. 15
2 Grabrede auf Chantal Akerman, Paris, 13. Oktober 2015
3 Risikogesellschaft, S. 9
4 Von der Subversion des Wissens, Frankfurt am Main 1987, S. 69
5 S. 73
6 Die Zeit und der Andere, S. 24. Gemeint ist die Zuspitzung von Heraklits Fluss-Metapher durch dessen Schüler Kratylos.
7 In wenigen Monaten wird das Buch im Verlag Polity erscheinen: The Metamorphosis of the World: How Climate Change is Transforming Our Concept of the World, Cambridge and Oxford 2016
8 Flüchtige Moderne, Frankfurt am Main 2003, S. 42
9 Mein Name sei Gantenbein, in: Max Frisch, Gesammelte Werke, Fünfter Band, Frankfurt am Main 1998, S. 68
10 Über soziale Arbeitsteilung, Frankfurt am Main 1992, S. 82
11 Risikogesellschaft, S. 14

12 Jenseits von Schuld und Sühne, S. 18ff
13 Tagebücher 1909–1923, Frankfurt am Main 1997, S. 333
14 Paratexte, S. 123
15 Was ist ein Dispositiv? Zürich-Berlin 2008, S. 29
16 S. 30
17 S. 9
18 S. 29
19 S. 29
20 S. 29
21 S. 29
22 S. 31
23 Risikogesellschaft, S. 210

Ausführliches Inhaltsverzeichnis